Gary A. Haugen mit Gregg Hunter

Freiheit für Linh

„Ihr Blick ließ mich nicht mehr los.
Wir mussten etwas tun."

BRUNNEN
Verlag Giessen · Basel

Übersetzung aus dem Englischen: Frank Grundmüller
Lektorat: Renate Hübsch

Die Bibelstellen sind i. d. R. der Übersetzung *Hoffnung für alle*®
entnommen. Copyright © 1983, 1996, 2002 Biblica Inc.™
Verwendet mit freundlicher Genehmigung des Verlags. Hrsg. vom
Brunnen Verlag Basel. Alle weiteren Rechte weltweit vorbehalten.

Weitere verwendete Übersetzungen sind wie folgt gekennzeichnet:
GN – *Die Gute Nachricht. Die Bibel in heutigem Deutsch.*
© 1982 Deutsche Bibelgesellschaft, Stuttgart.

2. Auflage 2014
1. Taschenbuchausgabe

Deutsche Ausgabe:
© 2009 Brunnen Verlag Gießen
www.brunnen-verlag.de
Umschlagfoto: Getty Images, München
Umschlaggestaltung: Ralf Simon
Satz: Die Feder GmbH, Wetzlar
Herstellung: CPI – Ebner & Spiegel, Ulm
ISBN 978-3-7655-4228-2

Inhalt

Stimmen zu diesem Buch

Lea Ackermann: Jedes einzelne Mädchen zählt!
„Freiheit für Linh" erzählt von einem Dorf in Kambodscha, in dem junge Mädchen als Zwangsprostituierte versklavt werden. Wenn einem Kind sein Leben, seine gesunde Entfaltung geraubt wird, dann ist das Mord an einer Kinderseele.

Kambodscha scheint weit weg, doch Kinderprostitution ist ganz nah. Durch unsere Arbeit in Kenia, Rumänien, Österreich und Deutschland wissen wir, dass Menschenhandel zum Zweck der sexuellen Ausbeutung ein unsägliches Verbrechen ist, das auch bei uns vor der Haustür geschieht. Ich bin froh über jede Gelegenheit, dieses Thema zur Sprache zu bringen.

Dieses Buch über die mutige Arbeit der International Justice Mission erinnert daran, dass wir alle eine Verantwortung tragen und dass es um jedes einzelne Mädchen geht, dessen Martyrium beendet werden kann.

Sr. Dr. Lea Ackermann, Gründerin und 1. Vorsitzende
SOLWODI e.V. (Solidarität mit Frauen in Not)

Ulrich Eggers: Ein wichtiges Buch!
Es liest sich wie ein Roman und wirkt wie ein fantasievoll geschriebener Krimi aus der Welt des modernen Menschenhandels und der Kinderprostitution. Doch es ist: grausame Wahrheit, schreiendes Unrecht und ein alarmierendes Problem, das Gary Haugen und die International Justice Mission stellvertretend für uns alle bekämpfen. Ein wichtiges Buch, das uns unruhig und aktiv machen sollte.

Ulrich Eggers, Bundes-Verlag/
1. Vorsitzender Willow Creek Deutschland

Tobias Faix: Wie Christen den Unterschied ausmachen
Beim Lesen dieses Buches hat mir immer wieder der Atmen gestockt: Es führt uns hinein in eine dunkle Welt von Sklaverei,

Menschenhandel und Zwangsprostitution. Aber es bleibt nicht dabei stehen, sondern erzählt in beeindruckender Art und Weise, wie das Licht des Evangeliums ganz konkret für Menschen in Not und Unterdrückung zur Hoffnung wird. Es erzählt, wie Christen aufstehen und den Unterschied ausmachen in einer gefallenen Welt. Dieses Buch ist gleichermaßen erschreckend wie ermutigend und sollte uns aufrütteln und in Bewegung setzen für Gottes Gerechtigkeit und Liebe für seine Menschen auf dieser Welt.

Prof. Dr. Tobias Faix, Leiter des Studienprogramms Gesellschaftstransformation und Professor an der staatlichen Universität von Südafrika

Markus Spieker: Selten so bewegt

Selten hat mich ein Buch so bewegt: Es gibt dem Grauen ein Gesicht. Es zerrt die Schurken, die sich an den Körpern und Seelen der Schwächsten vergreifen, aus der Anonymität heraus. Und es gibt den bis dahin hilflosen Opfern eine Stimme. Wer den Tatsachenbericht gelesen hat, kann nicht anders, als sich die Frage stellen: Wie kann ich helfen, dieses himmelschreiende Unrecht zu bekämpfen? Ein literarisches Werk, das erschüttert, bewegt – und dankbar macht dafür, dass Gott selbst in der rabenschwärzesten Nacht noch Lichter der Rettung anzündet.

Dr. Markus Spieker, Fernsehredakteur und Buchautor

Johannes Falk: Freiheit und Heilung aus Höllenqualen

„Freiheit für Linh" zeigt, dass die Hölle kein Ort, sondern ein Zustand ist. Es offenbart die tiefsten menschlichen Abgründe und die unvorstellbaren Höllenqualen unschuldiger Menschen. Dieses Buch zeigt aber auch, dass der Himmel ebenfalls ein Zustand sein kann – und wie das Einstehen für Gerechtigkeit Freiheit und Heilung bringt.

Johannes Falk, Musiker

Vorwort

„Die Hölle ist nicht irgendwo tief unter der Erdoberfläche", schreibt Autor Gary Haugen und verweist auf die höllischen Zustände in einigen Dörfern Kambodschas, wo Kinder im Alter zwischen fünf und zehn Jahren jahrelang als Sexsklavinnen festgehalten werden, Vergewaltigungen ausgesetzt sind und kaum Hoffnung haben, ihrem Schicksal jemals zu entrinnen. Gäbe es da nicht ein paar beherzte und mutige Christen, die sich nicht damit abfinden wollen, dass die Welt so ist, wie sie ist. Und die sich auch nicht dadurch entmutigen lassen, dass sie immer „nur" ein paar Dutzend Mädchen befreien können, wo doch das florierende Geschäft der Zwangsprostitution Millionen von Mädchen und Frauen tagtäglich zu Sexobjekten degradiert – nicht nur im fernen Asien, sondern auch in unseren europäischen Städten.

Wenn die Befreier sich in Gefahr begeben, um Kinderbordelle auszukundschaften, Zuhälter dingfest zu machen und traumatisierte Mädchen zu befreien, denen die Kindheit geraubt wurde, dann tun sie das nicht, um alle Übel dieser Welt auf einmal zu beseitigen. Sie tun es deshalb, weil sie jeweils „dem einen Mädchen" helfen wollen, das entführt und verkauft, gehandelt und misshandelt, vergewaltigt und geschändet, traumatisiert und vielleicht mit Aids infiziert wurde. Sie tun es um des einzelnen Kindes willen. „Es war einer der großartigsten Augenblicke in meinem Leben", so einer der Befreier, „als ich ein kleines sechsjähriges Mädchen aus dem Bordell hinaustrug ins helle Licht, in die Sicherheit, in die Freiheit."

Es beeindruckt, wie diese Kinder nach ihrer Befreiung vor seelischem Schmerz und innerer Verwundung förmlich zerfließen und wie dankbar sie denen gegenüber sind, die sie aus der Hölle erlöst haben. Und doch erschütterte es mich als Leser, wenn eines der Mädchen fragt: „Warum seid ihr nicht früher gekommen?" Könnte es sein, dass es noch viele Tausende gibt, die insgeheim fragen: „Warum kommt ihr nicht und holt uns hier raus?"

Dass es mit der Befreiung allein nicht getan ist, zeigt offenbar die Erfahrung mit diesen traumatisierten Kindern. Keine Befreiung ohne Betreuung. Die Traumatisierungen sitzen tief. Auch wenn es in vielen Ländern keine psychotherapeutische Betreuung nach modernsten wissenschaftlichen Methoden westlicher Prägung gibt – „auch eine viertklassige Nachsorge ist immer noch besser als ein ‚erstklassiges' Bordell", wie Gary Haugen betont.

Es ist eine der traurigen Erkenntnisse dieses packenden und aufrüttelnden Buches, dass Zwangsprostitution, Kinderhandel und Kindesmissbrauch nur deshalb so großflächig und langfristig gedeihen, weil es auf der ganzen Welt – erstens – Kunden gibt, denen es offenbar nichts ausmacht, das Leben von Kindern zu ruinieren, und – zweitens – Beamte und andere „Offizielle", die Zuhälter und Bordellbesitzer schützen und an den Kindern mitverdienen.

Gary Haugens Buch zeigt, zu welchen moralischen Abgründen der Mensch fähig ist. Es zeigt aber auch das Heldentum derer, die sich nicht zu schade sind, ihr Leben zu riskieren, um Kindern und Jugendlichen ein Leben in Freiheit und Sicherheit zu ermöglichen. Der Kampf zwischen den bösen und guten Mächten und Strukturen, denen wir immer wieder ausgesetzt sind, darf nicht nachlassen. Er braucht unser aller Engagement und Unterstützung. Ob Armut, Benachteiligung, Unterdrückung oder Missbrauch: Dieses Buch beweist, dass Armutsbekämpfung, der Einsatz für die Menschenrechte und das Engagement für die Kinder keine „Tropfen auf den heißen Stein" sind. Sie sind Balsam für die verwundeten Seelen von Kindern und Jugendlichen, die sich danach sehnen, die konkrete Liebe Gottes in ihrem eigenen Leben zu erfahren, wie sie uns durch den Mann aus Nazareth, durch Jesus Christus, vorgelebt wurde.

Das Buch fordert uns auf: Wenn wir die Welt verändern wol-

8

len, dürfen wir nicht auf andere warten. Wir müssen – und können – beginnen, hier und jetzt.

„Der Zyniker sagt: ‚Ein einzelner Mensch kann ja doch nichts tun.‘ Ich aber sage: ‚Nur ein einzelner Mensch kann etwas tun.‘" (John W. Gardner)

Christoph Waffenschmidt
World Vision Deutschland

Einführung

Sie sind dabei, sich auf eine Reise zu begeben – eine Reise in eine Welt des Unrechts und der Ungerechtigkeit. Es ist die Welt, in der meine Kollegen ihren Alltag verbringen – ein Ort der Dunkelheit, der Angst, der Unfreiheit und der Unterdrückung. Aber während Sie meine Freunde dorthin begleiten, wo sie Gottes Liebe, die besonders unterdrückten Menschen gilt, zur Tat werden lassen – und wo sie zugleich das Böse zielstrebig und frontal bekämpfen –, werden Sie mitten im Dunkel auch an wohltuende Orte gelangen – Orte voller Hoffnung und Mut, Orte der Freiheit und der Gerechtigkeit.

Es liegt in der Natur der Arbeit der International Justice Mission (IJM), dass wir bei manchen geografischen Angaben vage bleiben müssen. Wir sind in unserer Tätigkeit darauf angewiesen, vertrauensvolle Brücken zu Regierungen anderer Staaten und zu einflussreichen Menschen aufzubauen. Damit wir auch weiterhin für die Freiheit von versklavten Menschen arbeiten und die Gerechtigkeit fördern können, müssen wir die guten Beziehungen zu vielen Menschen in einflussreichen Positionen schützen. Statt also bestimmte Länder beim Namen zu nennen, bleiben wir häufig in unseren Aussagen eher allgemein. Viele Namen, die in diesem Buch genannt werden, sind Pseudonyme, um die Identität der Opfer, der Mitarbeiter und externer Helfer zu schützen, deren Leben in Gefahr wäre, wenn ihre Namen veröffentlicht würden.

Einige Berichte in diesem Buch sind vielleicht drastischer, als Sie es gewohnt sein mögen. Aber ich bin überzeugt: Jeder ernsthafte Angriff auf das Böse und seine Handlanger bedarf zuvor einer schmerzlichen Konfrontation mit der Wahrheit. Was wir im Blick auf die Vergangenheit am meisten bedauern, wessen wir uns am meisten schämen, sind die Gelegenheiten, bei denen wir es versäumten, die Wahrheit zu sagen, bei denen wir das Böse nicht beim Namen genannt haben.

Der größte Feind in unserem Kampf gegen Unterdrückung und Ungerechtigkeit ist stets das heimtückische Schweigen der Anständigen.

Deshalb bitte ich Sie: Bleiben Sie dran, trotz des Unbehagens, das unsere Geschichte sicher auslösen wird. Denn im Leid liegt eine Verheißung; mitten im Schmerz gibt es Hoffnung. Und unser Gott ist ein Gott der Gerechtigkeit, der sein Ohr dem Schreien der Unterdrückten nicht verschließt. Er gibt uns die Kraft, uns der dunklen Welt des Unrechts entgegenzustellen. Und er lässt uns die Freude erleben, Menschen in großem Leid Rettung, Befreiung und Heil zu bringen. Wenn wir uns in riskanten Aktionen für die Freiheit anderer einsetzen, dann nehmen wir teil an der großen Rettungsaktion Gottes, von dem der Psalm sagt: „Den Waisen und Unterdrückten verschaffst du Recht und lässt keinen Menschen mehr Schrecken verbreiten auf der Erde" (Psalm 10,18, GN).*

---

* Der englische Titel des Buches „Terrify no more" („Keinen Schrecken mehr verbreiten") bezieht sich auf diesen Psalmvers.

Kapitel 1

Was ist, wenn ...

„Was ist, wenn in dem Bus mit den Kindern einer der Zuhälter eine Waffe zieht?", dachte ich, während ich auf das Einsatzdiagramm an der Wand starrte. Schließlich können wir die Kerle nicht nach Waffen durchsuchen, bevor sie mit all den Kindern im Bus sind. Ich begann, mir die Szene vorzustellen: Der Zuhälter in Bus 1 wird nervös. Er zieht eine Waffe. Die Kinder fangen an zu schreien. Der Typ schreit den Busfahrer an. Der Fahrer gerät in Panik. Chaos, schreiende Kinder. Eine Waffe, mit der in der Luft herumgefuchtelt wird. Der Bus, der die Straße entlangrast.

„Wie sieht der Plan aus, wenn einer in Bus 1 auf dem Weg nach Bravo durchdreht?", frage ich Bob Mosier, den taktischen Leiter des Einsatzes, der unserem Team gerade die abschließenden Infos gibt.

Noch war alles Trockenübung, die letzte Gelegenheit, sich die ganze Aktion Schritt für Schritt vorzustellen und sich jede denkbare schreckliche Komplikation auszumalen. Man kann nicht immer verhindern, dass eine Sache gewaltig aus dem Ruder läuft. Aber du willst ja auch nicht erst dann über ein Problem nachdenken, wenn jemand plötzlich zwischen Dutzenden schreiender Kinder mit einer scharfen Waffe herumfuchtelt.

Und es blieb nicht mehr viel Zeit. Meine Kollegen hatten die Operation sieben Monate lang minutiös geplant, und nun waren wir an einem frühen Samstagmorgen im Jahr 2003 hier, zusammengepfercht hinter geschlossenen, bleich-grünlichen Jalousien in einem kleinen Konferenzraum eines Hotels in Phnom Penh, Kambodscha. Wir hatten uns entschlossen, auf den Abgrund zuzurudern, hatten die Operation anlaufen lassen, und wir rüsteten uns für den freien Fall in Richtung Wasser, Felsen oder in das Verlöschen. Innerhalb weniger Stunden sollte unser Team aus professionellen Ermittlern, Anwälten und anderen strategischen Mitarbeitern eine Reihe von üblen Bordellen stürmen, gefährliche Orte, in denen Scharen von sehr jungen Mädchen zum Sex verkauft wurden. Wir waren seit fast zwei Wochen im Land; es hatte eine Verzögerung nach der anderen gegeben, bis dahin, dass unser Hauptermittler nun in Lebensgefahr schwebte und die Rettung der so brutal misshandelten Mädchen ernstlich auf dem Spiel stand.

Als Kollegen bei der International Justice Mission verfolgten wir gemeinsam das Ziel, Opfer von Gewalt, sexueller Ausbeutung, Sklaverei und anderen Formen der Unterdrückung und des Missbrauches zu befreien. Unsere noch junge Menschenrechtsorganisation ist in Washington ansässig, am ehesten unter dem Kürzel IJM bekannt und unterhält Büros in aller Welt. In Zusammenarbeit mit Polizeikräften vor Ort haben wir in den letzten Jahren viele Befreiungsaktionen durchgeführt. Wir mussten einige schmerzliche Lektionen lernen. Bei unserem bevorstehenden Vorstoß in die Welt der Bordelle von Svay Pak, elf Kilometer außerhalb von Phnom Penh, war es meine Aufgabe, all die Fragen zu stellen, von denen ich mir vielleicht eines Tages wünschen würde, ich hätte sie doch schon im Vorfeld gestellt.

Es war sechs Uhr morgens, als wir unseren Kaffee schlürften, in den schwarz lackierten Stühlen hin und her rutschten und Kopien des Einsatzplanes, Karten, Checklisten und Telefonkarten weiterreichten. Die meisten von uns hatten seit Tagen nie mehr als ein paar Stunden geschlafen – und einige überhaupt nicht. Aber in solchen Augenblicken der letzten Vorbereitungen sorgt ein kontrollierter, aber durchdringender Adrenalinschub für völlige Wachheit. Meine Kollegen sind wirklich gut in dem, was sie tun. Und während die Einweisung weiterging, bemerkte ich die unbeirrbare Zuversicht und den unerschütterlichen Mut, der im Raum lag. Mit einer Mischung aus Bewunderung und Ehrfurcht nahm ich wahr, dass ich – wenn Gott Gelingen schenkte – wohl bald etwas von seltener Schönheit sehen würde: ein echtes Wunder leidenschaftlicher Güte, wirklichen Mutes und ganz außerordentlicher Liebe.

Bob und das Sicherheitsteam gingen mit jedem Beteiligten die Fluchtrouten und Notfallpläne durch, den Fall etwa, dass zufällige Beobachter der Aktion plötzlich zum feindseligen Mob würden und ihrem Zorn gegen jeden freien Lauf ließen, der ihre Existenzgrundlage bedrohte. Denn genau das hofften wir zu tun – das Geschäft zu bedrohen, zu verhindern und zu beenden, dem diese Menschen auf Kosten unschuldiger Mädchen nachgingen.

Unsere Ermittler hatten vorgetäuscht, außerhalb eine Party veranstalten zu wollen, auf der die Dienste der Mädchen benötigt würden. So wollten sie die Bordellbesitzer überzeugen, möglichst viele von den Kindern, die ihnen zum Opfer gefallen waren – und einige der Verbrecher – in einem Bus dorthin fahren zu lassen. Einmal in diesem sicheren Haus – Codename „Bravo" – angekommen, würden die Mädchen befreit und ihre Unterdrücker von einer Einsatztruppe der kambodschanischen Polizei verhaftet werden.

Bob Mosier, früher Leiter eines Sondereinsatzkommandos und einer Strafermittlungsbehörde, beantwortete meine Frage gelassen mit der für ihn typischen Genauigkeit. Wenn einer der Zuhälter eine Waffe mit im Bus haben sollte, erklärte er, würden wir nach polizeilichem Standard für solche Situationen vorgehen, um die Gefahr zu neutralisieren.

„Wir werden Polizeikräfte anfordern, die Kontrollstellen längs der 598 besetzen, damit Polizisten verfügbar sind, um dem Bus zu folgen oder ihn anzuhalten und den Opfern und den Mitarbeitern zu helfen, falls etwas schiefgehen sollte", sagte Mosier.

Dann skizzierte er eine denkbare Situation, in der die örtliche Polizei zur Unterstützung bei der Festnahme oder zur Abwendung einer Gefahr für die Kinder, die IJM-Mitarbeiter oder unsere externen Helfer hinzugerufen würde.

„Was ist zu tun, wenn sich ein Mob sammelt und die Sicherheit der IJM-Mitarbeiter bedroht? Kennt jeder die Fluchtstrategie?", fragte Mosier uns ab.

Obwohl er sicher war, dass jeder Bescheid wusste, ging er alles noch einmal durch: „Erstens: Wer in Gefahr gerät, ruft unverzüglich Will Henry an. Er hat das vorübergehende Kommando über zwei Mannschaftswagen kambodschanischer Polizei, die sich hier außerhalb des Dorfes bereithalten", und er deutete auf einen Punkt auf der Karte. „Er wird die Polizei zu deinem Aufenthaltsort im Dorf führen, wann immer du den Eindruck hast, du seist in unmittelbarer Gefahr.

Ich gebe euch gleich den detaillierten Notfall-Evakuierungsplan. Darin sind auch die Maßnahmen für den Fall aufgeführt, dass wir Bravo evakuieren müssen. Aber merkt euch jetzt vor allem eins – jeder von euch: Keine Panik! Wir holen dich raus."

Kapitel 2

Die Mädchen von Svay Pak

Zum ersten Mal hatten wir drei Jahre zuvor von Svay Pak gehört. Ein Kontaktmann in Südostasien hatte uns Gerüchte weitergegeben – Gerüchte über ein kleines Dorf, in dem das Gesetz nichts galt und in dem Scharen von Mädchen – einschließlich sehr junger Kinder – verkauft würden, um von Sextouristen missbraucht und vergewaltigt zu werden. Meine Kollegen hatten bereits reichlich Erfahrung mit dieser Schattenwelt der kommerziellen Zwangsprostitution; sie waren schon fast überall auf der Welt im Einsatz gewesen, sie zu bekämpfen. Aber so etwas wie Svay Pak hatten wir bisher noch nie gesehen. Es wurden dort unglaublich viele sehr junge Mädchen verkauft und missbraucht – kleine Mädchen, kaum im Grundschulalter. Vielleicht am schockierendsten war, dass diese ganze Jauchegrube von Vergewaltigung, Sadismus und Kindesmissbrauch in aller Öffentlichkeit stattfand, am helllichten Tag und mit geradezu brutaler Überheblichkeit. In den letzten Monaten hatten die Bordellbetreiber zwar Schritte unternommen, das Geschäft ein wenig zu tarnen, um sicherzustellen, dass sie nicht gefasst werden würden; aber unter einem fadenscheinigen Deckmäntelchen betrieben sie die sexuelle Ausbeutung unschuldiger Opfer weiter wie bisher.

Abgesehen von ein wenig Fischfang lebte das ganze Dorf Svay Pak vom Handel mit Sex; jede andere Art von ausgeübtem Gewerbe sollte entweder nur den dürftigen Anschein von Legitimität erwecken, hinter dem sich die Bordellbetreiber versteckten, oder es handelte sich um Bars oder Cafés, die einen zusätzlichen Service für die Bordellbesucher boten. Scharen von Kindern und jungen Frauen wurden gegen ihren Willen in Svay Pak gefangen gehalten und gezwungen, den Bordellkunden in winzigen schmierigen Kabinen zu Willen zu sein. Oft mussten sie sich den Platz mit einem oder mehreren Mädchen teilen. Was mit Postern an den Wänden und Stofftieren in den Ecken für die meisten Kinder der westlichen Welt wie sehr kleine Schlafzimmer oder begehbare Kleiderschränke aussehen mochte, waren die Verschläge, in denen die Kunden sich an den Kindern vergingen. Wenn westliche Touristen in Phnom Penh ein Taxi nach Svay Pak nahmen, wusste der Fahrer sofort, dass der Fahrgast auf Sex mit Minderjährigen aus war.

Die meisten Taxifahrer machten dadurch zusätzlichen Gewinn – sie kassierten von den Bordellbetreibern für jeden Kunden, den sie brachten, eine Provision. Das gehört zum wachsenden Netz von Sicherungsmechanismen um diese niederträchtige Industrie herum: Je mehr Menschen von ihr profitieren, umso stärker wird sie als legitimes Geschäft akzeptiert, bis man sie schließlich als „ganz normale Sache" betrachtet. Ich hätte es nicht geglaubt, wenn ich es nicht schon so oft gesehen hätte: So unglaublich es scheint, aber ein unübersehbares routiniertes Geschäft mit der Vergewaltigung und dem Missbrauch von Kindern kann zu einer „ganz normalen Sache" werden – selbst unter wohlmeinenden Menschen.

Unser Ziel war es, den tödlichen Kreislauf von Resignation und Verzweiflung zu durchbrechen und klarzumachen, dass es möglich ist, dieses Netz zu zerreißen, die Kinder zu retten und die Schuldigen ins Gefängnis zu bringen. Es würde entschiedener Aktionen über viele Jahre hinweg bedürfen, um einen Ort wie Svay Pak mit seinen Verbrechen aus der Welt zu schaffen. Aber bei unserer bevorstehenden Aktion ging es darum, den Missbrauch dieser Kinder zu beenden und den Beteiligten klarzumachen, dass es nicht einfach so weitergehen würde. Das ist natürlich immer der schwierigste Schritt. Denn wenn Menschen glauben würden, dass es tatsächlich möglich ist, diese Kinder zu retten und die Täter hinter Gitter zu bringen, dann wäre das doch schon längst geschehen. Das Dickicht war aber mittlerweile undurchdringlich, so dicht, dass Scharen von Kindern öffentlich an Pädophile und Sadisten verkauft werden konnten – und „dagegen könne man eben einfach nichts unternehmen". Und, um ehrlich zu sein – es gab wirklich wesentlich mehr Indizien, die diese Schlussfolgerung nahelegten, als solche, die sie hinterfragten.

Aber immer wieder begegneten uns zwei knallharte Tatsachen: Zum einen wurden vor unseren Augen Kinder in schrecklicher Weise missbraucht. Zum anderen bekannten wir uns alle zum Glauben an den Gott, der diese Kinder liebte und uns aufrief, für sie das zu tun, was wir im gleichen Fall auch für unsere Kinder wünschten. Dies war keine knifflige Frage in einem Ethikexamen und kein künstliches Sensationsszenario für eine schockierende Marketingkampagne. Dies war das wirkliche Leben, direkt vor unseren Augen. Man konnte nur mitmachen oder dagegen kämpfen. Wir konnten entweder zu den Waffen greifen oder die Uniform ausziehen.

Kapitel 3

Wie eine Naturgewalt

Wie soll ich Bob Mosier beschreiben, unseren zweiten leitenden Ermittler? Er ist eine wirkliche Naturgewalt. Mir ist klar, das klingt dramatisch und übertrieben, aber die Leute, die mit ihm vor Ort zusammengearbeitet haben, wissen, wovon ich spreche. Naturkräfte verändern das Wetter und die Landschaft, aus Schatten wird Licht, und wenn man einen Schritt zurücktritt, um den Vorgang zu erklären, dann gerät man ins Stocken. Worte und rationale Erklärungen greifen zu kurz. So geht es mir auch, obwohl ich über Jahre beobachtet habe, wie Mosier an den finstersten Ecken dieser gefallenen Welt IJM-Einsätze durchgeführt hat. Wenn alles vorbei ist, dann ist das junge Mädchen in Thailand nicht mehr im Bordell, die Familie in Südasien ist aus der Sklaverei befreit, das zu Unrecht im Gefängnis sitzende Kind an der Elfenbeinküste ist entlassen, der Pastor in Bolivien der Folterkammer entflohen, die Schurken sitzen im Gefängnis, und die lokalen Würdenträger laden Mosier zum Abendessen ein und nennen ihre Kinder Bob. Und warum geschieht all das?

Man könnte sagen, Mosier ist eben ein hoch qualifizierter Kripo-Mann mit enormem Erfahrungsschatz. Und er arbeitet sehr, sehr hart. Das ist aber ein bisschen so, als würde man sagen, der Grand Canyon sei eben durch Erosion entstanden oder Mozart habe die Musik geliebt. Bei der Beschreibung des eigentlichen Phänomens hilft das nicht wirklich weiter.

Tatsache ist, dass bei beinahe allen strategischen Ermittlungsoperationen, für die IJM bekannt geworden ist, ein Mann der Wegbereiter war: ein ehemaliger Hilfssheriff aus einer ländlichen Gegend in Virginia mit Namen Bob Mosier. Es ist *eine* Sache, wenn IJM-Kollegen überall auf der Welt den Mut und die Fähigkeiten haben, Unrechtsnetze zu unterwandern und Überwachungen, Zugriffe oder verdeckte Aktionen durchzuführen, für die sie geschult wurden. Und es ist *etwas ganz anderes*, der Erste zu sein, der beweist, dass solche Aktionen möglich sind – selbst in dem Umfeld, in dem wir arbeiten. Aber genau das hat Mosier geschafft.

Reisen Sie mit Mosier in einen Einsatz vor Ort, und Sie werden den Eindruck nicht los, dass Gott ihn geschaffen hat, um den Vertretern des Bösen das Handwerk zu legen – sie in Sicherheit zu wiegen, ihre Lügen aufzudecken und ihre Gewalttätigkeit ans Tageslicht zu zerren. Es ist leicht, Mosier als einen Joe-Friday-Typen zu karikieren, diesen eindimensionalen typischen Filmpolizisten*, weil er – ehrlich gesagt – auch genau so ist. Wer sonst taucht schon bei Besprechungen im Hauptquartier mit einem Kaffeepott auf, auf dem steht: „Das Leben ist einfach: Iss. Schlafe. Bekämpfe das Verbrechen."

Aber all das hilft nicht weiter, wenn man das Geheimnis erklären will, warum man Mosier an einer beliebigen Stelle auf diesem Globus absetzen und dann beobachten kann, wie sich das „Wetter" vor Ort zu verändern beginnt. In der Tat, wenn Sie Mosier begegnen, dann bieten die ersten Eindrücke wenige Hinweise darauf, womit man es hier zu tun bekommt. Als ich ihn 1997 zum ersten Mal traf, war alles, was ich mir von ihm merkte, der nachhaltige Eindruck seines kräftigen Händedrucks. Alles andere an ihm war absoluter Durchschnitt: mittlere Größe, Durchschnittsgewicht, ganz wie eben der Typ von nebenan. Und genau das macht ihn so wirkungsvoll. Mosier hat sich ein Image zugelegt, das ihm erlaubt, unbemerkt in der Masse unterzugehen: Er wirkt harmlos. In Wirklichkeit aber saugt er Informationen förmlich auf, um sie zu speichern und auszuwerten.

Selbst wenn er sich als Pädophiler ausgibt, schlüpft er mühelos in diese Rolle – und wieder heraus. Manchmal verstehen

---

* Anmerkung des Übersetzers: Sergeant Joe Friday war die Hauptfigur in der amerikanischen Krimiserie „Dragnet" (im deutschen Fernsehen „Polizeibericht", Darsteller Jack Webb). Central Casting ist die größte Vermittlungsagentur für Filmstatisten in den USA.

Leute nicht, wie Menschen wie er dieses Wechselspiel verkraften. Sie fragen: „Wie schaffst du es, so aufzutreten, als ob du kleine Mädchen oder Jungen missbrauchen willst? Wird man nicht nach einer Weile verrückt dabei?"

Ohne Zögern antwortet der ehemalige Polizist dann: „Ich habe mich auch als Drogenhändler ausgegeben, um Drogenhändler zu stellen. Das musste ich, um die Bösen zu schnappen. Und was ich jetzt tue, ist nichts anderes. Ein guter Ermittler braucht eine solide Strategie; er muss jederzeit das Ziel im Auge behalten und darf sich nicht ablenken lassen.

Klar, wenn es funktionieren würde, dann würde ich auch lieber direkt zu einem Kriminellen gehen und sagen: ‚Hey, ich bin ein echt netter Typ, und ich frage mich, ob du nicht vielleicht kleine Kinder als Sexobjekte verkaufst, denn falls das so ist, werde ich dich jetzt festnehmen.' Leider funktioniert es nicht so."

Jemand fragte ihn einmal: „Wie gehst du eigentlich damit um, all die Grausamkeiten gegen Kinder zu kennen, die du gesehen hast?"

Mosier hat geantwortet: „Die Frage ist eher, wie ich *nicht* damit umgehe. Was soll ich machen? Mich wie ein Fötus zusammenrollen und aufgeben, wenn ich Missbrauch sehe? Wie hilft das den Opfern, freizukommen? Was sie brauchen, ist ein Retter. Wir müssen uns darauf vorbereiten, diese Retter zu sein, egal wie widerwärtig die Situation ist, in der wir die Opfer vorfinden."

Als Ermittlungsfachmann hat sich Mosier ein paar grundlegende Fähigkeiten angeeignet. Eine seiner größten Stärken ist es, Menschen zum Reden zu bringen und dabei jede Information zu speichern, die er braucht – auch wenn sein Gesprächspartner glaubt, er habe nichts preisgegeben. Ein Journalist erzählte mir nach einem etwa einstündigen Treffen mit Mosier: „Als wir fertig waren, hatte ich den Eindruck, er habe meine Gedanken gelesen." Wahrscheinlich hat er das auch getan.

Bei einer Aktion in Südostasien nutzte Mosier diese Fähigkeit, um bis zur Spitze einer Organisation vorzudringen, die eine große Anzahl von Sklaven zum Zigarettendrehen einsetzte. Er hatte mit einem Gespräch mit jemanden ganz unten angefangen und schaffte es, dessen Boss zu sprechen, dann dessen Boss und immer so weiter, bis er beim großen Oberboss an der Spitze angelangt war.

„Ich habe 700 Sklaven, etwa 300 davon Kinder", prahlte der Mann, als er Mosier das ganze Unternehmen mit der gleichen Art Stolz zeigte, den man bei einem amerikanischen Geschäftsmann finden könnte, der Besuchern seiner Firma seine neusten Maschinen zeigt. Er sah Mosier an und dann kam ihm wohl ein leiser Zweifel. „Es ist in Ordnung, wenn ich Ihnen das alles erzähle, oder? Sie werden mir doch keine Schwierigkeiten machen?" Aber da war es schon zu spät. Die Katze war, wie das Sprichwort sagt, bereits aus dem Sack, und Mosier hatte sie beim Genick gepackt.

Mosiers Fähigkeiten und Erfahrungen bei der Polizei führten ihn 1996 und 1997 im Rahmen der Bemühungen der US-Regierung als Mitglied einer internationalen Eingreiftruppe der Polizei im Auftrag der UNO nach Bosnien-Herzegowina. Der Einblick, den er im Rahmen fremder Regierungs- und Rechtssysteme in die Durchführung internationaler Polizeiaufgaben gewann, hat sich als außerordentlich wertvoll für IJM erwiesen, etwa bei der Entwicklung von strategischen Standards bei internationalen Ermittlungen. IJM kann als Wegbereiter in diesem Bereich des Einsatzes für die Menschenrechte gelten. Und Mosier war unser Vorkämpfer.

In der Vergangenheit wurden Ermittlungen zu Menschenrechtsfragen meist von Anwälten, Wissenschaftlern und Journalisten durchgeführt und stützten sich vor allem auf Interviews mit Opfern, Dokumentenrecherche und auf Quellen, die dem Anliegen positiv gegenüberstanden. Mosier führte IJM einen Schritt weiter. Er legte Wert auf Beweise, die sich beim unmittelbaren Umgang mit den Straftätern selbst ergeben. Aber er nahm uns nicht nur mit in die Bordelle, Gefängnisse, Polizeistationen oder Ausbeuterbetriebe, er kam auch wieder heraus – mit der hässlichen Wahrheit, auf Video gebannt, damit die ganze Welt sie sehen kann. Zum ersten Mal konnten die Menschen tatsächlich sehen, was sonst nur die Opfer sahen. Bob führte aus dem Bereich der verdeckten Ermittlungen den Gebrauch ausgeklügelter Beobachtungstechniken ein, die es uns erlaubten, aller Welt zu zeigen, wie es wirklich aussieht, wenn ein achtjähriges Mädchen in einem Bordell verkauft wird, wenn ein Polizist Bestechungsgeld erpresst oder Straßenkinder mit dem Gummiknüppel schlägt oder wenn jemand in einem Gefängnis ohne Prozess oder Verurteilung dahinvegetiert. Ich habe in einer Anzahl von Anhörungen vor dem US-Kongress als Zeuge ausgesagt, bei denen alles mit geradezu lähmender Behäbigkeit voranging, bis Kongressmitglieder die von Mosier mit versteckter Kamera gemachten Videoaufnahmen sahen. Die unüberbrückbare Distanz zwischen dem würdevollen Rahmen, in dem wir über die grausame und brutale Behandlung von Menschen sprechen, und den Orten, an denen das real geschieht, verschwand plötzlich, als die Bilder und Geräusche des Wirklichkeit gewordenen Bösen den Raum erfüllten.

Ein Ergebnis dieser Arbeit ist es, dass wir unsere Ermittler mit aktuellster Ermittlungstechnologie ausstatten. Wir können es uns nicht leisten, Beweismaterial zu verlieren, weil die Ausrüstung nicht funktioniert. Und in einer Situation, in der wir kein aktuelles Filmmaterial eines begangenen Verbrechens haben – wenn also lediglich unser Wort gegen das der anderen steht –, stützt das Rechtssystem mancher Länder oft die Täter und nicht die Opfer.

Die Art, wie Bob Mosier seine Arbeit macht, hat mich schon viele Male beeindruckt. Besonders ein Beispiel zeigt seine verbissene Entschlossenheit, nicht aufzugeben, bevor das Ziel erreicht ist. Wir waren, begleitet von einem Fernsehteam von *60 Minutes II*, in Indien, um Fällen von Sklavenarbeit nachzugehen, und fanden heraus, dass Kinder gezwungen wurden, 12 bis 14 Stunden pro Tag Zigaretten zu drehen. Wir hofften, eine Verbindung zwischen der Sklavenarbeit hier und dem Konsum von Tabakwaren durch Kinder in den USA belegen zu können – das hätte die Sache in den Augen amerikanischer Leser relevanter gemacht. Alle Welt sollte erfahren, wie diese versklavten Kinder behandelt wurden und dass jemand etwas dagegen unternehmen wollte.

Wir hatten während einiger Tage ein enormes Arbeitspensum erledigt, waren in entlegenen Gebieten auf schrecklichen Straßen zwischen kleinen Dörfern unterwegs gewesen. Wie üblich war Bob der Motor des Ganzen: Er leitete das Unternehmen, stellte den Kontakt zu externen Helfern her und begleitete ihre Ermittlungen. Wir befanden uns in einem Einsatz, der beinahe unmöglich erschien: Wir wollten herausfinden, wo die Kindersklaven arbeiteten, bestimmte Kinder und Orte identifizieren, eine verständliche Dokumentation über diese Kinder vervollständigen, die dabei helfen konnte, ihre Befreiung zu sichern – und das alles sollte in lebendigen Farben geschehen, mit einem großen Kamerateam aus den USA im Schlepp. Mosier sorgte für die nötige Logistik und traf alle erforderlichen Vereinbarungen.

Schließlich kamen wir an unserem Zielort an und es gelang tatsächlich, die Leiden dieser Kinder ohne jeden Zweifel festzuhalten und die Verbindung zu den Großhändlern am Ende der Produktionskette aufzuzeigen. Die Leute von *60 Minutes II* hatten alles, was sie brauchten, bis auf die entscheidende Verbindung zwischen dem Großhändler und dem Export ihrer Waren in die USA. Wir mussten einen unwiderlegbaren Beweis für die Verbindung zwischen dem US-Markt und diesen Zigaretten erbringen, die von Kindersklaven hergestellt wurden. Der Produzent brauchte dieses bedrohliche Detail in der Geschichte, um an die US-Zuschauer heranzukommen, denn Amerikaner können ziemlich kurzsichtig sein: „Wenn es nicht mich oder mein Land betrifft, interessiert es mich nicht."

Es sah so aus, als ob die ganze Geschichte ohne diese Verbindung in sich zusammenzufallen drohe und damit zerstob auch unsere Chance, die Geschäftsinteressen hinter der Verwertung von Produkten aus Kindersklaverei anzuklagen.

Bob hatte über mehrere Tage 18 Stunden lang in brütender Hitze daran gearbeitet, die Untersuchung zu Ende zu bringen. Jetzt war es gegen 23 Uhr, als unsere Chancen auf Erfolg plötzlich infrage standen. Wir überdachten unsere Möglichkeiten und stießen darauf, dass wir von einem Informanten wussten, dass derselbe Zigarettenproduzent ein ähnliches Unternehmen in Mysore unterhielt, einem Dorf an der Westküste. Also sagte Bob: „Tja, ich vermute, wir müssen nach Mysore." Der Satz wurde unter uns zu einer stehenden Redewendung – für Bob Mosier und dafür, dass eine Arbeit erledigt werden muss.

Um seinen Job so präzise wie möglich zu erledigen, machte sich Bob unverzüglich mit einem Mitarbeiter auf den Weg in Richtung eines Ortes, an dem er nie zuvor gewesen war, fuhr die ganze Nacht durch und erwischte einen Flug an die entgegengesetzte Küste – er stellte das alles durch ein paar Telefonate mit ein paar Leuten, die er nicht einmal kannte, auf die Beine – nur, weil es eben getan werden musste. Und wenn Bob etwas sieht, das getan werden muss, dann tut er es, ob es nun darum geht, einen Mülleimer zu leeren, Wasser für unsere Mitarbeiter zu holen, damit sie nicht austrocknen, oder sich auf einen Zuhälter zu stürzen, der versucht, aus einem Bordell zu flüchten. Bob sorgt dafür, dass die wichtigen Dinge auch umgesetzt werden. Es war dann auch keine Überraschung, dass ich 18 Stunden später einen Anruf von Bob erhielt. Er sagte: „So. Wir haben die Kinder beim Zigarettendrehen für den Hersteller und wie das Zeug in die USA verschifft wird. Die Verbindung ist da. Auftrag erledigt. War kein Problem." Und als Anmerkung will ich nachschieben, dass seine Aktion Früchte getragen hat: Alle Kinder, die er gefilmt hatte, wurden aus der Sklaverei befreit.

Ich sage das nicht oft, weil ich weiß, was ich damit auslöse, aber es gibt die seltenen intensiven Momente, wenn ich mich an Bob wenden muss und ihn einfach bitte, „eine Sache durchzuziehen". Mit erstaunlicher Regelmäßigkeit werden Dinge dann einfach erledigt. Und dabei werden nicht, wie Sie vielleicht denken, ethische Regeln ein wenig verbogen, Leute auch mal ausgenutzt oder geltende Bestimmungen nicht so genau genommen. Nein, alles geschieht durch den kompromisslosen Einsatz von gedanklicher Zielstrebigkeit, Mut, Erfindungsreichtum, harter Arbeit und Glauben.

Es gibt Fälle, da kann auch er einfach nichts machen. Aber in diesen Jahren habe ich erlebt, wie Mosier in die Dunkelheit vordrang, in der Menschen gequält wurden, und ich habe Unerklärliches und Unbeschreibliches geschehen sehen. Ich konnte beobachten, wie sich das Wasser teilte und die Geschlagenen und Missbrauchten auf dem Weg zu Sicherheit und Würde hindurchgingen. Und unterm Strich bin ich der Überzeugung, dass die stärkste Kraft, die am Werke war, der Glaube gewesen ist.

Die Bibel beschreibt den Glauben als „feste Gewissheit, dass sich erfüllt, was Gott versprochen hat; er ist die tiefe Überzeugung, dass die unsichtbare Welt Gottes Wirklichkeit ist, auch wenn wir sie noch nicht sehen können" (Hebräer 11,1). Und Mosier hat Grundgewissheiten im Blick auf Dinge, die er nicht sehen kann. Er glaubt fest, dass er von einem Gott geschaffen wurde, den es tatsächlich gibt und den man erkennen kann. Er glaubt, dass sich dieser Gott um ihn kümmert und ihm in dieser Welt einen Auftrag gegeben hat – den Auftrag, Menschen in verzweifelter Lage zu helfen. Und schließlich glaubt er, dass Gott – der allmächtige Gott, der vor aller Zeit das Universum erschaffen hat – bei dieser Arbeit an seiner Seite ist und ihm hilft, sie zu tun.

Ich kann einen einfachen Grund dafür nennen, warum ich behaupte, dass er das alles glaubt: Er handelt so, als ob dies alles wahr sei. Mosier ist ein gutes Beispiel dafür, was der Autor Dallas Willard so deutlich über die Natur des Glaubens geschrieben hat (und damit natürlich bekräftigt, was das Neue Testament im Jakobusbrief schon lange zuvor gesagt hat): Was wir wirklich glauben, zeigt sich nicht in dem, wovon wir *sagen,* wir glauben es, oder in dem, wovon wir *glauben,* wir glauben es, sondern daran, dass wir *handeln,* als glaubten wir es.

John Locke, ein Philosoph des 17. Jahrhunderts, bemerkte, dass wir Christen *sagen,* dass wir die wunderbarsten, weltbewegendsten und revolutionärsten Dinge glauben: dass wir von einem guten und allmächtigen Gott wirklich geliebt werden, einem Gott, der niemals versäumen wird, uns im Leben oder Tod beizustehen, und dass wir deshalb befreit sind, jeden Tag selbstlose Liebe, Mut und Freude zu erfahren und zu zeigen, unabhängig von den Umständen, bis in alle Ewigkeit. Aber wie viele von uns leben auch so, als ob diese Dinge wahr wären? Nicht einer unter Zehntausend, schätzte Locke, und mir scheint, er hat recht. Aber ich habe einen Hilfssheriff aus dem ländlichen Virginia gesehen, der so lebt, als ob diese Dinge wahr sind – und in einer brutalen Welt der Finsternis und des Bösen bewegt er sich vorwärts wie eine Naturgewalt.

Wenn wir je bei unserer Arbeit solch eine Naturgewalt brauchten, wenn wir je eine Überzeugung „von Dingen, die unsichtbar sind" brauchten, dann war das hier in Svay Pak. Denn das, was wir dort sahen, war so unvorstellbar brutal und völlig hoffnungslos.

Kapitel 4

Testballons

Für jemanden, der das Böse bekämpfen will, liegt vielleicht die größte Herausforderung in der Frage: Wie fange ich an? Wie macht man den ersten Schritt in einen Abgrund? Manchmal beginnt man mit dem, was einem zufällt. Unsere erste Chance, die Lage zu sondieren, um Kinder aus Svay Pak herauszubekommen, kam im Mai 2002. Es zeigte sich eine Tür, und wir versuchten, sie zu öffnen.

Sharon Cohn, leitende Mitarbeiterin für den Bereich Interventionen, und Will Henry, Fachmann für Ermittlungen, waren in Südostasien und schlossen eine Aktion ab, die letztlich fünf Mädchen aus einem Bordell befreite. Eines dieser Mädchen war Dacie – ihre Geschichte sollte mein eigenes Leben tief berühren, aber dazu kommen wir etwas später.

Will konnte es kaum erwarten, in die Staaten zurückzukehren. Er war drei Wochen von seiner Familie getrennt gewesen. Er hatte bereits gepackt und hatte noch eine halbe Stunde, bis er zum Flughafen aufbrechen musste. Sharon hatte gerade mit Mosier im Hauptquartier telefoniert. Da sie nun schon in Asien waren, sollte sie mit Will noch einen Abstecher nach Svay Pak machen, um unsere Nachforschungen voranzubringen.

Bob und ich besprachen die Möglichkeiten und entschieden uns dafür, dass beide nach Kambodscha sollten, um Beweise, die bei früheren Reisen gesammelt worden waren, zu aktualisieren und unsere Bemühungen fortzusetzen, die kambodschanischen Behörden zu bewegen, gegen den entsetzlichen Missbrauch von Kindern einzuschreiten. Mosier telefonierte mit Will und umriss den Auftrag, der die Rückkehr zu seiner Familie verzögern würde.

Mosier schrieb rasch den Einsatzplan und benannte die Einzelheiten dieser dreitägigen Operation:

1. Durchführung von Untersuchungen, um Kinder, die Opfer von Zwangsprostitution sind, zu identifizieren.
2. Durchführung von Operationen, die die kambodschanische Polizei ermutigen, Strafverfolgungsaktionen auszuführen, die das Ziel haben, Kinder als Opfer von Zwangsprostitution zu befreien.
3. Durchführung von Operationen, die die kambodschanischen Strafverfolgungsbehörden dazu ermutigen, juristische Schritte zu unternehmen, die zur Verhaftung und Bestrafung von Verdächtigen führen, die identifiziert wurden, weil sie an wiederholten Straftaten beteiligt waren.
4. Erlangung der Unterstützung der Regierung bei der sicheren

Unterbringung befreiter Opfer in angemessenen Nachsorgeeinrichtungen.

Dies war unsere Möglichkeit, handfeste, aktuelle Beweise vor-
zulegen, die die kambodschanische Regierung zur Mitarbeit
drängen sollte. Wir waren bei drei Gelegenheiten bereits vor
dem Mai 2002 in Svay Pak gewesen. Zunächst im Oktober
2000 und dann im Juli und September 2001 hatten wir unsere Dokumentationen und Videobeweise den Regierungsstellen
zukommen lassen und einen Polizeieinsatz zur Befreiung der
Opfer und die Bestrafung der Schuldigen gefordert. Jedes Mal
hatten wir keinerlei Antwort erhalten.

Man stelle sich vor, was geschehen würde, wenn man bei
uns mit Videoaufnahmen, die zeigen, wie Grundschulkinder in
unserer Stadt öffentlich an Bordellbesucher verkauft werden,
in eine Polizeidienststelle käme. Was würde geschehen, wenn
man den Beamten Fotos zeigen würde, Namen und Adressen
von Leuten, die Sex mit Kindern als Geschäft betreiben, nennen
könnte, zusammen mit kleinen Stadtplänen, die aufzeigen, wo
alles zu finden ist? Was denken Sie, würde geschehen? In Kambodscha gaben wir diese Unterlagen den obersten Strafverfolgungsbehörden im Bezirk, keine 35 Kilometer entfernt von dem
Ort, an dem der Kinder-Sex-Ring agierte – und nichts geschah.
Überhaupt nichts.

Dieses Mal wollten wir eine andere Strategie anwenden. Mosier hatte Henry genaue Anweisungen gegeben, sicherzustellen,
„dass Kinder als Opfer von Zwangsprostitution befreit werden" – um wenigstens einige Kinder freizubekommen. Dann
wollten wir ihre Fälle den Behörden präsentieren und sagen:
„Hier ist der lebende Beweis dafür, dass dieses Problem exis-
tiert. Es ist nun an Ihnen, dafür zu sorgen, dass diesen Mädchen
geholfen wird." Wir wollten den Behörden in Kambodscha die
unmissverständliche Möglichkeit bieten, das Richtige zu tun.
Wir wollten es ihnen wirklich schwer machen, einfach weg-
zugucken. Wir wollten einige Kinder aus diesem Höllenloch

herausholen und die kambodschanischen Behörden durch eine konkrete Aktion begleiten, wenigstens einige der Täter der gerechten Strafe zuzuführen, in der Hoffnung, dass eine solche Aktion in Svay Pak als Signal verstanden würde, dass der öffentliche Verkauf von Kindern an die sexuellen Ausbeuter nicht mehr hingenommen werden würde.

Man muss irgendwo beginnen; und wenn man einmal angefangen hat, sollte man auch besser bereit sein, die Sache zu Ende zu führen.

Kapitel 5

Schwer verdientes Vertrauen

Will Henry bestieg das Flugzeug nach Phnom Penh, ausgerüstet mit allem, was er benötigte – Minikamera, Objektive, Mikrofone, Kabel, Bänder und Batterien –, um die Verbrechen an Kindern aufzuzeichnen, die zur Prostitution gezwungen wurden, und um den Fall für die Behörden überzeugend zu dokumentieren. Henry war sechzehn Jahre lang bei der Polizei eines US-Bundesstaates gewesen, hatte dreieinhalb Jahre Erfahrung mit verdeckten Ermittlungen und zwei Jahre bei Ermittlungen unter extremer Tarnung.

Extreme Tarnung meint nach Wills Worten, dass ein Einsatzbeamter „das Leben eines Drecksacks führt, sich mit anderen Drecksäcken anfreundet und sie dann betrügt". Bei diesen Einsätzen quartierte er sich in zwielichtigen Motels oder billigen Apartments ein, legte sich eine zweifelhafte Identität zu, nahm nur einmal pro Woche mit seinem Führungsbeamten Kontakt auf und baute ansonsten den Fall gegen die Verdächtigen verschiedenster Verbrechen von innen auf.

Sein letzter derartiger Einsatz als Polizist war für ihn mit hohen Kosten verbunden. Während er sich als Student ausgab, wurde Will bei einer Schießerei verletzt, die zwischen zwei Typen, mit denen er gerade sprach, und einem ihrer Feinde ausbrach. „Ich ging weg, als ich hätte rennen sollen, und wurde von einer verirrten Kugel getroffen", sagte er. Sie traf ihn wie ein Baseballschläger aus Blei von hinten in sein linkes Bein, sodass er neun Monate außer Gefecht gesetzt war, um sich wieder zu erholen.

Wills Instinkt für die verdeckte Arbeit wurde in der realen Welt geschärft, wo Entscheidungen in Sekundenbruchteilen alles verändern können. Er ist außerdem hoch qualifiziert und äußerst erfahren, was Sicherheitsoperationen angeht, besonders auf dem Gebiet aktiver Sicherungsmaßnahmen. Und er benötigte alle diese Fähigkeiten für die Aufgabe, zu der er sich auf den Weg machte.

Will und Sharon landeten in Kambodscha in der Abenddämmerung des 7. Mai 2002. Das Flugzeug stieg herab über weite Flächen verkohlter Felder, die man vermutlich absichtlich angezündet hatte, um unerwünschtes Gebüsch zu beseitigen. Das verlieh der Landschaft ein unheimliches Aussehen, als sei die Erde vom Krieg versengt. Keiner der beiden war zuvor in Kambodscha gewesen. Gemeinsam suchten sie ihren Weg durch die Straßen, die mit scheinbar verrückt gewordenen Fahrzeugen, Autos, Fahrrädern und Fußgängern überfüllt waren. Der Geruch von Knoblauch und Gewürzen hing schwer über diesem Bild des kontrollierten Chaos.

Sie bezogen ihre Zimmer im dritten Stock eines billigen Hotels, und Will telefonierte mit ihrem Kontaktmann Sky, der ihre Unterkunft besorgt hatte.

„Wir sind im Hotel angekommen", sagte Will. „Sollen wir uns zum Abendessen treffen?"

„Ja, ich komme und hole euch ab", antwortet Sky. „Aber ich nehme euch zuerst mit, um ein paar Sachen zu besorgen, die ihr für die Reise brauchen werdet, einschließlich eurer Handys."

Einsätze in Entwicklungsländern haben ihre besonderen Herausforderungen, auch wenn man nicht gerade versucht, einen

Ring von Kinderhändlern zu infiltrieren. Die allgemeine Gesetzlosigkeit, die es möglich macht, dass sich eine derartige Brutalität an Orten wie Svay Pak ausbreitet, macht auch ein hohes Maß an Straßenkriminalität möglich. In der Tat bekam Will in jener ersten Nacht in Phnom Penh einen etwas erhöhten Puls, als er in einer entfernten Straße den Lärm eines Feuergefechts hörte, und als es kurz einmal so aussah, als ob Sharons Taxifahrer vom direkten Weg zum Hotel abweichen würde in eine dunkle und unsichere Seitenstraße. Aufgrund seiner Erfahrungen und einer grundsätzlich erhöhten Wachsamkeit klärte er die Situation aber schnell.

Dies war nicht das erste Mal, dass Will und Sharon in einem Entwicklungsland zusammenarbeiteten. Sie hatten ein starkes gegenseitiges Vertrauen entwickelt, mit solchen Umständen fertig zu werden – ein Vertrauen, das sie durch Schwierigkeiten erworben hatten.

Im November 2001 hatten Sharon und Will den Gouverneur eines nigerianischen Bundesstaates getroffen, um mit ihm über das dort herrschende schreckliche Problem der Zwangsprostitution zu sprechen. Der Gouverneur hatte zugestanden, dass 70 bis 80 Prozent der Opfer dieses Menschenhandels aus seinem Bundesstaat kamen; eine ausgesprochen unrühmliche Geschichte, die er zu ändern hoffte.

Nach dem Treffen mit ihm hatten sie ihren gebuchten Flug verpasst. Will und Sharon hatten ein Auto mit Fahrer gemietet, das sie durch ein weitläufiges Gebiet in Nigeria bringen sollte, damit sie so den nächsten Flug erreichen konnten, der sie außer Landes bringen würde. Erschöpft von der langen Reise war Will eingeschlafen, während Sharon die eintönige, braune Landschaft beobachtete, die an ihrem Fenster vorbeizog.

Plötzlich geriet sie unter Spannung, als sie wahrnahm, dass Fahrzeuge auf der benachbarten Spur der vierspurigen Straße in falscher Richtung frontal auf sie zuhielten. Das war an sich in Nigeria nicht völlig ungewöhnlich, da Fahrer auf einer schlechten Fahrbahn einfach auf die Gegenseite wechselten, wenn diese in besserem Zustand war. Aber hier stimmte etwas ganz eindeutig nicht. Fahrer und Fahrgäste der herankommenden Wagen lehnten sich aus den Fenstern und winkten mit den Armen. „Bewaffnete Banditen! Bewaffnete Banditen!", schrien sie.

Will erwachte, als ihr Fahrer den Wagen schnell wendete und sich eilig dem Strom der flüchtenden Wagen anschloss. Sie rasten allesamt einige Meilen weit davon, bis viele rechts ran fuhren auf eine große Fläche gegenüber einem Dorf. Man hoffte, dass die Banditen – falls sie diese Gruppe noch immer verfolgten – darauf verzichten würden, hier anzuhalten, weil sie eine größere Ansammlung von Menschen vermeiden wollten. Alles wirkte ein wenig wie ein absonderliches Wettrennen von Jugendlichen, als die Insassen der Autos – einschließlich Will und Sharon – sich Hals über Kopf in Sicherheit bringen wollten und losrannten, um irgendwo hinter den nahe gelegenen Gebäuden Schutz zu finden.

Als das Schießen, Hupen und Schreien näher kam, hielten die Reisenden den Atem an. „Sollte man in den Dschungel fliehen?", fragte sich Will. Aber was wusste er schon vom Überleben im Dschungel? Nein, sie blieben im Dorf und beteten, dass Gott Engel senden möge, um sie zu beschützen. Obwohl sie selbst keinerlei Erscheinung aus der unsichtbaren Welt hatten, hatten sie den Eindruck, dass den Banditen genau das passierte. Ihr Lastwagen hielt am Dorf ein paar Sekunden an und raste dann auf der Straße davon, während die Männer nach hinten feuerten, als ob sie jemand verfolgen würde.

Das war Sharons erste Reise für IJM und erst ihre vierte Woche in dieser Arbeitsstelle.

Als Anwältin, die unsere Interventionsbemühungen leitet und die spezialisiert ist auf Fälle von Menschenhandel mit Zwangsprostitution, hatte Sharon die Hauptverantwortung für unsere Svay-Pak-Operationen. Sie war letztlich dafür zuständig, dass diese Kinder befreit würden, in sichere Betreuung kämen und die Straftäter der Justiz übergeben würden. Dies war ihre erste Sondierungsmission in Svay Pak.

Ihre oberste Priorität war und ist stets, dass die Opfer, für die Will die Flucht plant, aus der Finsternis der Bordelle herauskommen und in das helle Licht der Freiheit gelangen. Sharon sollte schnell Kontakt herstellen zu Nichtregierungsorganisationen, die sehr kurzfristig einige Mädchen zur weiteren Betreuung aufnehmen konnten. Sie sollte außerdem versuchen, Kontakt zu hochrangigen kambodschanischen Beamten herzustellen, um eine größere Operation vorzubereiten, die für vielleicht Dutzende von Mädchen die Freiheit sichern sollte.

Kapitel 6

Es geht nur um das eine

Ich sah Sharon zum ersten Mal vor ein paar Jahren bei einer Gelegenheit, die ziemlich weit entfernt war von der Armut und Verzweiflung der kleinen kambodschanischen Dörfer. Wir trafen uns in Washington, D. C. bei einem Empfang für Harvard-Absolventen, die bei christlichen Angeboten an der Universität aktiv mitgearbeitet hatten. Ich hatte meine Arbeit mit IJM gerade erst begonnen und machte unter den Anwesenden die Runde, sprach über unsere Arbeit und lud die Leute ein, uns zu unterstützen. Bei solchen Gelegenheiten hielt ich ständig Ausschau nach Talenten, die ich für IJM gewinnen konnte, besonders nach Leuten mit vorzüglicher juristischer Ausbildung und Erfahrung mit der Arbeit in Entwicklungsländern – einer nicht gerade häufigen Kombination.

Sharon hatte ihr Jurastudium in Harvard abgeschlossen, war bei einer erstklassigen Firma in der Stadt angestellt und hatte für das Zeugenschutzprogramm des Justizministeriums gearbeitet. Dieses letzte Detail erweckte meine Aufmerksamkeit, und wir begannen, uns ein wenig zu unterhalten. Das war ein Genuss. Sharon ist scharfsinnig und witzig. Es bedarf nur einiger Minuten, bis man erkennt, dass sie das mühelos sprachlich perfekt auszudrücken versteht, was mich einen Nachmittag angestrengten Überlegens kosten würde. Ihre Ausführungen über das Reisen in Entwicklungsländern, die sie aus dem Stegreif machte, veranlassten mich, unsere kurze Begegnung im „Unbedingt-dran-bleiben-Ordner" in meinem Hinterkopf abzuspeichern. In der Folgezeit fielen mir immer wieder verschiedene Bemerkungen ein, die Sharon in unserem kurzen Gespräch gemacht hatte, obwohl ich sie erst wiedersah, als sie ein paar Jahre später zu einem Gespräch in unserem Büro erschien.

Bei Sharon zeigt sich die unbändige Stärke der „intellektuellen PS", die sie „unter der Haube" hat, in der Präzision und Aussagekraft ihrer Formulierungen. Sie scheint manchmal von einer ganz anderen Energie angetrieben zu werden, als ob ihr Verstand an zwei unterschiedlichen Plänen gleichzeitig arbeiten würde, vielleicht auch an noch mehr. Im Gespräch ist es auffällig, wie sie ganz präsent ist, mitdenkt, geistreich und einnehmend ist. Manchmal aber wendet sie sich plötzlich vom Thema ab und beendet das Gespräch abrupt, um sich einer nächsten Sache zuzuwenden – immer mit dem Bewusstsein, eine weitere wichtige Sache zu Ende zu führen.

Sharons intellektuelle Energie scheint aus ihrem weiten Herzen zu fließen – einem mitfühlenden Herzen, das den Schmerz und die Erniedrigung eines anderen nicht übergeht, sondern Anteil daran nimmt. Ganz im Gegensatz zur Überbetonung des Verstandes, die oft das Herz schrumpfen und verhärten lässt, hat es den Anschein, dass Sharons großzügiges und leidenschaftliches Herz der Dampfkessel ist, der den intellektuellen Kolben mit außergewöhnlicher Kraft, Präzision und Geschwindigkeit vorantreibt.

Bedenkt man ihr juristisches Talent, so könnte Sharon überall arbeiten. Sie ließ in der Tat eine einträgliche Karriere in einer der größten Kanzleien in Washington, D. C. hinter sich und wechselte zu IJM, weil sie eine Arbeit tun wollte, die wirklich bedeutsam ist. Sie wollte schon immer mit Einzelschicksalen oder strategischer Arbeit zu tun haben.

„Ich wollte die Opfer kennenlernen und sehen, was tatsächlich bei dem herauskommt, wofür ich mein Leben einsetze", sagte sie. „Es gibt im juristischen Bereich – und nicht nur dort – nicht viele Tätigkeiten, wo man das verwirklichen kann."

In ihrer Funktion als Leiterin unseres Bereiches Einzelschicksale-Zwangsprostitution wirkt ihre Leidenschaft und Einfühlsamkeit wie ein Magnet auf die Mädchen und Frauen, für die sie sich einsetzt. Sehr oft hängen sich die jungen Mädchen an Sharon, wenn sie aus den Bordellen freikommen, in denen sie gefangen waren. Ich denke, Kinder empfinden besser als Erwachsene Sharons Wärme und Fürsorge, die sich bei ihr mit Hartnäckigkeit und Mut verbinden. Sie hat die perfekte Kombination von Gaben, sodass sie genau das ist, was die Kinder in diesem Moment brauchen: eine mutige Verteidigerin, eine leidenschaftliche Fürsorgerin und eine Freundin.

Eine Rede, die Sharon im Weißen Haus hielt, weil Präsident George W. Bush auf sie aufmerksam geworden war, zeichnete ein überaus klares Bild ihrer Leidenschaft für die Opfer, denen sie begegnet, und ihrer Hingabe an die vielen, die sie bisher noch nicht getroffen hat. „Obwohl es Millionen von Mädchen und Frauen gibt, die jeden Tag zu Opfern werden, wird sich unsere Arbeit immer nur um eines drehen. Das eine Mädchen, das hereingelegt wird. Das eine Mädchen, das entführt wird. Das eine Mädchen, das vergewaltigt wird. Das eine Mädchen, das mit Aids infiziert wird. Das eine Mädchen, das einen Befreier braucht. Wer vor der Übermacht des Problems resigniert, lässt dieses eine Mädchen im Stich. Und es wird von uns mehr als das erwartet."

Bei einer anderen Gelegenheit, als Sharon die Geschichte eines befreiten Opfers mit Namen Elisabeth erzählte, beleuchtete sie den gleichen Punkt aus einem anderen Blickwinkel. „Wenn müde gewordene Regierungsleute sagen: ‚Sie haben zwar eine gerettet, aber es gibt noch Millionen andere. Was hat das denn

36

für einen Sinn?', dann antworte ich: ‚Ich denke, Elisabeth versteht den Sinn. Sie ist der Sinn.'"

Sharon legt eine absolute und unerschütterliche Hingabe an die Wahrheit an den Tag. Sie weiß, dass die eigentliche Kraft zur Befreiung aus der grundsätzlicheren Kraft der Wahrheit herrührt. Wie Mosier glaubt Sharon, dass die Arbeit für Gerechtigkeit und Befreiung eigentlich Gottes Arbeit ist, zu der er Menschen mit einlädt. Und in dieser Arbeit ist das eine und mächtigste Werkzeug, das uns gegeben ist, die *Wahrheit*.

In der Tat zeigt sich die eigentliche Verletzlichkeit der Vergewaltiger und Unterdrücker an ihrem übermächtigen Bedürfnis, zu lügen. Wenn man genauer darüber nachdenkt, stellt sich die Frage: Warum müssen gewalttätige Polizisten, Mädchenhändler, Sklavenhändler und Folterer immer lügen, was ihr Handeln angeht? Weil sie wissen, dass sie niemals stark, mächtig oder gewalttätig genug sind, auch nur einem Teil dessen zu widerstehen, was Menschen guten Charakters gegen sie ins Feld führen könnten; deshalb müssen sie sich hinter Lügen verstecken. Das ist der Grund dafür, dass Alexander Solschenizyn, der berühmte sowjetische Bürgerrechtler und Literaturnobelpreisträger, schrieb:

„Gewalt kann nicht allein bleiben, und sie ist nicht fähig, allein zu leben: Sie ist notwendigerweise verwoben mit der Falschheit. Zwischen ihnen liegen die innigsten und tiefsten natürlichen Bande. Gewalt findet ihre einzige Zuflucht in der Falschheit, Falschheit ihre einzige Unterstützung in der Gewalt … Bei ihrer Geburt handelt die Gewalt unverhohlen und sogar mit Stolz. Aber sobald sie erstarkt ist und sich eingerichtet hat, stellt sie fest, dass die Luft um sie her dünner wird und sie nicht existieren kann, ohne in den Nebel der Lüge hinabzusteigen."

Genauso weiß auch Sharon, dass die mächtigste Waffe, um den Opfern von Svay Pak die Freiheit zu bringen, – die mächtigste Waffe in all unseren Bemühungen um Einzelschicksale überall auf der Welt – die grundlegende Kraft bewiesener Tatsachen ist, Tatschen, die nicht geleugnet werden können. Die Wahrheit drängt Menschen guten Willens dazu, zu handeln; und weil nichts weiter nötig ist, damit das Böse triumphiert, als dass gute Menschen untätig bleiben, ist das Ende der Täter nahe, wenn die Wahrheit gute Menschen dazu drängt, etwas zu unternehmen, besonders, wenn diese guten Menschen Macht besitzen. Wir haben beobachtet, dass das angesichts verschiedenster Übel immer wieder funktioniert.

Kapitel 7

Sklavenarbeit

Im Herbst 2003 erschien in der Zeitschrift *National Geographic* ein Artikel über die verborgene Realität der modernen Sklaverei. Darin wurde festgestellt, dass es etwa 27 Millionen Sklaven, in unserer Welt gibt – nicht in einem übertragenen, sondern in einem sehr realen Sinn. Das bedeutet: Es gibt heute in der Welt mehr Sklaven, als in vierhundert Jahren des transatlantischen Sklavenhandels aus Afrika wegtransportiert worden sind. Viele dieser Sklaven, werden in Südostasien gehalten; und ich habe Hunderte von ihnen gesehen. Natürlich ist diese Lohnsklaverei – wie auch die Sexsklaverei in Kambodscha – ganz und gar illegal. Aber die Armen haben selten die Macht, ihr Recht durchzusetzen, und so finden sich Millionen von ihnen in der Versklavung.

Ich habe sie gesehen – Männer, Frauen, Kinder, die sieben Tage pro Woche zehn bis sechzehn Stunden schuften und niemals die Freiheit erwerben, die Dienste ihres Besitzers zu verlassen. Sie verbringen ihr Leben in zermürbender Plackerei, die den Geist abstumpft und den Körper zerbricht – in Steinbrüchen, Ziegeleien, Tabakfabriken, Teppichknüpferein, Reismühlen oder auf den Feldern. Die ganze Sache ist total illegal, aber in den weiten, abgelegenen Gebieten Südostasiens gibt es häufig niemanden, der die Wahrheit darüber, was dort vor sich geht, den Stellen meldet, die die Macht hätten, dagegen einzuschreiten. Das ist der Grund, warum IJM Ermittler dorthin schickt, die sich in diese Sklavenkolonien einschmuggeln. Wir sammeln Beweismaterial und leiten dies an die Stellen weiter, in deren Macht es steht, die Sklavenhalter zur Verantwortung zu ziehen und die Arbeiter zu befreien. Die Wahrheit hat verwandelnde und befreiende Kraft. Aber die Täter sitzen natürlich nicht untätig dabei und lassen sich einfach das Geschäft verderben.

Ich erinnere mich an eine Situation, in der wir in unserem Hauptsitz in Washington, D. C., mitkriegten, dass sich gegen unsere Arbeit in einer kleinen Stadt in Südostasien gewaltsamer Widerstand formierte. Die Drohung richtete sich gegen unser Team vor Ort, und in einer bestimmten Ziegelei spitzte sich die Situation zu. Zwei Wochen zuvor hatten IJM-Leute 49 Sklaven einer anderen Ziegelei befreit, und nun hatten sich die Ziegeleibesitzer in der ganzen Gegend formiert.

Ziegel brennen ist in vielen Entwicklungsländern ein großes Geschäft. Die Ziegeleien ähneln meist massiven Festungen und sind von hohen Mauern umschlossen, die Neugierige fern und die Sklavenarbeiter drinnen festhalten sollen. Staub und Rauch, die über dem Gelände hängen, geben diesen Anlagen ein dunkles, fast außerirdisches Aussehen.

Die Brennöfen, die mit Kohle befeuert werden, sind zumeist innerhalb der Mauern; darin werden die Ziegel schneller hart, als es in der bloßen Sonne der Fall wäre. Aber um die Öfen zu befeuern, ist zusätzliche Arbeit nötig. Man muss das Feuer schüren, um die Hitze aufrechtzuerhalten. Das ist einer der schrecklichsten Jobs, die es in dem ganzen ohnehin schon schlimmen Prozess gibt – unerträglich heiß, dreckig und erstickend. Der Kohlenstaub vermischt sich mit dem Schweiß und bildet eine harte Kruste auf der Haut, die aufplatzt und Wunden hinterlässt.

Bevor die Ziegel in den Ofen kommen, müssen sie geformt und in der Sonne vorgetrocknet werden. Den ganzen Tag stehen Sklaven an der zermürbenden Arbeit, den feuchten Ton mit Stroh zu mischen und in Formen zu pressen. Andere, in der Regel Kinder, tragen die Ziegel dann, meist auf dem Kopf, hinaus, um sie in der Sonne zu trocknen. Dann müssen sie noch einmal zu den Öfen transportiert werden. Stunde um Stunde, Tag um Tag, wochen-, monate-, jahrelang. Es gibt Sklaven, die Jahrzehnte mit dieser schmutzigen, harten, eintönigen Arbeit verbracht haben, ohne Aussicht auf Befreiung. Bis jetzt.

Mit der Unterstützung der örtlichen Polizei führte unser Team eine Razzia in einer solchen Ziegelei durch. Anfangs lief alles glatt. Die Ziele bei solchen Razzien sind: die Opfer befreien und die Täter an der Flucht hindern. Da wir in den entsprechenden Gegenden selten juristische Autorität haben, brauchen wir die Unterstützung der Polizei vor Ort, um unsere Ziele zu erreichen. Aber wir überlassen das nicht einfach dem Zufall.

In der Regel haben wir zuvor Ermittlungen angestellt und Beweismaterial gesammelt, z. B. heimliche Interviews aufgenommen und eine Skizze der Anlage für die Polizei gezeichnet. Unsere Juristen studieren die Rechtslage, schätzen die Beweiskraft unseres Materials ab und entwickeln einen Plan, wie wir vorgehen können, damit möglichst viele Opfer befreit und möglichst viele Täter verurteilt werden. Diese Vorschläge machen wir, wo das erwünscht ist, der Polizei, die die Razzia durchführt, und oft werden sie auch angenommen.

In diesem Fall konnten wir das Gelände rasch und relativ leicht sichern und verhindern, dass die Sklavenarbeiter einfach an einen anderen Ort gebracht wurden. Aber es schien, als seien nicht alle Täter der Polizei ins Netz gegangen.

Nachdem das Gelände gesichert war, begannen unsere Leute in einer Ecke des Geländes, jeden einzelnen Fall von Schuldsklaverei zu dokumentieren. Das war ein langwieriger Prozess, und es gab den Tätern Zeit, Mittäter, Diener, Familienmitglieder zusammenzurufen, die sich der Polizei entgegenstellten und versuchten, die Sklaven hinter die Mauern zurückzudrängen und unsere Mitarbeiter zu vertreiben. Bald standen etwa hundert Leute vor dem Dokumentationsbereich, und die Stimmung war bedrohlich. Was als Befreiungsaktion für die Sklavenarbeiter begonnen hatte, wurde nun zur unmittelbaren Bedrohung für die Befreier. Der aufgebrachte Mob durchbrach die halbherzige Polizeisperre und stürzte sich auf die IJM-Leute auf der Suche nach jemandem, am dem man Rache üben konnte.

In diesem Aufruhr waren die Sklaven wie erstarrt und wussten nicht, was sie tun sollten. Diese Menschen – ganze Familien mit Kindern, Frauen, Männern – hatten so lange die Last der Unterdrückung unter grauenvollen Bedingungen getragen, die physische und die emotionale Last. Und nun standen sie dort und stemmten sich einer Vergeltungsaktion entgegen – und auch ihrer eigenen Furcht, dass sich nie etwas ändern würde und die Freiheit eben doch unerreichbar wäre.

Eine weitere groß angelegte Befreiungsaktion für Ziegelei-sklaven würde in der ganzen Gegend das System der Unterdrückung erschüttern. Es stand also für die Besitzer viel auf dem Spiel. Der Mob begann, mit Fäusten auf unsere Leute einzuschlagen, und drohte damit, sie umzubringen, wenn sie nicht verschwänden. Diese versuchten, sich vor den Schlägen zu schützen, während sie den Rückzug zum Bus antraten. Es gelang ihnen aber, dabei 34 Sklavenarbeiter aus der Ziegelei mit hinauszudirigieren und sie in die Freiheit zu fahren.

Als sie später in einer anderen Stadt und in Sicherheit waren, zeigten die ehemaligen Sklaven ihre Dankbarkeit, aber auch ihr Erstaunen darüber, dass die IJM-Leute für sie – für Menschen, die sie doch gar nicht kannten – solche Risiken eingegangen waren. Unser Leiter vor Ort schrieb später: „Ich war erstaunt, dass sie so glücklich waren, während wir noch unter Schock standen. Aber dann begann ich zu verstehen. Das war ja nichts Neues für sie; sie waren an Drohungen und körperliche Gewalt gewöhnt. Das war der Normalzustand. Wir hatten eben ihre Welt betreten."

Und das ist auch die einzig wirksame Strategie, um eine Veränderung der Verhältnisse herbeizuführen und die Hoffnung zu wecken, dass Freiheit möglich ist: sich mit den Unterdrückten und Entrechteten auf eine Stufe stellen, auch wenn man dabei selbst in Gefahr gerät.

Kapitel 8

Was hast du damals unternommen?

Ich hatte schon immer eine große Liebe zur Geschichte, und ich habe mich immer wieder gefragt: „Wie wäre es wohl mir in den großen ethischen Auseinandersetzungen der Vergangenheit ergangen? Hätte ich auf der richtigen Seite gestanden? Hätte ich mutig gehandelt? Hätte ich meine Enkel stolz auf mich gemacht?"

Wäre ich ein Befürworter oder ein Gegner von William Wilberforce und seiner Freunde beim Kampf gegen den britischen Sklavenhandel gewesen? Oder hätte ich zur isolierten und unempfindsamen Mittelschicht gehört, die nichts sagte oder tat?

Hätte ich an Harriet Tubmans Seite Sklaven durch den Untergrund in die Freiheit geschleust, oder hätten mich Apathie, moralische Neutralität oder Furcht überrumpelt?

Hätte ich mich während der Naziherrschaft mit Dietrich Bonhoeffer auf den kostspieligen Weg der Nachfolge Jesu gemacht, und wäre ich ein „Gerechter unter den Völkern" während des Holocaust gewesen? Oder hätten mich Verwirrung und Furcht gelähmt oder Nebensächlichkeiten vielleicht zu sehr beschäftigt?

In vielerlei Hinsicht scheinen solche Spekulationen müßig zu sein. Wer kann schon sagen, was wir getan hätten?

Es scheint so zu sein, als ob uns die Geschichte verschont habe. Die großen Kämpfe zwischen Gut und Böse, Richtig und

Falsch scheinen einer vergangenen Epoche anzugehören. All die großen und heldenhaften Schlachten wurden bereits gekämpft, oder etwa nicht? Im 21. Jahrhundert bleiben uns nur Nebengefechte um Grauzonen, sicherlich nichts, wonach uns unsere Enkel einmal fragen werden. Nicht wahr?

Diese Sichtweise wurde bei mir vor etwa zehn Jahren erschüttert.

Anfang 1994 lebten meine Frau und ich in Washington, D. C. Ich arbeitete als Anwalt für Zivilrecht für das Justizministerium. Ich versuchte, die Kinderbettchen für die Zwillinge, die wir erwarteten, zusammenzubauen und statt unserem kleinen Honda einen großen Ford Kombi zu bekommen. Ich spielte mit den Sechstklässlern in meiner Kindergottesdienstklasse *Der große Preis*. Genoss es, ab und zu um das Gelände des Supermarkts zu joggen. Und ich stritt ab, schon einmal die Seifenoper *Melrose Park* gesehen zu haben.

Dann im April gab es erstmals kurze Nachrichten über den Ausbruch ethnischer Konflikte in Ruanda, einem afrikanischen Land, von dem ich kaum je gehört hatte. Es dauerte nicht lang, und die Nachrichten enthielten Bilder von aufgedunsenen Leichen, die in Massen die Flüsse Ruandas hinabtrieben, und die Kommentatoren sprachen von *Völkermord*. Es schien, als ob Tausende oder vielleicht Millionen aus der Volksgruppe der Tutsi von ihren Nachbarn, die Hutu waren, in einer Mordhysterie, die das Land ergriffen hatte, regelrecht abgeschlachtet worden waren. Aber wie so viele der Schrecklichkeiten aus aller Welt, die das Fernsehen in mein Wohnzimmer transportierte, schien das alles nicht wirklich real zu sein; es erschien wahr, aber nicht real – so wie Beschreibungen über das Leben im antiken Rom zwar wahr, aber nicht real erscheinen. Oder Berichte darüber, wie viele Sterne die Milchstraße umfasst – alles durchaus wahr, aber eben nicht real. Ganz anders, als meine Kinder real sind, wenn sie krank sind. Nicht so real wie meine Arbeit, wenn ich langsam in Verzug gerate. Nicht so real wie meine Nachbarin, als sie einen Autounfall hatte.

Aber innerhalb weniger Monate wurde es viel zu real, als ich mich dabei wiederfand, wie ich mit meinen eigenen Beinen im Schlamm eines Massengrabes in Ruanda ausrutschte. Im September 1994, unmittelbar nachdem der Völkermord aufgehört hatte, wurde ich vom Justizministerium an die UNO ausgeliehen, um als Direktor die Untersuchungen über den Völkermord in Ruanda zu leiten.

Jeder Mordfall beginnt mit der Untersuchung der Leiche, deshalb gab man mir eine Liste mit Hunderten von Massengräbern und Orten, an denen Massaker stattgefunden hatten, und schickte mich dorthin.

Wie wir schon bald feststellen konnten, waren ungefähr 800 000 Menschen im kurzen Zeitraum von etwa acht Wochen ermordet worden. Als ich im Schlamm eines Massengrabes ausrutschte, hörte ich auf, mich zu fragen, wie ich mich wohl geschlagen hätte in den großen ethischen Auseinandersetzungen der Vergangenheit. Hier wurde mir hinreichend klar, dass solche Kämpfe nicht Gegenstand theoretischer Spekulationen sind; sie finden heute statt.

Seit damals bin ich in dieser Überzeugung mit großem Nachdruck bestärkt worden durch meine Arbeit mit der International Justice Mission. Ich verließ 1997 das US-Justizministerium und gründete IJM – einen Zusammenschluss von Anwälten und Beamten der Strafverfolgung, die Hinweisen auf Straftaten nachgehen, die uns von christlichen Organisationen gegeben werden, die unter den Ärmsten auf anderen Kontinenten arbeiten.

Was habe ich vorgefunden? Gewaltige, von Menschen verursachte Katastrophen geradezu epischen Ausmaßes, die sich nicht in längst vergangenen Zeiten abgespielt haben; sie sind die geschichtlichen Tragödien, die sich während unserer „Wache" ereignen. Zu den Tragödien, die weltweit am stärksten verbreitet sind, gehören der Menschenhandel mit Zwangsprostitution (das große Geschäft mit der Vergewaltigung gegen Bezahlung), Sklaverei, widerrechtliche Inhaftierung und sexuelle Gewalt.

Obwohl das ganz gewiss nicht alles umschließt, sind dies vier Katastrophen, die ich mit meinen eigenen Augen gesehen habe. Es sind vier Katastrophen, die letztlich mehr Leben fordern als der Völkermord in Ruanda.

Angesichts dieses gewaltigen Leidens muss man sich fragen: Warum triumphieren derart große Übel in unserer Welt?

Nachdem ich viel von diesem Leid in der Welt aus erster Hand kennengelernt habe, bin ich überzeugt, dass der Schriftsteller, Philosoph und Politiker Edmund Burke vor etwa zweihundert Jahren eine der größten Einsichten ausgedrückt hat: „Alles, was nötig ist zum Triumph des Bösen, ist, dass gute Menschen nichts tun."

Das trifft sicher auf den Völkermord in Ruanda zu. Die Geschichte, die augenblicklich geschrieben wird, macht eines deutlich: Man hätte das stoppen können. Und wir haben es verpasst.

Alles, was nötig ist zum Triumph des Bösen, ist, dass gute Menschen nichts tun.

Wenn das stimmt, warum tun dann gute Männer und Frauen nichts?

Als ich darüber nachdachte, stieß ich auf drei tiefe Defizite, die zusammenwirken, um mich und meine wohlwollenden Nachbarn im Seitenaus der großen Kämpfe gegen das Böse halten: das Defizit an Barmherzigkeit, das Defizit an Bestimmung und das Defizit an Hoffnung.

Ich bin immer wieder erstaunt über meine beschränkte Fähigkeit zur Barmherzigkeit, und das besonders, da ich aus einer Glaubenstradition komme, die ständig die große Barmherzigkeit – und Leidenschaft – Gottes für diese Welt gelehrt hat. Wissen Sie, was meine Leidenschaft jeden Tag fesselt, wenn ich ehrlich bin? Mein Ich. Ich bin verliebt in die kleinkarierte Welt von Mein und Mich. Meist dreht sich mein erster Gedanke am Morgen und mein letzter beim Einschlafen am Abend um mich. Ich habe ein Defizit an Barmherzigkeit.

Alexander Solschenizyn sagte, dass es zwei Kategorien gibt,

nach denen wir Ereignisse in der Welt beurteilen: nah und fern. Wenn eine Sache nahe bei uns ist, dann kümmern wir uns darum. Wenn etwas auf der entgegengesetzten Seite der Erde geschieht, dann fällt es mir ausgesprochen schwer, Anteilnahme oder Erbarmen aufzubringen. Deshalb werden so überwältigende Tragödien, wie sie in Ruanda geschehen sind, zu geduldeten Katastrophen erträglichen Ausmaßes. Deshalb leiden kleine Mädchen in Kambodscha, denen man ihre Kindheit geraubt hat, ohne dass die westliche Welt davon Notiz nimmt.

Es waren die einfachen und deutlichen Aussagen Jesu, die meinen kleinkarierten Kreis der Barmherzigkeit hinterfragten. In Lukas 10,27 sagt er: „Du sollst den Herrn, deinen Gott, lieben von ganzem Herzen, mit ganzer Hingabe, mit all deiner Kraft und mit deinem ganzen Verstand. Und auch deinen Mitmenschen sollst du so lieben wie dich selbst."

Daraufhin fragt ein Rechtskundiger, der die Sache kompliziert machen wollte, wie wir Anwälte es oft tun: „Wer gehört denn eigentlich zu meinen Mitmenschen?"

Als Antwort erzählt Jesus ihm das Gleichnis vom Barmherzigen Samariter. Die Anwendung des Gleichnisses ließ mich fragen: „In welche Richtung bewegen sich eigentlich die Grenzen meines Herzens? Nach innen oder nach außen? Ziehen sie sich mehr und mehr um mich selbst zusammen und schließen damit immer mehr der Weltprobleme aus?

Oder berühren mich Berichte über Leiden in anderen Teilen der Welt? Wird mein Herz bewegt, wenn mich beunruhigende Berichte vom Leid und der Unterdrückung von Menschen in anderen Ländern und anderen Kulturen erreichen?"

In dem Maß wie ich mich für andere Menschen, andere Traditionen und Probleme öffne, werde ich auch empfindsamer für den Schmerz im Leben anderer Menschen und entfalte eine großzügigere Barmherzigkeit. Ich entdecke die verborgene Freude, mein Herz der Welt zu öffnen.

Das zweite Defizit, das mich und gute Menschen dazu bringt, nichts zu tun, ist das Defizit an Bestimmung.

Ich staune, wie sich Kräfte zusammenschließen, um den Sinn für Bestimmung in meinem Leben an Nebensächlichkeiten zu fesseln, abseits von der großen Bestimmung außerhalb meines eigenen Lebens, für die ich eigentlich von meinem Schöpfer gemacht wurde. Ich bin erstaunt über meine Fähigkeit, von kleinen und wertlosen Dingen abgelenkt zu werden. Es ist ernüchternd, wenn man auf die Schlagzeilen schaut, die vor zehn Jahren mit dem Völkermord in Ruanda um unsere Aufmerksamkeit kämpften. Wie viel Eindruck machten diese anderen Schlagzeilen im Vergleich auf die Menschheit?

Ich bin gleichermaßen erstaunt über meine Fähigkeit, wegen geringfügigster Dinge einen Krieg ohne Rücksicht auf Verluste vom Zaun zu brechen – Schlachten, die andere und mich selbst erniedrigen. Jesus rügt die Führer seiner Zeit, besonders die religiösen Führer, dass sie die Hauptanliegen des Gesetzes beiseiteschieben – Gerechtigkeit, Barmherzigkeit und die Liebe zu Gott. Das trifft auch mich.

C. S. Lewis schrieb einst: „Wir müssen uns die Hölle als einen Ort vorstellen, an dem jeder unaufhörlich besorgt ist um seine eigene Würde und sein Vorankommen; wo jedermann seine Gier lebt und die todbringenden Leidenschaften Neid, Aufgeblasenheit und Missgunst."

Wer inmitten einer Hölle, die ihn so gefangen hält, hätte die Energie und Großzügigkeit für die großen Schlachten?

Das führt mich zurück zu einer Selbstprüfung im Blick auf die kleinen und unwichtigen Dinge. Was würde es für unser Land bedeuten, wenn die Leser dieses Buches sich entschließen würden, allen kleinen und unwichtigen Kämpfen in diesem Jahr eine Absage zu erteilen? Was, wenn sie sich ganz für die größeren Fragen einsetzen würden, die wirklich wichtig sind, die Angelegenheiten Gottes und seines Reiches?

In der Tat, welche Bedeutung wollen Sie und ich unserem Leben zumessen in einer Welt, die angefüllt ist mit so viel akutem Leiden, Schmerz und Not?

Und ein dritter Grund, warum gute Männer und Frauen

nichts unternehmen, wenn die Geschichte sie vor eine große Aufgabe stellt, ist das Defizit an Hoffnung.

Angesichts überwältigender Bosheit und Ungerechtigkeit fühlen wir uns oft machtlos. Und dieses Gefühl der Machtlosigkeit lähmt uns und raubt uns die Hoffnung. Wenn die Probleme so gewaltig und schlimm sind, können wir denn dann überhaupt etwas ausrichten? Wenn die Polizeibeamten in Svay Pak ein Teil des Problems sind und so viele Hürden im Weg stehen, wie kann man dann hoffen, den Opfern Rettung zu bringen? Ist nicht schon der Versuch zum Scheitern verurteilt?

Wir sind gelähmt durch das Defizit an Hoffnung, weil wir erstens unterschätzen, was uns Gott geschenkt hat, um das Leben zu verändern. Zweitens, weil wir den Wert eines einzelnen Lebens unterbewerten. Und drittens unterschätzen wir Gottes Entschlossenheit, uns aus unserer trivialen Existenz zu retten, wenn wir nur unsere Hände und Herzen losreißen von wertlosen Ablenkungen und sie auf die Themen richten, die für das Leben anderer Menschen entscheidend sind.

Der vielleicht traurigste Teil dieser Geschichte für jene unter uns, die die Möglichkeit haben, ein kraftvolles gutes Beispiel zu setzen, ist nicht allein unser eigenes Defizit an Barmherzigkeit, Bestimmung und Hoffnung, sondern vielmehr die Art und Weise, wie wir andere dazu bringen, diesen Pfad der Defizite einzuschlagen oder zu verfolgen.

Wie würden unser Land und diese Welt aussehen, wenn wir beginnen würden, andere Menschen mit dem Reichtum an Barmherzigkeit, einem hohen Bewusstsein an Bestimmung und überfließender Hoffnung anzuleiten? Ich denke tatsächlich, dass der Gott der Geschichte unser Leben begleitet. Und er beruft ein Tribunal unserer Enkel ein, die uns eines Tages fragen werden: „Was habt ihr damals getan?"

„Was hast du damals getan, Großvater, als die Juden vor den Nazis fliehen mussten?"

„Was hast du damals getan, Großmutter, als man die japanischen Nachbarn in Internierungslager brachte?"

„Was hast du damals getan, Großvater, als unsere farbigen Nachbarn verprügelt wurden, weil sie sich als Wähler registrieren ließen?"

Und genauso werden uns unsere Enkel fragen, was wir getan haben, als die Schwachen, Verstummten und Verletzlichen unserer Zeit jemanden brauchten, der andere voller Barmherzigkeit, im Gefühl der Bestimmung und voller Hoffnung anführte. Ich hoffe, wir können dann sagen, dass wir uns geregt haben, und zwar beizeiten. Und dass der lebendige Gott, der Herr der Geschichte, sagen wird: „Du warst tüchtig und zuverlässig!" (Mt. 25,21).

Kapitel 9

Trachtet nach der Gerechtigkeit

In meiner früheren Arbeit bereiste ich die Welt, war Zeuge der Auswirkungen der Ungerechtigkeit – vom mörderischen Missbrauch von Polizei- und Militärgewalt auf den Philippinen über das Apartheidsregime in Südafrika bis zum Völkermord in Ruanda. Ich führte immer wieder Gespräche mit befreundeten Anwälten aus christlichen Gemeinden über eine Lücke, die in den hochgesteckten humanitären Anstrengungen, die man weltweit verfolgt, klafft. Wunderbare Organisationen gehen die vielfältigen Nöte der Armen an – geben ihnen Trost, Unterkunft, Medikamente und Nahrungsmittel. Aber eine offensichtliche Frage erhebt sich: Warum retten wir sie nicht, wenn sie missbraucht werden?

Es gab zum Beispiel Anstrengungen in Kambodscha, die Hungrigen zu speisen, die Kranken zu versorgen, Obdachlosen Schutz zu geben und das Evangelium zu predigen; einige dieser Hilfsleistungen wurden nur einen Steinwurf weit entfernt von den Bordellen von Svay Pak angeboten. Auch wenn manche dieser Bemühungen für einige Kinder die Gefahr gemindert haben mögen, als Sexsklaven verkauft zu werden, bleibt die Frage offen, was mit den Kindern hinter den Türen der Bordelle geschehen soll, die noch immer missbraucht werden? Wer würde sich aufmachen, um *diese* herauszuholen? Und wer würde das noch viel wirkungsvollere Ziel anpacken, zu verhindern, dass solches wieder geschieht? Wer würde dafür sorgen, dass die Schuldigen ihrer gerechten Strafe zugeführt würden? Was tun wir, wenn die Armen der Welt leiden, weil sie von anderen Menschen missbraucht und unterdrückt werden?

Die Frage wurde sogar noch drängender, als ich darüber nachdachte, welchen Glaubensaussagen (und hier besonders den biblischen Lehren zu diesem Thema) sich meine Gemeinde verpflichtet wusste. Als ich den UN-Ermittlungen über den Völkermord in Ruanda vorstand, wurde bei der Untersuchung jener Massaker klar, dass in der größten Not, als blutdürstige Menschenmassen Kirchen umzingelten, in denen sich Opfer zusammendrängten, diese Opfer nicht nach Nahrung, Medizin oder Unterkunft schrien. Sie schrien nach jemandem, der den Unterdrückern in den Arm fallen würde. Und genauso ist es mit den Mädchen in den Bordellen von Svay Pak; sie schreien von ganzem Herzen danach, dass sie jemand aus der Gewalt derer rettet, die sie Tag für Tag auf eine Weise missbrauchen, für die wohlerzogene Menschen die Worte fehlen. Wer würde auf diese Not reagieren und dafür sorgen, dass jene, die diese Brutalitäten anbieten, auch tatsächlich den Preis für ihre Verbrechen bezahlen müssen?

Dieser Auftrag, sich aus dem Glauben heraus direkt für die Nöte der Opfer des Missbrauchs einzusetzen, erreichte mich in Ruanda wieder, als ich die kraftvollen Worte von Psalm 10 entdeckte. Dieser Psalm hatte nur wenig Bedeutung für mich gehabt, bevor ich gezwungen war, die Schrecken der Massengräber genauer zu untersuchen.

Warum bist du, Herr, so weit weg, warum verbirgst du dich in Zeiten der Not?

Der Gottlose bläht sich in seinem Hochmut; der Arme ängstet sich, er wird schier gefangen in den Anschlägen, die jener ersann.

Er rühmt sich seiner Gelüste, er tut, was ihm gerade einfällt, er prahlt mit seinem Gewinn und verlästert den Herrn.

Der Gottlose denkt in seiner Hoffart: Es gibt gar keinen Gott! Er kann es doch nicht ahnden! – So sind allezeit seine Gedanken.

Er geht seinen Weg rücksichtslos weiter und hat Glück bei seinem Tun. Deine Gerichte kommen ihm gar nicht in den Sinn. Er achtet alle seine Feinde für nichts und bietet ihnen Hohn.

Er denkt in seinem Herzen: Mich kann keiner zu Fall bringen, mir kann keiner je schaden!

Sein Mund ist voller Flüche, voll Hinterlist und Täuschung. Alles, was er sagt, bringt Mühsal und Unheil.

Er liegt in den Hinterhöfen auf der Lauer; er versteckt sich, den Unschuldigen zu ermorden; seine Augen spähen nach dem Unglücklichen, um ihn zu fangen.

Er lauert wie ein Löwe im Dickicht, er will den Armen haschen und verstrickt ihn in seinem Netz.

Er duckt sich, er kauert nieder, und durch seine Pranken kommt der Arme zu Fall.

Er spricht in seinem Herzen: Gott vergisst es, er hat sein Angesicht verborgen, er sieht es gar nicht.

O Herr, erhebe dich! Du Allmächtiger, erhebe deine Hand! Vergiss der Armen nicht!

Warum darf der Frevler den Allmächtigen verachten und bei sich denken: Nun, er straft ja doch nicht?

Aber du siehst es doch! Du erkennst die Not und den Jammer, du nimmst es doch in deine Hand! Der Arme verlässt sich auf dich, du bist doch der Helfer der Waisen!

Zerbrich den Arm des Gottlosen und Bösen, suche heim seine Freveltat, bis nichts mehr von ihm zu finden ist!

Der Herr ist doch der ewige König, die Völker müssen doch weichen vor ihm.

Du aber, Herr, hörst das Sehnen der Geringen, du hast vernommen das Seufzen ihrer Herzen.

Du verschaffst den Waisen und Unterdrückten doch ihr
Recht; kein sterblicher Mensch darf dann mehr solche
Schrecken verbreiten.

(Psalm 10,1–18 nach Bruns)

Es wird überdeutlich, dass Gott leidenschaftlich daran interessiert ist, dass Unterdrückte befreit werden und Übeltäter ihre gerechte Strafe erhalten, und es war gleichermaßen klar, dass Gott dem Menschen in dieser Welt dieses Werk der Befreiung und Bestrafung anvertraut hat:

> „Lernt wieder, Gutes zu tun! Sorgt für Recht und Gerechtigkeit,
> tretet den Gewalttätern entgegen, und schafft den Waisen und
> Witwen Recht!"

(Jesaja 1,17, Hfa)

Aus dieser Überzeugung heraus wurde die International Justice Mission mit einer klaren und präzisen Aufgabe gegründet: Sie soll Menschen helfen, die unter Ungerechtigkeit und Unterdrückung leiden und die sich nicht auf die örtlichen Autoritäten verlassen können. Die IJM beobachtet und dokumentiert die Bedingungen des Missbrauchs und der Unterdrückung, unterrichtet Kirchen und Öffentlichkeit über den Missbrauch und stößt Interventionen an im Blick auf die Opfer.

Die Arbeit, die wir tun, ist sehr einfach zu beschreiben: 1. Opfer befreien; 2. Schuldige der Bestrafung zuführen; 3. Vermittlung sicherer Nachsorge für die Opfer und 4. Veränderung der Gesellschaft, damit Ungerechtigkeit nicht länger akzeptiert wird.

Diese Ziele bilden zusammen einen sinnvollen Ansatz gegen den Missbrauch von Macht in einer Gemeinschaft. Bei der Arbeit an einem dieser Ziele geht es fast immer gleichzeitig auch um die Erreichung aller vier Ziele. Wenn wir eine Razzia planen, um eine Familie aus der Schinderei der Sklavenarbeit in einem Steinbruch zu befreien, dann sammeln wir gleichzeitig Beweismaterial, das dafür sorgt, dass der Ausbeuter dieser Menschen auch für seine Verbrechen bezahlen wird. Bei der Arbeit zur Befreiung der Opfer sind wir ebenfalls bestrebt, den nächsten Schritt in ihrem neuen Leben in Freiheit sicherzustellen, indem wir sie mit fürsorglichen Menschen zusammenbringen, die sie weiter unterstützen können. Und dann bezahlen die bösen Buben für ihre Verbrechen; andere Sklavenbesitzer sehen, dass ihre Zukunft auf dem Spiel steht, wenn sie so weitermachen, was auf einen Wechsel in der Gemeinschaft der Steinbruchbesitzer hinwirkt.

Es ist wichtig, sich vor Augen zu halten, dass wir Rechtsanwälte sind und keine kopflosen Draufgänger; wir sind professionelle Gesetzeshüter und Untersuchungsbeamte und keine Bürgerwehr. Manchmal, um zusätzlichen Rummel zu veranstalten, zeichnen die Medien IJM-Mitarbeiter als einen Haufen „Rambos", die in fernen Ländern edelmütig die Festungen der Bösen stürmen und auf dramatische Weise Opfer befreien, wie Actionhelden, die sich nicht um die örtlich geltenden Gesetze scheren. Das sieht auf dem Fernsehschirm vielleicht nett aus, ist aber weit entfernt von der Wahrheit. Wo immer IJM arbeitet, unterstützen wir die lokalen Behörden bei der schlichten Anwendung der im Land geltenden Gesetze. In der Tat ist die Anwendung der Macht des geltenden Rechtes letztlich unsere stärkste Waffe, um die örtlichen Behörden dazu zu bewegen, den Opfern zur Freiheit zu verhelfen. Es ist ja in Wahrheit so, dass wir gar nicht die Macht haben, irgendetwas anderes zu tun, als durch den Einsatz der Macht der Wahrheit die örtlichen Behörden bei der Durchsetzung geltenden Rechts zu motivieren.

Natürlich ist es auch dramatisch, was wir tun, denn der Missbrauch, der erlitten wird, ist schrecklich, und die Verbrecher sind brutal. Andererseits muss jede Arbeit mit geradezu ermüdender Vorsicht, professioneller Präzision und zeitraubender, eintöniger Vorbereitung durchgeführt werden. Und das war natürlich auch der Fall in Svay Pak. Was mit den Kindern in diesem Elendsviertel geschah, war ganz und gar gegen das kambodschanische Gesetz, und wir waren schlicht auf einer Mission, die peinlich genau die Wirklichkeit jenes Missbrauches in geradezu quälender Deutlichkeit dokumentieren sollte, sodass die Behörden kaum eine andere Wahl hätten, als einzuschreiten. Das würde nicht einfach werden. In der Tat kam es uns unmöglich vor. Aber die Grundlagen unserer Arbeitsmethoden waren unverändert, und wir hatten gesehen, wie diese Prinzipien überall in der Welt immer wieder funktioniert hatten. Auf der anderen Seite war dies Kambodscha, ein Land mit ganz eigener Kultur und Gesellschaft und mit einer verheerenden Geschichte.

Kapitel 10

Wie kann so etwas möglich sein?

Bei unseren frühesten Ermittlungen in Kambodscha hatten wir erkannt, dass wir einiges über dieses Land, die Regierung und die Kultur lernen mussten, bevor wir hoffen konnten, mit unserer Mission etwas zu erreichen. Glücklicherweise hatten wir ein ausgedehntes Netz lokaler Kontakte, die uns helfen würden, in Fahrt zu kommen, die uns im Nebel an der Hand nehmen würden und uns verborgene Fallen und Zugänge zeigen konnten. Wir hatten außerdem eine stattliche Liste lokaler Hilfskräfte, die wussten, wie die Dinge in Kambodscha funktionierten, sowohl vor als auch hinter den Kulissen.

Wenn Menschen Videomaterial sehen von kleinen Kindern, die an sexuell Perverse zu deren Vergnügen verkauft werden, fragen sie oft: „Wie nur kann so etwas möglich sein?" Es gibt viele Gründe, warum die kommerzielle sexuelle Ausbeutung von Kindern in Kambodscha unkontrolliert gewachsen ist. Diese Gründe erhoben sich wie Hürden auf dem Weg, Svay Pak zu schließen.

Infolge der Kriegsjahre und sozialer Unruhen war das kambodschanische Rechtssystem im Schwanken und geschwächt. In mancher Hinsicht ähnelte es einem neu gegründeten Staat, der bei null anfangen muss. Während der Herrschaft der Roten Khmer von den 70er-Jahren bis in die 90er wurden die meisten der Intellektuellen des Landes getötet, einschließlich der erfahrenen hochrangigen Rechtsexperten. Die Regierenden beseitigten alle potenziellen Leiter, jeden, der klug genug war, um irgendeine Art von Widerstand zu formieren oder die öffentliche Meinung darüber, was die Roten Khmer taten, zu beeinflussen. (Als die UNO 1993 eine demokratische Regierung einsetzte, waren nach Angaben der *New York Times* unter den sieben Millionen Einwohnern im Land nur noch etwa fünf Anwälte übrig geblieben.)

Eine wirkliche Herrschaft des Rechts ist seither in Kambodscha noch immer nicht vollständig hergestellt. Weitläufige politische Intrigen mit zahlreichen Nebenhandlungen und Unterströmungen destabilisieren das Land und erinnern mich an einen Mann, der auf der obersten Sprosse einer Leiter balanciert. Die politische Situation vermittelt den Eindruck, dass die vorhandene relative Stabilität äußerst anfällig ist und mit geringem Aufwand und ohne Vorwarnung zerstört werden kann.

Um in einem System wie diesem Unterstützung für unsere Bemühungen zu finden, bedurfte es eines großen Maßes an Sensibilität, vieler Überlegungen und Gewandtheit – und dafür brauchten wir jede Menge Hilfe.

Außer dem anfälligen System herrscht auch grundlegender Mangel an Personen, die sich als juristische Fürsprecher für die unschuldigen Opfer einsetzen können. Als ich einen Vortrag vor dem Ortsverband San Diego der kalifornischen Anwaltskammer hielt, waren in diesem Raum mehr Anwälte, als es in ganz Kambodscha gab! Wir halten es für selbstverständlich, dass wir in unserem Land genügend Anwälte haben, und viele machen sogar Witze darüber. Den Opfern gemeiner Verbrechen ist aber nicht zum Lachen, wenn sie sich wünschen, jemand käme zu ihrer Verteidigung, um ihrem geschundenen Leben durch das Einschreiten vor Gericht gegen ihre Entführer Recht zu verschaffen.

Aufgrund der unzureichenden Ausbildung gibt es praktisch keine Rechtsexperten in Kambodscha, wenn es speziell um die sexuelle Ausbeutung von Kindern geht. Allerdings sind die Menschen zu lernen bereit. Sie haben eindrucksvolle Bemühungen unternommen, um den Menschenhandel zur sexuellen Ausbeutung der Opfer zu bekämpfen. Die Schwachpunkte liegen in der anfälligen inneren Struktur des Systems begründet.

Die Rolle der Polizei ist in Entwicklungsländern eine ständige Herausforderung. Im Westen herrscht die Vorstellung, dass die Polizisten zu den Guten gehören.

Wenn wir mit unseren Kindern in einer großen Stadt sind, schärfen wir ihnen zuvor ein: „Wenn wir uns verlieren sollten, suche einen Polizisten, und gib ihm den Zettel in deiner Tasche. Darauf steht meine Handynummer, und im Nu bist du wieder bei uns."

An manchen Orten lernen die Kinder allerdings, nicht *zu* Polizisten zu laufen, sondern *vor ihnen weg*. Weil die Polizei oftmals korrupt und unkontrolliert ist, werden Bürger zu Opfern von polizeilichem Machtmissbrauch verschiedenster Art. Für Bordellbesitzer ist ihr Hauptschutz die örtliche Polizei. Beamte machen Geschäfte mit den Verbrechern und streichen Geld ein, weil sie durchsickern lassen, wenn eine Razzia bevorsteht.

Immer wieder haben überall auf der Welt unsere Leute Polizeibeamte überzeugt, mit uns zusammen Razzien in Bordellen durchzuführen, nur um dann vor Ort leere Räume vorzufinden. Ein korrupter Beamter hat wenig zu befürchten, kaum jemand ist da, der ihn zur Verantwortung ziehen könnte, und es gibt noch weniger Gründe, das Richtige zu tun. Statt also das Übel zu stoppen, beschützt die Polizei es eher und richtet damit ein großes Hindernis auf für die Freiheit unschuldiger Opfer und die Bestrafung der Verbrecher.

Zwangsprostitution blüht in aller Welt nur dort, wo sie

durch die örtliche Polizei geschützt wird. Und dieses Übel blüht in der Tat in aller Welt. Nach Angaben von UNICEF, der Kinderhilfsorganisation der UNO, sind jedes Jahr eine Million Kinder betroffen. Eine statistische Angabe wie diese ist für mich nur schwer zu fassen. Es bedurfte für mich der Begegnung mit einem Mädchen namens Dacie, damit ich konkret, deutlich und schmerzlich die massive und brutale Verbindung zwischen sexueller Ausbeutung von Kindern und Polizeikorruption verstand.

Kapitel 11

Verspottete Güte und Unschuld

Dacie war vierzehn Jahre alt und machte sich in den Schulferien zusammen mit ihrer Freundin Diadra auf die Suche nach einem Ferienjob. Sie wollten etwas Geld verdienen und damit ihren Familien helfen. Und vielleicht könnten sie sogar ein bisschen von dem Geld für sich behalten, um es für Dinge auszugeben, die Mädchen im Teenageralter mögen: Kleidung, Make-up, Parfum.

Eines Tages kam eine Frau vorbei, die Dacies Mutter kannte, und erzählte, dass Dacie in einer Nudelfabrik im Nachbarland Geld verdienen könnte. Dacie diskutierte die Möglichkeit eifrig mit ihrer Familie. Weil man der Frau vertraute und weil sie Dacie und Diadra selbst über die Grenze begleiten wollte, stimmten alle überein, dass die Chance zu günstig war, als dass die Mädchen sie verstreichen lassen könnten.

Also packten Dacie und Diadra die nötigsten Dinge zusammen und machten sich voller großer Erwartungen auf den Weg. Sie hatten keine Vorstellung von den furchtbaren Dingen, die sie erwarteten. Als sie die Grenze erreichten, traf sich die Frau mit einem Fremden, der eine Polizeiuniform trug. Die Begleitung aus der Heimatstadt half dabei, das Gepäck ins Auto des Mannes zu packen, das mit einem Polizeifunkgerät ausgerüstet war.

Der Mann fuhr sie über die Grenze in eine Stadt und hielt bei einem Restaurant. Er nahm die Mädchen mit hinein und stellte sie der Geschäftsführerin vor, die ihnen ihr Zimmer zeigte und ihnen sogleich neue Kleider anzuziehen gab: String-Oberteile und kurze Röcke.

Als Dacie wegen der Kleidung nachfragte, sagte die Geschäftsführerin, sie müssten sexy aussehen für die Männer, die hierher kämen, denn sie würden mit ihnen Sex haben.

Dacie und Diadra protestierten und sagten, sie wollten nach Hause.

Die Geschäftsführerin bestand darauf, dass sie keine Wahl hätten; sie habe beide von dem Mann gekauft, der sie abgeliefert hatte, und sie müssten diese Schuld abbezahlen, indem sie durch Sex mit den Kunden Geld verdienen würden.

Die Bordellbesitzerin nahm eine schreckliche und dilettantische gynäkologische Untersuchung an Dacie vor, um festzustellen, ob sie noch Jungfrau sei. Diese Frau sah in Dacie nicht den jungen Menschen, nicht das verängstigte Mädchen, sondern nur eine Möglichkeit, mehr Geld zu verdienen, wenn ein Kunde bereit wäre, zusätzlich dafür zu bezahlen, Dacie als Erster zu vergewaltigen. Die Frau freute sich über ihr Glück. Sie ließ es publik machen, dass sie eine Jungfrau in ihrem Etablissement anzubieten habe, für jeden, der bereit sei, den von ihr verlangten Preis von umgerechnet etwa 500 Euro zu bezahlen.

Unglücklicherweise für Dacie fand sie noch in derselben Nacht einen Kunden für das vierzehnjährige Mädchen, das später unserem Ermittler erzählte, dass sie zuvor noch nicht einmal jemanden geküsst hatte. Zitternd vor Angst wurde Dacie in einen Raum gebracht, in dem der Kunde wartete. Als der Mann anfing, sie zu vergewaltigen, schrie Dacie so laut vor Schmerzen, dass sich der Mann über den mangelhaften Service beschwerte. Die Bordellbesitzerin kam herein und klebte Dacie den Mund zu, damit sie nicht mehr schreien und so den Genuss des Kunden beeinträchtigen konnte, bis dieser mit ihr fertig war. Damit war die schreckliche Nacht allerdings noch nicht vorbei. Dacie wurde gezwungen, in dieser Nacht mit weiteren sieben Fremden Sex zu haben.

Wir trafen Dacie weniger als einen Monat später, als unsere Ermittler, die in diesem Gebiet in Südostasien tätig waren, von diesem Bordell hörten, das sehr junge Mädchen anbot. Zwei Ermittler gaben sich als Kunden aus und gaben vor, sie suchten das jüngste Mädchen vor Ort für die ganze Nacht. Zu der Zeit befanden sich etwa sieben Minderjährige im Bordell, und die IJM-Ermittler fragten die Bordellbesitzerin, ob sie Dacie über Nacht in ihr Hotel mitnehmen könnten. Sie stimmte zu.

Die Ermittler hatten zwei versteckte Überwachungskameras mit im Raum, um die Unterredung mit Dacie aufzuzeichnen. Als Anwälte und Strafverfolgungsbeamte haben wir immer wieder festgestellt, wie wichtig es ist, diese Filmbeweise aus erster Hand zu drehen. Wir wissen, jedes Mal, wenn wir ein Aufnahmegerät oder eine Kamera einschalten, kann dies für das Opfer die Fahrkarte in die Freiheit sein. Es ist die Kraft der Wahrheit, die Menschen die Freiheit bringt.

Die Bordellbesitzerin wollte Dacie nicht allein mit unseren Ermittlern ins Hotel gehen lassen. Dacie war erst drei Wochen dort, und es bestand die Gefahr, dass sie weglaufen würde. Also fuhr sie Dacie selbst ins Hotel zu ihrem Rendezvous. Während einer der Ermittler die Bordellbesitzerin ins Wohnzimmer führte, brachte der andere Dacie in ein anderes Zimmer und stellte ihr Fragen. Wie war es dazu gekommen, dass sie in diesem Bordell war? Mochte sie, was sie dort tat? Wollte sie dort weg und nach Hause?

Dacie sagte, sie hasse es, im Bordell zu arbeiten. Sie wollte um jeden Preis weg, und sie und ihre Freundin wollten versuchen, von dort zu fliehen. Der IJM-Ermittler erklärte Dacie, dass er nicht vorhabe, ihr etwas anzutun, sondern ihr helfen wolle und etwas über sie erfahren müsse. Er wollte ihr zwar etwas Hoffnung machen, konnte aber natürlich nicht von den Plänen zu ihrer Befreiung erzählen, weil man nicht wissen konnte, wie sie mit den Informationen umgehen würde. Falls die Bordellbesitzerin das Mädchen über die Zeit im Nachbarzimmer ausfragen und bedrohen würde, sollte sie keine Informationen haben, die ihre Sicherheit gefährden konnten.

In einer Nacht befragten die beiden Ermittler Dacie und Simla, die bereits zweieinhalb Jahre im Bordell arbeitete, um auch Informationen über andere Mädchen zu erhalten. Sie fragten nach Anzahl und Alter der Mädchen, ob sie dort festgehalten würden, wie viele Wachen es dort gab, wie viele Räume, Flure und Ausgänge im Gebäude vorhanden waren und wo sich diese befänden. Sie erzählten den Mädchen noch immer nichts von der geplanten Razzia und auch nicht, dass sie die geführten Gespräche als Zeugenbefragungen behandelten. Sie sammelten einfach im Laufe einer ganz normalen Unterhaltung vorsichtig die benötigten Informationen.

Weil die Mädchen nicht sexuell missbraucht wurden, wurden sie nervös beim Gedanken an die Reaktion der Bordellbetreiberin. Bevor Simla in jener Nacht das Hotel verließ, bat sie die Ermittler: „Würden Sie bitte sagen, dass ich gut war? Sie schlägt mich, wenn ein Kunde sagt, dass ich nicht gut war."

„Wirklich, ist das schon vorgekommen?"

„Ja. Die bisher schlimmsten Schläge habe ich bekommen, nachdem sich ein Polizist beschwert hat, dass ich nicht gelächelt habe, als er mit mir fertig war", erklärte Simla. „Bitte sagen Sie, dass ich gut war!"

Die Ermittler versprachen ihr, sie zu loben und ermutigten das Mädchen, sich nicht zu sorgen.

Nachdem das Sammeln der Informationen abgeschlossen war, reiste Sharon Cohn ins Land, um an der Befreiung von Dacie und Simla mitzuwirken. Die Mitarbeiter stellten einen Bericht zusammen, der an die Polizei gehen sollte. Das Dokument enthielt eine Skizze des Bordells (ohne Angabe des Ortes, in dem es lag, damit die Täter keinen Tipp erhalten konnten) und eine Abschrift der Beschuldigungen, die die Mädchen erhoben hatten, sowie die Namen und Fotografien der Opfer. Alle wussten, dass die geballte Kraft dieser Informationen nötig sein würde, um sich die Unterstützung der Polizei bei der Durchführung einer Razzia zu sichern, bei der Dacie, Simla und die anderen Mädchen herausgeholt werden sollten.

Ein Repräsentant einer anderen Nichtregierungsorganisation trat als Kontaktperson zwischen IJM und der Polizei auf und verabredete ein Treffen, um die Behörden davon zu überzeugen, dass IJM hieb- und stichfeste Beweise für ein Verbrechen besitze, an dessen Verfolgung die Polizei ein Interesse haben würde. Dieser einheimische Kontaktmann beherrschte die Sprache fließend, während die IJM-Mitarbeiter Englisch sprachen und nur einige im Begriff waren, die Landessprache zu lernen.

Während der Übersetzung erklärten die IJM-Mitarbeiter den Fall und baten die Polizeivertreter um Polizisten, die nötig waren, um einzuschreiten und die Mädchen herauszuholen.

Der Polizeileutnant stellte nur sehr wenige Fragen und überraschte unser Team dadurch, dass er seine volle Kooperation zusicherte und zustimmte, noch am gleichen Abend Einsatzkräfte bereitzustellen, die die Razzia durchführen sollten. Dann ging einer unsrer Ermittler mit ihm die logistischen Fragen der Razzia durch und erwähnte, dass zwei unserer Leute ungefähr 20 Minuten vor dem für die Razzia festgelegten Zeitpunkt das Bordell betreten und sich als Kunden ausgeben würden, um vor Ort helfen zu können, wenn die Polizei eintreffen würde.

Etwa zwanzig Polizisten nahmen an jenem Abend in der Polizeistation vor ihren Motorrädern Aufstellung, salutierten vor ihrem Kommandanten und machten sich auf den Weg zum Bordell. Sie trafen sich in der Nähe des Bordells und warteten auf den Einsatzbefehl für die Razzia. Sharon und die anderen IJM-Mitarbeiter folgten in einem separaten Wagen zusammen mit acht Sozialarbeitern, die von IJM hinzugezogen worden waren. Im Bordell befanden sich vierzig Mädchen, sodass wir es für nötig hielten, genügend Mitarbeiter zur Unterstützung vor Ort zu haben, die sich nach der Razzia um die Mädchen kümmern konnten. Diese Sozialarbeiter hatten ganz unterschiedliche Erfahrungen und zum Teil Kenntnisse in Stammessprachen und Dialekten, die in der Kommunikation mit den Mädchen gebraucht würden.

Auf dem Weg zur Razzia erfuhr Sharon, dass die beiden IJM-Mitarbeiter – die angeblichen Kunden – beim Bordell eingetroffen waren und festgestellt hätten, dass es verschlossen war.

Später erzählten Dacie und Simla Sharon, dass die Bordellbesitzerin einen telefonischen Hinweis erhalten habe, dass „die Polizei kommt". Die Mädchen waren eilig auf einen Lastwagen verfrachtet, mit Planen zugedeckt und in einen anderen Teil der Stadt gefahren worden. Nach Berechnungen unserer Mitarbeiter war der Anruf zehn bis fünfzehn Minuten vor dem Eintreffen unseres Teams und der Polizei erfolgt.

Infolge des Hinweises betraten das IJM-Team und die Polizei nur ein leeres Bordell. Beim Gang durch das düstere Gebäude sahen wir den Besitz der Mädchen, darunter ein kleines Micky-Maus-Notizbuch – es war die Auflistung eines Mädchens über alle Kunden, mit denen es gezwungen worden war, zusammen zu sein. Die Mädchen waren gewöhnlich sehr akribisch in ihrer Dokumentation, da man ihnen gesagt hatte, sie würden freikommen, sobald sie einen bestimmten Betrag verdient hätten. Sie verzeichneten die Informationen in Listen und an den Wänden, in der Hoffnung, dass diese Einzelheiten ausreichen würden, um eines Tages die Freiheit zu erlangen. Natürlich waren all diese kleinen Listen Teil einer großen Lüge; kein Mädchen war je freigelassen worden, solange sie noch von irgendeinem Nutzen für den Bordellbesitzer sein konnten.

In dieser Nacht und am nächsten Tag sprach das Team mit den Behörden und bat um Hilfe, um die Minderjährigen zu befreien, deren Fälle dokumentiert waren, und natürlich auch die anderen Mädchen, von denen sie wussten, dass sie dort ebenfalls festgehalten wurden.

In einer sehr ungewöhnlichen Wendung der Ereignisse rief

die Polizei unsere Mitarbeiter zwei Tage später an und teilte mit, dass sechs der Mädchen, darunter Dacie und Simla, auf der Polizeistation seien, wo wir sie abholen könnten, wenn wir sie mitnehmen wollten.

Dacie und Simla erklärten, dass die Bordellbesitzerin alle Mädchen vorübergehend an einem anderen Ort untergebracht habe. Später habe sie angeordnet, sie sollten in einen Bus einsteigen, der sie in ihr Land zurückbringen würde. Aus Angst, ihre wenigen Habseligkeiten zurücklassen zu müssen, war Dacie laut herausgeplatzt: „Ich will aber mein Handy und meinen Schmuck." Kurz darauf sei die Bordellbesitzerin verschwunden. Es ist möglich, dass sie einen weiteren Tipp erhalten hatte, denn nachdem die Frau verschwunden war, traf die Polizei an der Bushaltestelle ein und nahm alle mit zur Polizeistation.

An dem Tag, an dem die Mädchen befreit wurden, gestattete die Polizei unserem Team, Dacie und Simla zur vorbereiteten Nachsorge zu bringen. Vier andere minderjährige Mädchen mussten dagegen im Gefängnis bleiben, weil sie gegen die Einwanderungsgesetze verstoßen hätten. Sharon blieb einige Stunden bei den vier Mädchen im Gefängnis, und ihr wurde von der Gefängnisleitung zugesichert, dass sie gefahrlos in einer separaten Zelle, getrennt von anderen Gefangenen, untergebracht werden würden. Dacie und Simla ließ man mit Sharon gehen, weil dies die beiden Mädchen waren, deren Fotografien im Bericht waren, der der Polizei zuvor übergeben worden war.

Das Team und eine weitere Nichtregierungsorganisation arbeitete weiter daran, auch die Freilassung der vier Mädchen zu bewerkstelligen, was am nächsten Tag geschah.

Sharon brachte alle sechs Mädchen in die Nachsorgeeinrichtung, in der sie betreut werden sollten. Die Mädchen waren besorgt darüber, dass ihre Habseligkeiten noch im Bordell waren. Alles, was sie besaßen, war in dem Gebäude, das die Polizei nach der missglückten Razzia versiegelt hatte. Während Dacie nur etwa vier Wochen in dem Bordell gewesen war, lebten andere Mädchen dort bereits seit mehreren Jahren. Sie wollten unbedingt ihr Eigentum herausbekommen. So versuchte unser Team, mit der Polizei eine Fahrt zu ermöglichen, damit sie ihre Sachen herausholen konnten. In Begleitung eines Sozialarbeiters gingen Sharon und weitere Personen mit den Mädchen zurück in das Bordell, in dem sie ausgebeutet worden waren.

„Es war eine ganz außergewöhnliche Erfahrung, mit diesen Mädchen an der Hand in die Zimmer zu gehen, in denen Männer sie Tag für Tag sexuell missbraucht hatten", sagte Sharon. „Es war irgendwie unheimlich und böse; aber es fühlte sich zugleich so an, als sei das Böse besiegt und vernichtet worden."

„Einer der Räume in diesem Bordell war ein Ort, an dem die Kunden hinter einer Wand standen, in die ein Guckloch geschnitten war. Auf der anderen Seite der Wand befand sich eine Bank, auf der die Mädchen aufgereiht sitzen mussten, damit die Kunden sie sehen und ihre Wahl treffen konnten. Tag und Nacht mussten die Mädchen aufgereiht auf dieser Bank sitzen. Die meisten Kunden kamen nachts. Wenn aber einer während des Tages kam, wo es den Mädchen erlaubt war, ein paar Stunden zu schlafen, mussten sie sich sofort alle präsentieren, damit er seine Wahl treffen konnte."

Während sie durch die Zimmer der Mädchen gingen, bemerkte Sharon, dass diese Kinder versucht hatten, einen Hauch von normalem Teenagerleben zu erzeugen, selbst inmitten dieses schrecklichen Missbrauches. Dies war ja nicht nur ihr Arbeitsplatz, sondern der Ort, wo sie lebten. Einige hatten Schränke voller Kleider. Sie hatten Bücher, Poster von Rockstars an den Wänden, Teddys, ein paar Lieblingsschuhe und Stifte mit kleinen Kätzchen darauf; eines der Mädchen hatte sogar einen CD-Player.

„Alles ganz normale Sachen, wie man sie im üblichen Chaos eines Teenagerzimmers erwarten würde", erzählte Sharon. „Es war interessant, zu beobachten, wie die Mädchen auswählten, was sie mitnehmen wollten und was nicht. Simla war am längsten im Bordell gewesen und besaß eine Menge Dinge. Ich sah zu, wie sie ihre Kleider sorgfältig durchging und nur ganz gewöhnliche Alltagskleidung auswählte. Kleidungsstücke, die sexy und aufreizend waren, ließ sie zurück."

Nachdem Sharon und die Mädchen alles, was sie behalten wollten, in große Mülltüten gesteckt hatten, verließen sie das Haus. Die Tür wurde hinter ihnen verschlossen. Keine von ihnen würde je wieder an diesen schrecklichen Ort zurückkehren müssen.

Als Sharon sich an diesen Tag zurückerinnerte, sagte sie: „Wenn du mit einem kleinen Mädchen an der Hand ein Bordell betrittst, dann schlägt dich die Gewalt des Bösen beinahe zu Boden. Aber wenn du mit demselben kleinen Mädchen an der Hand aus dem Bordell herausgehst, dann drängt es dich, auf die Knie zu fallen und Gott zu preisen und seine Macht anzubeten."

Bei der späteren Einsatzbesprechung über Sharons Reise sagte sie: „Als ich mit Dacie und ihren Freundinnen sprach, war ich schockiert über das Ausmaß ihres Leidens. Ich kann es noch immer kaum glauben, dass Menschen *tatsächlich* diesen verletzlichen Mädchen solche Dinge antun, dass sie dafür *bezahlen* und daran Spaß haben. Man kann sich nicht vorstellen, was in Dacies Gedanken vor sich ging, als diese Dinge mit ihr geschahen. Und das nicht nur während der sexuellen Übergriffe selbst; sie musste davon ausgehen, dass das nun Tag für Tag immer wieder geschehen würde, und dass sie in keiner Weise erwarten konnte, dass es je aufhören würde.

„Ich habe Mädchen getroffen, die jahrelang in Bordellen festgehalten wurden", sagte Sharon. „Sie wussten, dass jeder Tag wie der vorherige sein würde, und dass der Missbrauch sich in unabsehbare Zukunft fortsetzen würde. Wenn man solche Kinder betrachtet, kann man es kaum fassen, wie sie das durchstehen, dass sie selbst solche Situationen überleben – und man macht sich kein Bild von der Trauer und dem Gefühl von Verzweiflung, die in ihnen herrschen muss."

Diese Trauer und Verzweiflung zeigten sich deutlich bei einem der Mädchen, das aus dem Bordell befreit wurde, in dem auch Dacie gefangen war. Während Dacie und die anderen ihrem Zorn auf die Bordellbetreiberin deutlich Ausdruck gaben, war dieses Mädchen nicht bereit, gegen die Bordellbesitzerin auszusagen. Die Frau war festgenommen worden und die Mädchen wurden in das Gefängnis vorgeladen, um ihre Aussagen vor der Polizei zu machen. Jedes Mal, wenn Dacie hereingerufen wurde, um weitere Aussagen zu machen, ergriff sie Sharons Hand und bestand darauf, zuerst hinunterzugehen, wo die Verdächtige festgehalten wurde, um nachzusehen, ob sie noch immer eingeschlossen sei, noch immer verantwortlich gemacht werden sollte für ihre Taten, damit der Gerechtigkeit Rechnung getragen würde.

Dieses sechste Mädchen jedoch wollte als Einzige keine Aussage gegen die Bordellbesitzerin machen. Der Sozialarbeiter fragte: „Warum willst du nicht erzählen, was diese Frau mit dir getan hat?"

Ihre Antwort gehört zu den traurigsten Äußerungen, die ich jemals gehört habe: „Na ja, ich bin nicht besonders hübsch", sagte sie, „deshalb war ich nicht mit sehr vielen Männern zusammen. Es war also gar nicht so schlimm."

Das stellte mir drastisch vor Augen, was für ein brutales Verbrechen an diesen Mädchen begangen wurde. Natürlich ist, was ihnen körperlich angetan wurde, beklagenswert. Was dies aber für ihr Selbstbewusstsein und ihr Selbstwertgefühl bedeutet, ist gleichermaßen kriminell. Dieses Mädchen hatte entschieden, dass es eigentlich nicht so schlimm gewesen war, weil sie nicht so häufig geschlagen wurde und nicht so oft an Männer verkauft worden war wie die anderen. In ihren Augen war sie in jedem Fall eine Verliererin – wenn sie hübscher wäre, hätte sie mehr Kunden bedienen müssen; aber weil sie nicht so hübsch war, dass mehr Männer sie missbrauchen wollten, war ihr Leben im Bordell eigentlich in Ordnung gewesen.

Kapitel 12

Umweg nach Svay Pak

Auftragsgemäß verschob Will Henry seine Heimreise, um Dacie zu befreien, und er und Sharon reisten für drei Tage nach Kambodscha, um in Svay Pak zu ermitteln und möglicherweise eine Befreiung zu ermöglichen.

Nachdem sie in ihrem Hotel angekommen waren und Sky, einen weiteren Helfer, getroffen hatten, legten sie sich schlafen, in der Hoffnung auf den Erfolg ihrer Mission, um den sie beteten. Am nächsten Morgen suchte Will noch einmal Sky auf, einen hochrangigen Militäroffizier, der einen seiner vertrauenswürdigen Männer bei sich hatte. Zusammen fuhren sie nach Svay Pak.

Gelegentlich rief Will während des Tages Sharon an, die sich über Betreuungseinrichtungen in der Nähe Phnom Penhs informierte und ihre eigenen Nachforschungen anstellte. Will spielte seine Rolle als „Kunde" durchgehend und perfekt. Er gab den Chef, der seiner einfältigen Sekretärin Anweisungen erteilte. „Hast du diese Faxe an Jim und John geschickt, wie ich gesagt hatte? Gut. Und die E-Mails an Bob und Gary? O. k., also, ich hab hier ein nettes Plätzchen gefunden. Es kann sein, dass ich etwas länger weg bin."

Später an jenem Vormittag rief Sharon – wie zuvor vereinbart – Will zur Kontrolle zurück. Er saß mit den beiden Kontaktleuten und ein paar anderen Kunden, die sie kurz zuvor kennengelernt hatten, in einer Bar, die von Pädophilen besucht wurde, als das Telefon klingelte. „Ich rufe nur kurz an, um zu hören, ob du irgendetwas brauchst", sagte Sharon freundlich.

„Ach, lass mich in Ruhe und mach deine Arbeit", antwortete Will, seiner Rolle entsprechend. „Ich brauch überhaupt nichts."

Dann hängte er auf. Für die Typen, mit denen er zusammen war, entsprach Will nun dem Bild des westlichen Geschäftsreisenden auf Abwegen, dessen Sekretärin etwas zu besorgt und aufdringlich war. Aber das Ziel des Anrufes war erreicht. Sharon wusste, dass Will o. k. war, und sie konnte bis zum nächsten vereinbarten Kontrollanruf ihren Aufgaben in Phnom Penh nachgehen, ohne sich Sorgen machen zu müssen. Nach dem Telefonat führte Will seine Ermittlungen fort, betrat Bordelle, sammelte Namen und Bildmaterial mit versteckter Kamera, die später in der Anklage gegen die Täter benutzt werden konnten.

Als Will eine Straße überquerte, ergab sich ein Blickkontakt zu einem stämmigen Mann aus dem Westen, der mit einem auffälligen entenhaften Watscheln auf ihn zukam. Will fing ein Gespräch mit dem Mann an und fragte ihn um Rat, wie man hier junge Mädchen finden könne.

„Das erste Mal hier?", fragte der Mann.

„Ja", antwortete Will.

„Komm für eine Minute mit", schlug der Mann vor und ging an eine wenig belebte Stelle der Straße. Dann gab er Will Tipps, wie er vermeiden könne, dass Freunde und Kollegen daheim Verdacht schöpfen würden und wie man mit den Bordellbesitzern aushandeln könne, mehr als ein Mädchen für die Nacht mit ins Hotel zu nehmen. Das waren Aussagen, die er noch bedauern würde – Wills Kamera hatte alles aufgenommen, und eines Tages würden sie vor Millionen Menschen abgespielt werden.

Später an jenem Tag rief Will Sharon zurück. „Du musst ein paar Vorkehrungen treffen, denn ich bringe vier Gäste mit, wenn ich heute Abend zurück ins Hotel komme", sagte er. „Zwei um sieben, zwei um acht."

Will und Sharon kannten keine der Nachsorgeeinrichtungen in Kambodscha, aber Sharon hatte eine Liste mit Adressen, die uns Freunde aus anderen Ländern gegeben hatten. So begann sie wie wild zu telefonieren, um herauszufinden, wer kurzfristig vier Mädchen aufnehmen konnte, falls ihre Operation erfolgreich sein würde und die vier noch in dieser Nacht ein sicheres Dach über dem Kopf brauchten.

Ein paar hilfreiche Menschen, die Sharon kontaktierte, waren bereit, Mädchen, die aus der Zwangsprostitution kamen, eine Unterkunft für die Nacht zu gewähren. Sie verabredete alles so, dass selbst dann, wenn sie um Mitternacht anrufen müsste, man die Mädchen unverzüglich aufnehmen würde.

In der Zwischenzeit hatte Will ein Zimmer in einem Hotel in Phnom Penh bezogen, von dem Sky wusste, dass es dem Bordellbetrieb wohlgesonnen war. Der Bordellbesitzer bestätigte, dass es eine gute Wahl sei – und stimmte zu, dass Will dorthin einige Mädchen mitnehmen könne. Will rief Sharon an, um ihr mitzuteilen, wo und in welchem Zimmer er sei. Sharon kam als Touristin in das Hotel und bat darum, einige Zimmer zu sehen, weil ihr Ausstattung, Stockwerk und Aussicht gefallen müssten, bis sie das Zimmer nahm, das direkt gegenüber von Wills Zimmer lag. Im Hotel durfte man natürlich nicht ahnen, dass die beiden zusammengehörten.

Will hatte ausgemacht, dass ihm zwei Mädchen um 19 Uhr ins Hotel gebracht werden sollten und zwei um 20 Uhr; Zuhälter brachten die Mädchen. Er hatte einige der jüngeren verlangt, die er gesehen hatte, aber man erlaubte nicht, dass die kleineren Mädchen das Dorf Svay Pak verließen. Diejenigen, die er daraufhin auswählte, waren auch immer noch ausgesprochen jung: eines war elf, zwei waren zwölf und eines dreizehn. Aber die Art, wie sie sich verhielten und wie sie sprachen, machte klar, dass ihnen nicht neu war, was mit ihnen geschehen würde.

Die ersten beiden Mädchen kamen kurz nach sieben an. Wills Hotelzimmer war von zwei versteckten Kameras überwacht, die alles, was dort geschah, aus unterschiedlichen Blickwinkeln aufzeichneten. Die Mädchen gingen unverzüglich ins Bad, um sich ihre rosafarbenen, püppchenhaften Pyjamas anzuziehen, die ihnen ihre Aufseherin, ihre *Mamasan*, mitgegeben hatte. Während sie sich umzogen, ging Will schnell über den Flur, um Sharon und den wichtigsten externen Mitarbeiter, der die Sprache der Mädchen sprechen konnte und als Übersetzer fungieren sollte, zu holen.

„Mach ihnen klar, dass wir sie nicht hierher bringen ließen, um mit ihnen Sex zu haben", sagte Will, als die Mädchen aus dem Badezimmer kamen. „Wir wollen nur mit ihnen sprechen und sie kennenlernen."

Der Übersetzer gab das weiter und Will begann, ihnen Fragen zu stellen: „Wie lange seid ihr schon in dem Bordell? Wie kommt es, dass ihr dort seid? Macht ihr das gern, was ihr dort tut?" All das führte letztlich zur wichtigsten Frage: „Würdet ihr gern woanders hin, damit ihr nicht mehr in das Bordell zurückmüsst?"

„Oh ja, wir würden diesen Ort gern verlassen!", antworteten die beiden eifrig.

Sharon nahm die Mädchen über den Flur mit in ihr Zimmer, um sie zu beschäftigen, damit Will und der Übersetzer alles für die Ankunft der beiden anderen Mädchen vorbereiten konnten, die in etwa einer halben Stunde eintreffen sollten. Sharon hatte ein kleines tragbares Videospiel gekauft, und Will nannte es „die beste Anschaffung, die IJM je gemacht hat". Die Mädchen beschäftigten sich also mit den Videospielen und schauten Zeichentrickfilme im Fernsehen, während sie darauf warteten, dass sie in ihr neues Zuhause gebracht werden sollten. Sharon versuchte mehrfach, sie dazu zu bringen, etwas zu essen, aber sie wollten nicht. Sie vermutete, dass man sie aus Angst vor Drogen oder Gift gewarnt hatte, Nahrung von Leuten außerhalb des Bordells anzunehmen.

Die beiden weiteren Mädchen trafen ein, und Will und Sharon interviewten sie, während ein anderer IJM-Mitarbeiter mit den ersten beiden Mädchen in Sharons Zimmer blieb. Auch diese beiden Mädchen wollten das Bordell unbedingt verlassen und gern an einen sicheren Ort, an dem sie nicht mit Fremden Sex haben mussten.

„Nun", warnte Will, „müssen wir sehr vorsichtig sein, um die Mädchen sicher aus dem Hotel und zu ihrer weiteren Unterkunft zu bekommen."

Die Schwierigkeit bestand darin, die Mädchen hinunter ins

Erdgeschoss zu bekommen, wo vor der Tür Wagen warteten, ohne dass die Hotelbediensteten das Bordell informieren konnten. Will rief per Handy einen dritten externen Helfer an, den er unten auf der Straße postiert hatte, um nach dem Zuhälter Ausschau zu halten.

„Ja, der ist noch da", sagte der Mitarbeiter. „Der Typ, der die zweiten beiden Mädchen gebracht hat. Er hängt hier draußen in der Nähe herum."

Da Will die Mädchen bis sieben Uhr morgens „gemietet" hatte, erwartete er, dass der Aufpasser nicht die ganze Nacht Wache halten würde, sondern nur lange genug, um sicherzugehen, dass die Mädchen nicht weggebracht werden würden. Wenn Will dabei beobachtet würde, wie er heimlich die Mädchen wegschaffen wollte, konnte die ganze Angelegenheit schnell sehr hässlich werden. Alles wurde zu einem Geduldsspiel.

Die Mädchen waren entweder vor dem Fernseher eingenickt oder spielten Videospiele, als kurz vor Mitternacht Wills Handy klingelte.

„Großartig. Ruf drei Taxis zur Vordertür. Sie sollen so dicht wie möglich an den Eingang fahren, und dann ruf mich noch mal an, wenn sie bereitstehen."

Schon bald warteten die drei Autos Stoßstange an Stoßstange am Hoteleingang. Will und Sharon begleiteten die Mädchen ohne Zwischenfall aus den Zimmern in den Lift und hinaus in die wartenden Autos. Zwei stiegen mit Will und einem Mitarbeiter in das erste Auto. Sharon nahm die anderen beiden Mädchen in das zweite Auto. Sky, im dritten Auto, fungierte als Prellbock, dirigierte die Bewegungen von hinten und achtete darauf, ob ihnen jemand folgte.

Sky gab von seiner Aussichtsposition am Ende der Kolonne Anweisungen, eine Weile in der Stadt umherzufahren, um sicher zu sein, dass ihnen niemand folgte. Als er überzeugt war, dass niemand hinter ihnen herkam, dirigierte er den ersten Wagen zur sicheren Unterkunft für die Mädchen. Als sie ankamen, überzeugten sich Will und Sharon, dass die vier Mädchen sicher untergebracht wurden, und fuhren dann zurück. Ich frage mich, wann sich die Mädchen wohl zuletzt abends hingelegt hatten ohne das Wissen, dass sie jederzeit geweckt werden konnten, um sich vor einem Kunden zu präsentieren.

Will und Sharon waren die ganze Nacht auf und schrieben an Berichten, die die Regierung um ein Eingreifen ersuchten. Alles basierte auf den Informationen, die sie von den befreiten Mädchen und von fünfzehn anderen Opfern gesammelt hatten, denen Will bei seinen verdeckten Ermittlungen begegnet war.

Nach einer Befreiung ist die Umstellung für die befreiten Mädchen oft sehr schwierig. Man hofft, dass sich die Opfer schnell an ihre zurückgewonnene Freiheit gewöhnen, dass sie den sauberen Ort zum Schlafen schätzen und froh sind, dass sie nicht mehr gezwungen werden, mehrmals pro Tag mit Fremden Sex zu haben. Aber oft ist der Wechsel der Lebensumstände so dramatisch, dass die Opfer nicht schnell zu einer Ausgeglichenheit finden, und vielen geht es zunächst gar nicht gut. Diesmal gab es Probleme.

Sharons Handy klingelte sehr früh am nächsten Morgen, als sie und Will den Anträgen gerade den letzten Schliff gaben. Es waren die Leute von der Unterkunft.

„Ihr müsst kommen und diese Mädchen mitnehmen", sagte die Frau am anderen Ende der Leitung.

„Warum denn das?", fragte Sharon. „Was ist denn passiert?"

„Wir können keine Mädchen aufnehmen, die nicht hierbleiben wollen, und diese Mädchen bitten darum, hier weg zu können. Im Augenblick schreien sie herum und werfen Dinge umher und machen ein unglaubliches Theater."

Irgendwie war es zu einem Sicherheitsleck gekommen. Eines der Mädchen hatte entweder heimlich telefoniert oder ihr war ein Gespräch erlaubt worden. Mao, eine der bedeutendsten Bordellbetreiberinnen in Svay Pak, war bei der Nachsorgeeinrichtung aufgetaucht und hatte gefordert, das Mädchen, das das auch wollte, mitnehmen zu können. Maos Fahrer war – ein

Polizist, der zur Einsatzstaffel gegen Menschenhandel gehört hatte. Seine Verbindungen zur Bordellszene waren bekannt geworden und man hatte ihn vom Dienst suspendiert – eine richtige Entscheidung, das bewies sein Erscheinen jetzt zusammen mit der Bordellbesitzerin. Die Situation machte deutlich, in welchen Verhältnissen wir zu operieren gezwungen waren und gegen wen wir hier vorgingen. Glücklicherweise war der für die Betreuung der Mädchen Verantwortliche mutig genug, Mao und ihrer Begleitung entgegenzutreten.

Für den Rest des Tages kümmerten sich Will und ein weiterer Mitarbeiter um die Sicherheit der Mädchen in der Nachsorgeeinrichtung. An einem Punkt der Bemühungen, während Mao noch immer vor dem Haus stand und versuchte, ihre Mädchen herauszubekommen, begegneten sich Will und sie direkt. Sie wusste, dass er derjenige war, der die Mädchen in sein Hotel bestellt und sie dann hierher gebracht hatte. Schließlich verließ Mao den Ort der Auseinandersetzung, aber Will sollte sie schon bald noch einmal sehen – näher, als ihm lieb war.

Als die Berichte über die Aktion fertiggestellt waren, ging Will zu einer Polizeistation, um die Dokumente an die zuständigen Mitarbeiter zu übergeben. Diese Berichte enthielten alle Informationen, die Will und Sharon durch die vier befreiten Mädchen erhalten hatten: Namen, Alter, Einzelheiten über die Örtlichkeit des Bordells, in dem sie festgehalten worden waren, Namen der Bordellbesitzer und Manager und Fotografien der Opfer. Als Will den Bericht übergab, klingelte sein Handy.

Die Stimme am anderen Ende machte ihm eine schockierende Mitteilung: „Will, ich packe gerade deine Sachen. Wenn du nicht sofort abreist, bist du morgen wahrscheinlich tot."

Es war Sky, und Will wusste, dass er es ernst meinte.

„Alles ist in Ordnung", antwortete Will, „was beunruhigt dich denn so?"

„Ich sage dir, du musst weg hier, oder du bist morgen tot."

„Es ist o. k. Ich bin hier bei der Polizei. Uns wird nichts geschehen."

Sky sagte, es spiele keine Rolle, wo er gerade sei; sie würden ihn nicht gegen diese Bedrohung beschützen können.

Will legte auf, rief Sharon an und teilte ihr mit, dass sie beide das Land unverzüglich verlassen müssten, und dass sie sich augenblicklich auf den Weg zum Flugplatz machen sollte. Er müsse eine eidesstattliche Erklärung im Blick auf den Bericht über die Befreiungsaktion abgeben, aber Sharon solle sich umgehend auf den Weg machen.

Zunächst wollte Sharon nicht. Sie wollte nicht abreisen und sagte, Will solle ohne sie fliegen. Es gab noch zu viel zu tun, um die weitere Versorgung der befreiten Mädchen sicherzustellen.

„Sky hat angerufen und gesagt, dass unser Leben auf dem Spiel steht, wenn wir bleiben", berichtete Will. „Ich muss zurück in mein Hotel und die Kameraausrüstung holen. Bitte nimm die Bänder mit den Aufnahmen mit, damit nicht ich sie bei der Kontrolle am Flugplatz bei mir habe", sagte Will.

Sharon erledigte noch einige intensive Telefonate mit Regierungsstellen und erhielt die Versprechen, dass die Mädchen weiterhin versorgt werden würden, dann machte sie sich durch die überfüllten Straßen, durch die sie vor ein paar Tagen gekommen war, zurück auf den Weg zum Flughafen.

Eines der obersten Anliegen in der Nachsorge ist es, eine friedliche, ruhige Umgebung zu schaffen, in der die Mädchen Heilung erfahren. Schon kleine Störungen gefährden den empfindlichen Gesundungsprozess der Mädchen, die sehr viel Fürsorge benötigten. Es wird zu einer furchtbar schwierigen Aufgabe für jeden, der versucht, Opfer von Kindesmissbrauch zu betreuen, wenn es keine offizielle Stelle gibt, die für die Kinder auch „gegen ihren Willen" eine solche Betreuung anordnet.

Es ist verständlich, wenn Nachsorgestellen Mädchen entlassen wollen, die destruktiv sind und nicht mitarbeiten. Aber wenn man daran festhält, dass jedes einzelne Mädchen von unendlichem Wert ist, kann man das nicht hinnehmen. Jesus macht das zum Beispiel im Gleichnis vom verlorenen Schaf deutlich. Er erzählt, wie der gute Hirte 99 Schafe zurücklässt, um ein einzelnes Schaf zu suchen, das sich verirrt hat. Jedes der gerade befreiten Mädchen war von Bedeutung – in unseren Augen und in den Augen Gottes. Jedes brauchte ganz dringend jemanden, der in seinem Interesse das Richtige tat, auch wenn es selbst gerade nicht einsah, dass eben dies nötig war.

Schließlich sprach Sharon mit der kambodschanischen Ministerin für Frauenangelegenheiten. Diese erwirkte eine richterliche Verfügung, um für die Mädchen eine Nachsorge anzuordnen. Die Entscheidung des Richters unterstrich eine Tatsache in dieser schwierigen Angelegenheit – diese Kinder mussten in einer sicheren Versorgung bleiben, auch wenn sie sich wünschten, „nach Hause" – ins Bordell – zurückzugehen. Sie brauchten reife, fürsorgliche Erwachsene, die für sie eintraten und entschieden, wo sie es selbst nicht konnten. Ihre Fähigkeit, Entscheidungen zu treffen, war beeinträchtigt, nicht nur durch ihr geringes Alter und ihre Unreife, sondern auch aufgrund der seelischen Schäden durch den wiederholten Missbrauch. Man stelle sich die verzerrte Wirklichkeitswahrnehmung dieser Kinder vor – sie wurden gekauft und verkauft für Sex, einige von den eigenen Eltern und einige, als sie erst drei, vier oder fünf Jahre alt waren. Sie hatten überhaupt keine Chance gehabt zu lernen, gut zu entscheiden, zu erkennen, was für sie das Beste sei, nachdem sie erst ein paar Stunden oder Tage in einem neuen Zuhause mit Regeln, die sie nicht gewohnt waren, lebten. Erwachsene mussten die Verantwortung für das Wohl dieser Kinder übernehmen, und diese mussten im Gegenzug bei dem, was sie als das langfristig Beste für die Kinder taten, durch das Gesetz unterstützt werden.

Wieder „nach Hause" – kaum fassbar! Wer würde jemals wieder „nach Hause" wollen, zurück in das Leben, das diese Kinder führen mussten? Selbst in Augenblicken schlimmster Wut, Enttäuschung und Ärger würden meine Kinder – und kein Kind, das ich je kennengelernt habe – niemals sagen, dass sie zurück „nach Hause" wollten zu wiederholtem sexuellem Missbrauch.

Will gab die eidesstattliche Erklärung ab, holte seine Sachen aus dem Hotel und machte sich dann direkt auf den Weg zum Flughafen. Bei den Sicherheitskontrollen nahmen ihn die Beamten beiseite und ließen ihn alle Gepäckstücke auspacken. All seine Habseligkeiten und die Kameraausrüstung wurden auf dem Boden des Flughafengebäudes ausgebreitet. Dann packte man die Kameraausrüstung so mit schmierigem Klebeband zusammen, dass sie in Zukunft beinahe unbrauchbar war. Allerdings konnte keines der Videobänder konfisziert werden. Alles, was er bei sich hatte, waren ein paar Aufnahmen von einem Familienurlaub, die er zur Tarnung mit sich führte. Er bekam denselben Flug wie Sharon und erreichte sicher die Staaten.

Das war im Mai 2002. Wir hatten keine Ahnung, wie lange es dauern würde, bis wir wegen der anderen Mädchen in Svay Pak zurückkehren konnten. Aber wir hatten eine klare Vorstellung, mit wem wir uns anlegen würden.

Kapitel 13

Wir mischen uns ein

Sowie Will Henry und Sharon von ihrer Reise nach Svay Pak zurück waren, ging Will mit der Videokamera in der Hand in Mosiers Büro. „Ich muss dir etwas von dem Filmmaterial aus Svay Pak zeigen", sagte er. „Das wirst du nicht glauben."

Mosier drehte den kleinen Monitor so, dass er ihn gut sehen konnte. Was er jetzt zu sehen bekam, war unvorstellbar. „Unglaublich", sagte Mosier – und das war offensichtlich untertrieben. Er stand mit der Kamera in der Hand auf und kam direkt in mein Büro.

„Ich hab hier was für dich, Gary", sagte Mosier nüchtern. Er stellte sich hinter mich, damit wir beide die Bilder gemeinsam sehen konnten.

„Das haben Will und Sharon in Svay Pak vorgefunden."

Er startete das Band, und ich sah, was sich da abspielte. Die Aufnahmen waren, obwohl sie offensichtlich verdeckt gemacht worden waren, ganz erstaunlich deutlich. Nicht weniger als ein Dutzend Mädchen, von denen einige acht oder neun Jahre alt zu sein schienen, hatten sich aufgestellt, und lächelten ihren mutmaßlichen Kunden an. Sie drängten sich um ihn wie eine Gruppe aufgeregter kleiner Pfadfinder, die Kekse für einen guten Zweck verkaufen wollen.

Mir fielen Kommentare ein, die ich immer wieder von Menschen gehört hatte, die die Brutalität und Komplexität des Geschäftes mit der sexuellen Ausbeutung von Kindern nicht verstanden. Kommentare wie: „Also so schlimm kann es doch nicht sein, sonst würden sie nicht so glücklich wirken. Schau doch mal, wie sie lächeln."

Als Reaktion auf solche Bemerkungen erzähle ich dann manchmal von Simla, die hart geschlagen wurde, weil ein Kunde – ein Polizist – sich über sie und den Service beschwert hatte, weil sie nicht gelächelt hatte, nachdem er mit ihrer Vergewaltigung fertig war. Ich erzähle davon, was mir befreite Mädchen berichtet haben – von den wütenden Schlägen, den Brandwunden durch Zigaretten und den Prügeln, die sie erhalten hatten, wenn die Bordellbetreiber meinten, die Mädchen hätten nicht genug gelächelt und gekichert, während ein Kunde sie begutachtete.

Oder ich erzähle davon, welche Kundenzahlen erreicht werden müssen. Mädchen, die nicht eine bestimmte Anzahl von Kunden pro Tag hatten, wurden bestraft, manchmal durch Schläge, manchmal durch Nahrungsverweigerung. Kinder, die keinen Ausweg sehen, lernen schnell, was sie tun müssen, um nicht geschlagen zu werden.

Ich durchschaute diese perverse Präsentation kleiner Mädchen, die zum Lächeln gezwungen wurden, um eine Chance zu bekommen, dass man sie missbraucht. Ich hatte das schon zu oft gesehen. Aber niemals waren die Mädchen derart jung gewesen: elf, zehn, vielleicht acht Jahre alt. Als das Band weiterlief, kam ein Anblick, der sich mir tief einprägte: ein kleines Mädchen, das nicht älter als fünf sein konnte. Ein anderes Mädchen trug es auf der Hüfte und schob es nach vorn zum Verkauf. Das war ein schrecklicher Moment, schwarz auf weiß festgehalten und in der Zeitlupe deutlich zu erkennen.

In der Tat war dies die Szene, die Sharon und ich in den folgenden Monaten immer wieder Menschen vorspielten, die bereit waren, der Wirklichkeit der sexuellen Ausbeutung von Kindern ins Gesicht zu sehen. Es war immer der Punkt in meiner Präsentation, an dem sich schließlich auch Männer angewidert wegdrehten und Frauen nach Luft rangen und unwillkürlich die Hand vor den Mund hielten.

Während wir in den kommenden Monaten diese unwillkürlichen Reaktionen auf das Video beobachteten, schien es, als ob dieses kleine Mädchen, das auf diesem Schwarz-Weiß-Video zu sehen war, Senatoren, Botschaftern, Medienleuten und Tausenden von anderen Menschen helfen würde, schließlich doch das unaussprechliche Übel der gewaltsamen sexuellen Ausbeutung von Kindern zur Kenntnis zu nehmen. Und sie würde es auch sein, die uns alle etwas über Wunder und über die Hoffnung lehren würde. Aber in jenem Moment, als ich sie zum ersten Mal auf dem verdeckt gedrehten Schwarz-Weiß-Video zu sehen bekam, hatte ich wirklich kaum Hoffnung. Offen gesagt, sah ich mich eher einem Meer von Verzweiflung gegenüber.

Ich weiß, dass andere mich im Allgemeinen als unwahrscheinlich hoffnungsvollen und optimistischen Menschen sehen. Was jedoch nur wenige verstehen, ist die professionelle Perspektive, die es wirklich schwer macht, Optimismus aufkommen zu lassen. Und meine professionelle Erfahrung lässt mich Situationen anders einschätzen, als ich sie gern einschätzen würde. Mit nüchterner, sachlicher Klarheit kann ich sechs Gründe nennen, warum man schlecht beraten ist und es praktisch gesehen unmöglich ist, wenn man für dieses kleine Mädchen oder die anderen geschundenen Opfer in Svay Pak etwas tun will. Und was ich wusste, war Folgendes:

1. Svay Pak ist kein ausreichend sicherer Ort, um verdeckte Ermittlungsoperationen durchzuführen. Die Chancen, dass ein Ermittler enttarnt wird, sind zwar gering. Falls das aber geschieht, hat man aller Wahrscheinlichkeit nach nicht mit einer gebrochenen Nase zu rechnen, sondern mit einer Kugel im Hinterkopf. An manchen Orten gibt es einfach zu viele Schusswaffen, und Kugeln sind zu billig.

2. Selbst dann, wenn wir mit dem Videomaterial hinein und wieder heraus kommen (und man muss die Aufnahmen erneut und aktuell drehen, damit man bei einer Präsentation nicht zu hören bekommt, dass das ja alles schon Monate überholt sei), dann gibt es keine zuständigen Behörden, an die man sich wenden kann. Niemand hatte die ersten drei Mal auf das Videomaterial reagiert, das wir präsentiert hatten, und Svay Pak genoss ganz offensichtlich ein hohes Maß an Schutz durch die örtliche Polizei.

3. Auch wenn man jemanden in politisch einflussreicher Position findet, der bereit ist, etwas zu unternehmen, dann muss dieser eigene Leute mobilisieren, damit eine Razzia auch wirklich durchgeführt wird. Das Zeitfenster für eine Razzia ist genau so lange offen, wie es braucht, bis ein untergeordneter Mitarbeiter ein Handy zückt und seinen Wohltäter in Svay Pak anruft, damit die betreffenden Kinder versteckt werden.

4. Und selbst wenn man Sicherheitskräfte findet, die bereit sind, die Razzia durchzuführen, ohne dass dies verraten wird, dann werden die Kinder schnell durch einen Hinterausgang geschleust, während die Polizei an der Vordertür mit den Schlössern zu tun hat. Damit so eine Razzia funktioniert, müssen IJM-Team und Polizei eng zusammenarbeiten. Und schon angesichts der großen Zahl der Opfer, die in den zahlreichen Bordellen verteilt sind, werden, sobald man gegen eines der Bordelle einen Schlag führt, alle anderen Opfer mit-

tels eines gut durchdachten Systems von Alarmmeldungen und Fluchtwegen an geheimen Plätzen untergebracht.

5. Aber selbst wenn all diese Hindernisse überwunden werden können und eine Anzahl dieser sehr jungen Kinder freikommen, gibt es noch keinen Ort, wohin man sie bringen kann. Die Zahl von Nachsorgeeinrichtungen ist sehr begrenzt, und die existierenden sind bis zu ihrer Leistungsgrenze beansprucht. Sie fühlen sich ungenügend ausgestattet, um diese schwierigsten Fälle zu übernehmen – sehr junge Opfer mit schweren sexuellen Traumata, deren Spur höchstwahrscheinlich von Zuhältern, Familienangehörigen oder Polizisten, die die Kinder weiterverkauft hatten, verfolgt wird und die Augenblicke durchmachen, in denen sie „zurück nach Hause ins Bordell" wollen. Eine weitere Komplikation besteht darin, dass beinahe alle diese Mädchen vietnamesischer Abstammung sind, und verschlungene kulturelle Unterschiede und Vorurteile führen zu ganz besonderen Herausforderungen, speziell dann, wenn man sich um sie zusammen mit kambodschanischen Kindern kümmern muss. Dazu kommt, dass wir unsere Absichten nicht frühzeitig genug mit einer größeren Zahl von Nachsorgestellen besprechen können, weil solche Informationen unweigerlich ihren Weg nach Svay Pak finden (wie uns wiederholt gesagt wurde). Und schließlich können wir keine Angaben machen, wie viele Kinder sie zu erwarten haben, weil das vom Verlauf der Operation abhängt. Die Zahl kann zwischen einem und einhundert schwanken.

6. Selbst wenn man dann die Mädchen herausbekommt und in eine sichere und gute Nachsorge bringt – dann gehen die Bordellbetreiber in Svay Pak einfach auf Einkaufstour nach anderen Mädchen, um diese zu ersetzen, sofern sie nicht hinter Gitter kommen. Sie müssen also nicht nur festgenommen und angeklagt, sondern auch verurteilt werden und ihre Gefängnisstrafe antreten. Das Problem hierbei ist nicht nur die Korruption in den Reihen der Polizei, sondern ein noch viel korrupteres Rechtssystem, in dem die meisten Richter gar

keine juristische Ausbildung haben und in Verfahren zugunsten des Höchstbietenden entschieden wird. Wir kennen mehr als genug Fälle, in denen Angeklagte, die übelster Verbrechen von brutaler sexueller Gewalt gegen Kinder beschuldigt wurden, trotz überwältigender Aussagen von Augenzeugen freigesprochen wurden. Wie uns unsere Fachleute und Kontakte im Land versichert haben, waren die Gerichte nicht in der Lage, so mächtige und wohlhabende Täter hinter Gitter zu bringen.

Offen gesagt gab es noch etwa zwanzig weitere Gründe, warum der Versuch, Mädchen aus Svay Pak zu befreien und die Täter hinter Gitter zu bringen, einfach nicht gelingen konnte.

In solchen Augenblicken ist es verblüffend, wenn man etwas Abstand zu gewinnen versucht und sich die Situation bewusst macht: dass es auf der Welt Orte gibt, wo Hunderte von Kindern öffentlich und am helllichten Tag zur Vergewaltigung verkauft werden, dass Regierungsführer in aller Welt das wissen können und dass es sogar Internetseiten gibt, die Sextouristen beraten, wie sie bekommen, was sie wollen und wo sie das meiste bekommen – und dass es, wie es scheint, nichts gibt, was man dagegen tun kann.

Angesichts der Liste der sechs Unmöglichkeiten scheint es, als müssten wir uns damit abfinden, dass wir hier machtlos sind. Letztlich ist die Welt voll mit brutaler Gewalt und IJM kann nicht überall für alles da sein. Ganz sicher kann uns ja niemand einen Vorwurf machen, weil wir realistisch sind im Blick darauf, was möglich ist und was nicht. Warum sollte man dann überhaupt ein Risiko eingehen? Irgendetwas muss doch schiefgehen und dann wird sich IJM der Kritik von unterschiedlichsten Seiten ausgesetzt haben. Warum wenden wir uns nicht anderen bedeutsamen Nöten zu, wo die Risiken geringer sind? Ganz sicher würden die humanitären Organisationen und die christlichen Hilfsdienste in Phnom Penh – die von Svay Pak wissen und sich außerstande sehen, dort zugunsten der Mäd-

chen einzugreifen – die Weisheit einer solchen Entscheidung
bestätigen.

Aber ehrlich gesagt waren wir in der Klemme – und zwar
weil wir wussten, was wir wussten. Nicht, weil wir um die Unmöglichkeiten wussten, sondern weil wir von den Mädchen
wussten. Wir sind einfach drinnen gewesen und zu nahe dran.
Da waren sie auf diesen Videoaufnahmen. Da war das kleine fünfjährige Mädchen, das jeden Tag von Pädophilen missbraucht wurde. Da waren die Scharen der anderen Mädchen,
die regelmäßig vergewaltigt werden. Wir kannten ihre Namen.
Wir kannten die Namen derer, die sie missbrauchten. Wir wussten genau, wo die Vergewaltigungen und der Kindesmissbrauch
stattfanden. Und einfach gesagt, in einem moralischen Universum, das von einem heiligen Gott erschaffen wurde, liegt im
Wissen Verantwortung. Für Jünger Jesu liegt darin die Verantwortung der Liebe. Wissen zwingt die Frage auf: Was heißt es,
diese Mädchen zu lieben, genau diese Mädchen, von denen wir
wissen? Wenn du oder deine Tochter in dieser Hölle wärst, was
würdest du wünschen, das man tut? Wenn man es so betrachtet,
auf die Weise, wie Jesus es betrachtet, so habe ich bisher noch
keinen Menschen getroffen, der nicht gesagt hat: „Ich würde
wollen, dass mich jemand von dort herausholt."

Es ist doch eigenartig. Oft ist es unser Wissen, das es uns
ermöglicht, der Verantwortung zu *entfliehen*, statt sie zu *übernehmen*. Wie im Gleichnis vom barmherzigen Samariter liegen
unsere Nächsten auf dem Weg direkt vor unseren Augen. Wie
entscheiden wir uns? Es gab sehr gute Gründe, auf die andere
Seite der Straße hinüberzuwechseln und weiterzugehen. In der
Tat, wenn ich mir vorstelle, wir würden den Priester und den
Leviten im Gleichnis befragen, so hätten sie sicherlich sehr gute
Gründe, warum es unbesonnen gewesen wäre, dem geschundenen Mann zu helfen, der da vor ihnen lag. Aber die Lehre Jesu
ist ziemlich deutlich, genauso wie im Fall der kleinen Mädchen
in Svay Pak.

Deshalb waren wir in der Klemme. Ich dankte Bob für den

aktuellen Stand, erhob mich von meinem Tisch und ging zum Fenster, als er das Zimmer verlassen hatte. Von meinem Büro im zwölften Stock blickte ich hinaus in den grauen Tag. Es gab so viel Grau. Aber dann begann etwas Licht hindurchzubrechen.

Allmählich, als ich in meinem Kopf alles hin und her bewegte, schien es mir immer weniger, dass *wir* nicht anders konnten, sondern dass *Gott* nicht anders konnte. *Er* ist derjenige, der sich selbst einen Gott der Gerechtigkeit nennt. *Er* ist derjenige, von dem es heißt, dass er diese Mädchen unendlich liebt. *Er* ist derjenige, der uns sagt, wir sollen diese Mädchen behandeln, wie wir auch behandelt werden wollen. *Er* ist derjenige, der uns sagt, wir sollen „Gerechtigkeit suchen, die Unterdrückten befreien, die Waisen verteidigen und den Witwen helfen". Und *er* ist derjenige, der versprochen hat, mit uns zu gehen, uns Kraft zu geben und unsere Gebete zu erhören, wenn wir ihm gehorchen.

Wenn ich als Vater meine Kinder bitte, alles Gepäck aus dem Auto ins Haus zu tragen, dann würden sie sich beschweren, dass einige der Taschen zu schwer für sie seien, und das würde auch stimmen. Wenn ich aber sage: „Gut, ich helfe euch mit den schweren Taschen; ihr tragt die, die ihr tragen könnt", dann bin ich dran und nicht sie, wenn alle kleinen Taschen im Haus sind und die schweren im Auto bleiben. Die Kinder haben ihren Teil getan, nur der Vater hat seine Arbeit nicht gemacht. So ist es auch mit Svay Pak. Wenn ich wirklich glaube, dass da ein Gott ist, und wenn ich glaube, was Jesus über ihn gesagt hat, dann ist er ein ganzes Stück mehr in diese Sache verwickelt als wir.

Aber noch einmal: Was ist, wenn er sich nicht blicken lässt? Was, wenn wir uns entscheiden, zu glauben, und dann handeln, als wäre das alles wahr – und dann taucht Gott nicht auf? Vielleicht wäre es doch besser, von all dem lediglich zu *glauben*, dass es wahr ist (weil es doch nett wäre, wenn alles stimmen würde), ohne dass man es aber tatsächlich im wirklichen Leben in einer Weise ausprobiert, bei der sich herausstellen könnte, dass es nicht stimmt. Eine echte Versuchung. Aber erbärmlich.

„Nein, wir halten Gott für verantwortlich", dachte ich. Wir tun unser Bestes, um genau das zu machen, wovon Jesus gesagt hat, wir sollten es tun, und wir lassen Gottes Sache Gottes Sache sein. Natürlich kann man nie ganz sicher sein, was Gott getan haben will (zumindest mir geht es so), aber die Situation der Mädchen in Svay Pak ist so deutlich, dass es wohl nicht klarer geht, soweit ich das sagen kann. Ich wäre froh, wenn mir jemand etwas anderes sagen könnte, aber immer, wenn ich die Sache von der Seite der kleinen Mädchen auf den Filmaufnahmen ansehe – auf Pause drücke, auf eines der Mädchen zeige und frage: „Was sollen wir denn wegen ihr unternehmen?", dann war immer kristallklar, was wir tun sollten: Holt sie raus, und sorgt dafür, dass der Täter seine Strafe bekommt.

Also sollten wir genau das tun – oder zumindest alles tun, was wir konnten. Das Gepäck, das wir tragen können, ins Haus schaffen und den Rest Gott überlassen. Es gab einen wahren Berg von Gepäck, und wir mussten irgendwo anfangen und ihn Stück für Stück abtragen. Und falls Gott uns von der Aufgabe abziehen oder alles allein tragen wollte, dann wäre das auch prima gewesen. Wir wollten die großen Taschen so weit tragen, wie wir irgend konnten, und dann nach seiner Hilfe rufen, wenn wir sie keinen Zentimeter mehr weiterbewegen konnten. Wir rechneten damit, dass wir auf dem Weg auch eine der großartigsten Verheißungen der Bibel in Anspruch nehmen mussten. Im ersten Kapitel des Jakobusbriefes wird uns versprochen: Wenn wir nicht genug Weisheit haben, um eine Sache weiterzuführen, und wenn wir das zugeben und Gott voller Vertrauen um Weisheit bitten, dann wird er sie uns auch gewiss geben. Er hat da tatsächlich keine andere Wahl.

Perfekt, so weit. Uns würde bei dieser Unternehmung jeden Tag Weisheit fehlen. Alles, was wir tun mussten, war, Gott darum zu bitten, und wir würden die Weisheit bekommen, die wir brauchten.

Ich wandte mich wieder vom Fenster ab und ging zu Sharon und Bob hinüber. „Ich denke, wir müssen das einfach machen", sagte ich. „Die Mädchen sind nun mal dort, und wir haben sie nun fast zwei Jahre im Blick gehabt. Es ist Zeit, dass wir tun, was immer nötig ist. Wir sollten uns einfach mit jedem Problem dann beschäftigen, wenn es auftaucht. Wir suchen Ansätze und lösen es. Schritt für Schritt. Dafür sind wir auf der Welt. Was meint ihr?", fragte ich.

„Ich habe keine Ahnung, wie das klappen soll, Gary; ganz ehrlich", sagte Sharon. „Aber wir müssen es tun. Es nicht zu tun, bedeutet letztlich, den Kindern im Bordell zu sagen: ‚Tut uns leid. Aber da können wir nichts unternehmen. Das ist das Beste, was der Leib Christi euch bieten kann.' Wir sollten alles, was uns zur Verfügung steht, in die Waagschale werfen."

„Bob, stimmst du zu?"

„Gary, ich denke, das muss einfach sein", sagte er. „Ich habe Frieden darüber. Das muss einfach sein."

Ich denke, Bob und Sharon waren bereits dabei, Gott ins Boot zu holen. Und sie waren sicherer als ich, was für ein Gott das war, dem sie da vertrauten.

„O. k., Sharon, du musst dir etwas ausdenken, wie das funktionieren kann. Wie bekommen wir die Regierung dazu, hier zu handeln? Was brauchen wir von Bobs Ermittlungsteam? Wohin können die Mädchen, wenn wir sie rausgeholt haben? Wie ermutigen wir die Regierung, Strafen zu verhängen?"

Damit war Sharon verantwortlich für die ganze Operation. Sie hatte die Verantwortung für das ganze Projekt; sie war verantwortlich für das Gelingen: Befreiung der Opfer, vernünftige Nachsorge und Bestrafung der Täter.

„Bob, wir brauchen einen taktischen Plan, wie wir hineinkommen und aktuelle, aussagekräftige Videobeweise von speziellen Verkäufen von vielen klar identifizierbaren Mädchen und von klar identifizierbaren Tätern. Dann brauchen wir einen Plan, wie wir hineinkommen und eine große Anzahl dieser Mädchen befreien und auch eine bedeutende Anzahl von

Tätern schnappen können, ohne dass sich jeder aus dem Staub macht. In anderen Worten: Auch wenn wir den politischen Teil schaffen und die Kambodschaner sagen: ‚Prima! Was sollen wir tun?', was sagen wir ihnen dann, was wir von ihnen wollen?"

Wir diskutierten verschiedene Möglichkeiten, und dann ging ich den Flur entlang zurück in mein Büro. Während dieser wenigen Schritte fühlte sich alles richtig an. Alle Unmöglichkeiten waren noch immer da, aber es fühlte sich richtig an, das Schiff auf den richtigen Kurs gebracht zu haben. Innerlich fühlte ich eine ganz einfache Überzeugung: Das ist es, wofür wir da sind. Wenn wir uns nicht darum kümmern, wer wird es dann tun?

O. k., Gott. Wir mischen uns da ein.

Kapitel 14

Macht, um Gutes zu tun

Eines der großen Zitate der Geschichte, das immer wieder falsch zitiert wird, wird Lord John Dalberg-Acton zugeschrieben und oft so wiedergegeben: „Macht korrumpiert und absolute Macht korrumpiert absolut." In Wirklichkeit sagte der große englische Historiker: „Macht tendiert dazu, zu korrumpieren, und absolute Macht korrumpiert absolut." Der Unterschied ist minimal, stellt aber ein tragisches Missverständnis dar, das bis heute in der Welt Leben kostet.

Die falsch zitierte Aussage Actons wird regelmäßig benutzt, um die vage Ansicht zu untermauern, dass die Ausübung von Macht an sich schlecht sei. Und es ist ganz sicher wahr, dass es Gefahren gibt, die mit Macht verbunden sind, und große Gefahren, die mit absoluter Macht einhergehen. Aber ebenso wahr ist es, dass das Versäumnis, Macht auszuüben, gleichermaßen von Übel sein kann. Besonders dann, wenn man die Macht hat, Menschen in größter Gefahr zu retten. Dieser Gedanke drängt sich mir auf, wenn ich an den Völkermord in Ruanda denke. Dabei handelt es sich vielleicht um die Katastrophe in der Geschichte der Menschheit, die am leichtesten hätte verhindert werden können. Jeder, der die Geschehnisse im Nachhinein betrachtete, kam zum gleichen Urteil: Das Böse hat in Ruanda ganz einfach deshalb triumphiert, weil die Guten, Männer wie Frauen, nichts unternommen haben.

Es ist interessant: Jesus betont in seinen Reden viel stärker die Unterlassungssünden als die Sünden, die aktiv begangen werden. Und er spricht viel mehr von der Freude, die es bringt, Gutes zu tun, als vom düsteren Übel, das wir vermeiden sollen.

Beinahe täglich sehe ich bei IJM, wie Gott uns Macht gibt, um Gutes zu tun. Manchmal kommt sie im außergewöhnlichen Gewand weltlicher Macht daher: Empfänge im Weißen Haus, UN-Kommissionen oder Fernsehauftritte. Aber sehr viel öfter erscheint sie im einfachen, aber wunderschönen Umhang des Glaubens und des Mutes, die mit verändernder Kraft zu den dunkelsten Orten vorstoßen. Die Frage ist: Wem dient diese Macht, und wem gibt sie die Ehre?

An einem Spätnachmittag im Januar erhielt ein Auslandsbüro von IJM in Übersee einen aufgeregten Anruf. Er kam von einer Frau, die in regelrechter Sklavenarbeit gefangen war und die von unserer Arbeit durch jemanden gehört hatte, den IJM zuvor aus solchen Verhältnissen befreit hatte. Mit einer Stimme, die von Mut und Furcht zugleich erfüllt war, erklärte Shaibya, dass ihr Besitzer versucht hatte, sie sexuell zu missbrauchen, und dass sie aus einer Reismühle geflohen war, in der sie zu leben und zu arbeiten gezwungen wurde. Noch in der folgenden Nacht trafen sich IJM-Mitarbeiter mit Shaibya, die die schrecklichen Umstände schilderte, unter denen sie und die anderen Arbeiter der Reismühle lebten. Während der nächsten Woche stimmten Shaibya und ihr Mann unter großer Gefahr für sich selbst mit uns einen Plan ab, damit sich kleine Gruppen der Sklavenarbeiter nachts aus der Reismühle schleichen konnten, um von IJM-Mitarbeitern interviewt zu werden. Wir erfuhren von körperlicher Gewalt, sexuellen Übergriffen und Tagen voller Furcht, die diese Familien dort ertragen mussten. Während dieser Befragungen erfuhren wir von Bharat, der als Sklave in der Reismühle gestorben war, und von dessen Familie, die dort noch immer arbeiten musste, um die Schuld abzubezahlen, wegen der er in der Mühle festgehalten worden war. Nach den geheimen Interviews schlichen die Opfer zurück zur Mühle, bevor ihr Besitzer überhaupt bemerkte, dass sie weg gewesen waren.

In der darauffolgenden Woche gelang es einem IJM-Mitarbeiter, unter einem Vorwand in die Mühle zu gelangen und den Sklavenbesitzer zu treffen. Dieser Mann war skrupellos; er spottete über seine Opfer und brüstete sich damit, dass sie niemals in der Lage sein würden, ihre Schulden zu bezahlen und dass diese Sklaven ihm zu einem sagenhaften Profit verhalfen. Nicht ganz zwei Wochen nachdem wir Shaibyas Anruf erhalten hatten, waren wir in der Lage, mit Polizeikräften der Lokalverwaltung eine Razzia in der Fabrik durchzuführen. Während die Opfer mutig vor der Polizei aussagten, überhäufte der Besitzer sie mit Drohungen und Beleidigungen. Aber am Ende des Tages waren 83 Menschen befreit worden. Die Opfer brauchten gerade mal zehn Minuten, um ihren Besitz zusammenzupacken und in einen Transporter zu steigen. Sie wussten zwar noch nicht, wohin sie gebracht wurden, aber es würde allemal besser sein als der Ort, den sie verließen. Sie waren frei – weil Shaibya wusste, an wen sie sich wenden konnte, weil Shaibya verzweifelt hoffte, dass Menschen, die die Macht und den Einfluss hatten, die ihr fehlten, zugleich auch Menschen mit guten Absichten und mit Mut sein würden.

Das erinnert mich an andere mutige, unterdrückte Menschen früherer Zeiten, die ebenfalls wussten, an wen sie sich mit der Bitte um Hilfe wenden konnten. Mordechai schwebte in höchster Gefahr. Mehr noch, seinem ganzen Volk drohte die Ausrottung. Aber er hatte eine Verbündete in seiner Cousine Esther, die Königin war. Königin Esther wandte sich mutig an den König und setzte sich für Mordechai und sein Volk ein, das zugleich auch ihr Volk war. Sie wusste, dass dieser Einsatz ihr eigenes Leben kosten konnte. Aber ihr war bewusst, wie wichtig es war, dass sie ihren Einfluss und ihre Macht nutzte, um denen zu helfen, die nicht darüber verfügten. Esthers Mut führte zur Befreiung der Juden, die überall im Reich lebten.

Das Beispiel von Shaibya und von Königin Esther macht deutlich: Opfer gewinnen Mut und Risikobereitschaft, wenn sie wissen, dass es jemanden gibt, der über Macht verfügt und dem sie vertrauen können.

Kapitel 15

Ausweglos

Ein Grund dafür, dass wir Will Henry und Sharon Cohn im Mai 2002 nach Svay Pak sandten – um Ermittlungen durchzuführen und damit eine Befreiungsaktion zu verbinden, falls sich die Möglichkeit dazu bieten sollte – bestand darin, die kambodschanische Regierung „wachzurütteln". Wir hatten bereits mehrere Male Unterlagen an sie weitergeleitet, aber wir wollten den Druck dadurch aufrechterhalten, dass wir den Zuständigen die Gesichter der real betroffenen Mädchen zeigten. *Hier muss etwas getan werden. Viele Mädchen wie diese werden in Bordellen verkauft, und sie wollen dort heraus.* Wir brauchten diese politisch Verantwortlichen vor Ort, damit sie ihre Macht und ihren Einfluss einsetzten, um schnell etwas zu bewerkstelligen.

Diesmal schien es, als könnten wir etwas ausrichten. Eine Woche nachdem Will und Sharon zurückgekehrt waren, informierten uns unsere Quellen in Kambodscha, dass die Regierung in drei Bordellen, die Will ausgekundschaftet hatte, Razzien durchgeführt hatte. Dabei wurden vierzehn minderjährige

Mädchen befreit, die in eine Nachsorgeeinrichtung gebracht worden waren. Das war die gute Nachricht.

Und die schlechte Nachricht? Die Polizei war später zur Nachsorgeeinrichtung gekommen und hatte dort siebzehn Mädchen inhaftiert, weil sie widerrechtlich nach Kambodscha eingereist seien. (Neben den soeben befreiten vierzehn Mädchen befanden sich dort noch drei der vier Mädchen, die wir zuvor befreien konnten. Das vierte war leider weggelaufen.) Drei dieser Mädchen wurden bald wieder freigelassen. Wir hörten durch unsere Kontaktleute, dass von den vierzehn anderen Mädchen sechs zu 30 Tagen Haft verurteilt und für die Abschiebung nach Vietnam vorbereitet worden seien.

Das war ein weiteres Beispiel für die Widerstände, die unserem Versuch, den Kindern, die Opfer in Svay Pak waren, zu helfen, entgegenstanden. Die meisten der Mädchen waren Vietnamesinnen. Regierungsstellen behandelten Vietnamesen üblicherweise als illegale Ausländer; sie weigerten sich, diese Mädchen als Opfer zu sehen, sondern betrachteten sie eher als Kriminelle. Und so wurden diese Kinder Opfer einer widersinnigen Situation. Zuerst wurden sie von brutalen Erwachsenen an einen üblen Ort gebracht, und anschließend wurden sie von anderen Erwachsenen verhaftet, weil sie dort waren. Auch dies ist einer der Gründe, warum viele Menschen resigniert haben und nur noch sagen: „Lasst sie, wo sie sind." Dieser Gedanke scheint realistisch, solange man nicht darüber nachdenkt, wo man diese Kinder zurücklässt. Nein, sie haben etwas Besseres verdient. Sie verdienen es, befreit zu werden, *und* sie verdienen es, als Opfer behandelt zu werden und nicht als Kriminelle; sie verdienen es, dass man barmherzig mit ihnen umgeht und sich auch weiter um sie kümmert. Das bedeutete aber eben, dass wir *beide* Probleme angehen mussten: die Korruption und Gleichgültigkeit der Regierung, die zuließ, dass die Kinder in den Bordellen blieben und weiterhin missbraucht wurden *und* die Abstumpfung und Unfähigkeit der Regierung, welche die Opfer als Kriminelle missachtete.

Die Verhaftung der siebzehn Opfer war ein unverzeihlicher Missgriff. Wir arbeiteten mit unseren Kontakten in der Regierung und in verbündeten Nichtregierungsorganisationen daran, dass die kambodschanische Regierung dies wissen sollte. Wir machten deutlich, dass sie der Welt gerade ein eindrückliches Beispiel dafür gegeben hatte, wie man die Opfer sexueller Ausbeutung gerade *nicht* behandeln darf. Sie sollte wissen, dass die ganze Welt ihnen zusah und diese Art des Verhaltens die diplomatischen Beziehungen beeinflussen würde, die ihnen wichtig waren. Glücklicherweise erhob sich in Kambodscha selbst und im Ausland ein weitreichender Sturm der Entrüstung gegen diesen Vorfall; wir hatten Grund zur Annahme, dass die Behörden verstanden hatten, worum es ging.

Kapitel 16

Enttarnt

Im Sommer 2002, nur wenige Monate nachdem Will und Sharon aus Kambodscha zurückgekehrt waren, schickte Bob Mosier Will zurück, um weitere Beweise für den enormen Umfang der kommerziellen sexuellen Ausbeutung zu sammeln. Dieses Mal sollte er außerhalb von Svay Pak bleiben und sich ganz auf die Machenschaften im elf Kilometer entfernten Phnom Penh konzentrieren.

Kurz nach seiner Ankunft saß Will in der *Barracuda*-Bar, einem berüchtigten Treffpunkt für Leute, die Sex mit Minderjährigen suchten. Er war im Gespräch mit ein paar dieser Sextouristen, als er aus dem Augenwinkel sah, wie jemand auf ihn zukam. Er drehte sich um und blickte direkt in das Gesicht von Mao, der Bordellbesitzerin aus Svay Pak.

Beide erstarrten einen Moment lang. Dann streckte Mao Will die Zunge heraus, stampfte mit dem Fuß auf, drehte sich um und ging schnell in ein Hinterzimmer der Bar. Will stand auf der Stelle auf und verließ die Bar. Er wusste nur zu gut, dass es Maos Geld und ihr Einfluss gewesen waren, die ihn bei seiner letzten Reise in Lebensgefahr gebracht hatten.

Diese Mission war für Will schnell zu Ende. Mosier erfuhr, dass Wills Tarnung aufgeflogen war und dass er damit bei unseren Operationen in Kambodscha nicht länger an vorderster Front arbeiten konnte. Das war zu gefährlich; in der Menschenhändlerszene gab es viel zu enge Verbindungen zwischen den Beteiligten. Will würde bei zukünftigen Operationen einen großen Teil der Informationsbeschaffung und Unterstützung leisten, aber er musste von nun an im Hintergrund bleiben.

Kapitel 17

Konflikt auf offener Straße

Mehrere Monate später, im September 2002, rüsteten wir uns für eine umfassende Ermittlung in Svay Pak. Wir schickten Will Henry zusammen mit Pete zurück nach Kambodscha. Pete hatte zwanzig Jahre Erfahrung in der Strafverfolgung in den USA. Will sollte diese Ermittlungsphase hinter den Kulissen leiten. In diesem Einsatz sollten so viele Informationen wie möglich über jedes Bordell in Svay Pak und über die Kinder, die dort arbeiteten, gesammelt werden. Wir wussten, dass wir nach dem Sammeln dieser Fakten für eine Kombination aus Razzia und Befreiungsaktion im großen Stil vorbereitet sein würden, sofern wir die Zusammenarbeit mit der örtlichen Polizei sichern konnten.

Es gab durchaus Grund, auf diese Zusammenarbeit zu hoffen, denn die Polizei hatte nach der Übergabe unseres letzten Berichtes tatsächlich gehandelt und in den drei betreffenden Bordellen Razzien durchgeführt. Wir hatten bei unseren Bemühungen, die Polizei zu mobilisieren, wohl eine entscheidende

Schwelle überschritten, aber bis dahin, dass sie auch präzise, professionell und effektiv handelte, war es noch ein weiter Weg. Sollte die Razzia einen angemessenen Umfang haben, so war klar, dass wir die Polizei nicht nur mit allen Informationen versorgen mussten, die einen Einsatz zur Befreiung einer großen Anzahl von Mädchen rechtfertigen würde, sondern auch einen sehr klaren und detaillierten taktischen Plan vorlegen mussten, damit jeder auch das Richtige tun würde. Die Polizeibehörden würden sich umgekehrt verpflichten müssen, den Plan auch umzusetzen, und das schloss eine angemessene Behandlung der Kinder als Opfer ein. Aber diesmal sollten sich die Dinge sehr schnell in eine unangenehme Richtung wenden.

Will Henry hatte alles dafür vorbereitet, dass Pete mit zwei einheimischen Mitarbeitern nach Svay Pak ging. Er selbst würde sich außerhalb des Dorfes bei der Hauptstraße aufhalten, die Gespräche über Funk verfolgen und bereitstehen, eventuell nötige zusätzliche Sicherheitsmaßnahmen zu ergreifen. Einer der Externen ging allein ins Dorf und bezog in einem Straßencafé Stellung, von dem aus er fast die ganze Straße übersehen konnte. Der andere blieb bei seinem Motorrad, falls Pete einen schnellen Rückzug benötigen sollte.

Schon knapp eine halbe Stunde, nachdem er im Dorf war, geriet Pete in Schwierigkeiten. Während er die schmutzige Hauptstraße entlangging, versuchte er mit einem Sextouristen aus dem Westen ein Gespräch anzufangen. Fast unvermittelt fragte der Mann: „Ist das eine Kamera?"

„Nein, ist es nicht", antwortete Pete und gab eine vorbereitete Erklärung.

Aber der Typ kaufte ihm das nicht ab. Er griff sich die Kamera, riss die Ausrüstung aus den Kabeln und wollte damit verschwinden. Pete reagierte schnell und rang dem Mann die Ausrüstungsgegenstände wieder ab. Dann aber versuchte der Sextourist, seine Kumpane zu alarmieren und den Mob gegen Pete aufzustacheln. Er rannte durch das Dorf und schrie: „Westlicher Polizist! Westlicher Polizist!"

Die Bordelle in Svay Pak verfügen über eine Art eigenes Alarmsystem. Wenn der Ruf „Westliche Polizisten!" ertönt, gehen schlagartig die Türen zu, und die Tore werden geschlossen und verriegelt. Eine gefährliche Aufmerksamkeit richtete sich auf Pete, als die Bewohner aus den Häusern eilten, um zu sehen, wer den Alarm verursacht hatte. Pete rief nach dem Mitarbeiter auf dem Motorrad, und innerhalb einer Minute war er aus dem Dorf verschwunden. Obwohl alle heil aus der Sache herausgekommen waren, wussten wir, dass es einige Zeit dauern würde, bevor wir wieder ins Dorf könnten, um unsere Ermittlung abzuschließen.

Es gab einen weiteren Grund, warum wir uns entschieden, unsere Operation vorerst auf Eis zu legen. Wir erfuhren, dass ein britischer Journalist seine eigene verdeckte Ermittlung in Svay Pak unternommen hatte und dabei fast die gleiche Ausrüstung wie unsere benutzt hatte, um seinen Fernsehbericht zu erstellen. Wegen der Aufmerksamkeit, die das Dorf nun erhielt, und der Wachsamkeit, die die Sextouristen allem entgegenbrachten, was wie ein verstecktes Kameraobjektiv aussah, entschlossen wir uns, ein paar Monate zu warten, bevor wir nach Svay Pak zurückkehrten, bis sich die Anspannung dort gelegt haben würde.

Kapitel 18

Die Guten und die Bösen

Filmregisseure wissen, wie man Spannung auf den Höhepunkt bringt, und die Formel ist recht einfach. Mach es so, dass sich die Guten als die Bösen entpuppen. Es gibt kaum etwas so Albtraumhaftes wie die Erkenntnis, dass die, auf deren Schutz man sich verlassen hat, auf der Seite des Bösen stehen. Konkret gesagt: Kaum etwas ist verstörender, als wenn man feststellen muss, dass die Polizei, die eigentlich Menschen zu ihrem Recht verhelfen und die Opfer von Kriminalität schützen sollte, selbst in die kriminellen Machenschaften verstrickt ist und eher die Täter schützt als die Opfer. Kaum etwas versetzt Menschen so sehr in eine Situation, in der es keinen Ausweg gibt, als wenn die Kräfte, die das Recht durchsetzen sollen, das Recht brechen.

Stellen Sie sich vor, welcher Albtraum von Hoffnungslosigkeit auf Menschen lastet, die in Verhältnissen leben, in denen Polizeiterror das Leben bestimmt. Das galt zum Teil auch in Svay Pak: Die Polizei stand nicht nur auf der falschen Seite – sie *war* die falsche Seite. Aber wir wussten aus Erfahrung: Die Situation kann noch so hoffnungslos sein – es gibt aber Wege, gegen den Missbrauch von Macht durch die Polizei vorzugehen. Es gibt Möglichkeiten, sich der Unterdrückung entgegenzustellen – selbst in den ärmsten Gemeinschaften dieser Welt.

David ist 23 und betreibt eine kleine Videothek in Nyahururu, Kenia. Seine Erfahrung mit polizeilicher Willkür sind erschütternd. Aber als ich seine Geschichte hörte, in der er erzählte, wie er und meine Kollegen in Nairobi erlebten, dass schließlich doch das Recht siegte, bestätigte das meine Überzeugung: Es gibt immer Grund zur Hoffnung.

David ist bei seinen Nachbarn sehr beliebt, und man erkennt leicht, warum. Er ist jovial und freundlich, sehr engagiert in seiner Gemeinde und im Aids-Hilfsprogramm seines Dorfes. An einem Sonntag sammelte er die Kinder aus der Nachbarschaft, um sie mitzunehmen zum Gottesdienst. Er sollte an diesem Tag die Lesungen halten und beim Programm für die Jugendlichen mithelfen. Nach dem Gottesdienst erledigte er noch eine Besorgung für einen Nachbarn, der ein Video ausleihen wollte. Plötzlich betraten zwei Polizisten den kleinen Laden. Einer sah ihn kurz an und sagte: „Der gehört auch dazu!" Die Polizisten schnappten David und stießen ihn ohne Erklärung in den Polizeiwagen, in dem noch andere Männer saßen. Einer der Polizisten, der mit auf dem Rücksitz saß, forderte Geld von David, und er gab ihm alles, was er bei sich hatte (das war nicht viel).

Damit hatten die Polizisten wohl ihr Ziel erreicht. Sie hielten vor der Polizeistation und ließen David gehen. Als er sich entfernte, zog einer der Polizisten eine Waffe und schoss auf David. Er wurde am Arm und in die Seite getroffen und stürzte zu Boden. Niemand kam ihm zu Hilfe, aber er schaffte es irgendwie, wieder auf die Beine zu kommen und sich blutüberströmt zum Krankenhaus zu schleppen, das zum Glück nicht weit entfernt war.

Nur wenig später betraten Polizisten das Krankenhaus und verlangten, dass man David nicht behandelte. Die Ärzte und Schwestern brachten aber den Mut auf, sich dieser Anordnung zu widersetzen. Die Schussverletzung war so schwer, dass der Arm oberhalb des Ellbogens amputiert werden musste.

Die korrupten Polizisten ließen ihre Willkür noch an anderen aus: Als Davids Pate ihn in der Klinik besuchte, wurde er verhaftet und ohne Erklärung mehrere Tage festgehalten. Dasselbe geschah Davids Bruder, als er zur Polizei ging, um sich zu erkundigen, warum man David so behandelte.

Einen Tag, nachdem der Schuss gefallen war, kamen Polizisten in die Klinik und fesselten David an sein Bett, wiederum ohne jede Erklärung. Innerhalb eines Tages war er zum Gefangenen geworden, hatte einen Arm verloren, und war zum Opfer von Willkür und Machtmissbrauch geworden.

Schließlich beschuldigte man David, einen Raubüberfall begangen zu haben, der in der Nachbarschaft geschehen war. Aber David war offensichtlich unschuldig. Das Opfer gab an, dass er den Überfall zu einem Zeitpunkt der Polizei gemeldet hatte, als der Schuss auf David bereits gefallen war, und er erhob keine Anschuldigungen gegen David.

Mitarbeiter von IJM in Nairobi hörten von diesem Fall. Sie begannen sofort, die Sache zu untersuchen, und bemühten sich, eine Inhaftierung Davids zu verhindern. Aber die Polizei hatte andere Pläne. Kaum war David in der Lage, die Klinik zu verlassen, als er verhaftet und ins Gefängnis gesteckt wurde – eine überfüllte, schmutzstarrende Hölle, wo er sich eine lebensbedrohliche Infektion zuzog und jeden Morgen mit dem traumatisierenden Bewusstsein erwachte, dass er seine rechte Hand verloren hatte.

Anwälte von IJM fochten für David um sein Recht. Innerhalb von zwei Tagen vernahmen sie mehr als fünfzig Zeugen. Die überwältigenden Beweise für Davids Unschuld legten sie übergeordneten Stellen vor; daraufhin wurde die Anklage gegen David zurückgezogen. Das IJM-Team erhob außerdem Anklage gegen die beteiligten Polizisten, damit sie für ihre Verbrechen zur Rechenschaft gezogen wurden.

Es war ein großer Sieg für David und für die Bürger Kenias, als die Polizisten, die auf ihn geschossen und ihn zu Unrecht inhaftiert hatten, verhaftet und vor Gericht gestellt wurden. Während der Vorbereitungen auf den Prozess wuchs eine Freundschaft zwischen David und einigen IJM-Mitarbeitern. Victor Kamau, einer unserer Anwälte, wurde für David zum Vorbild – wie für viele von uns. Victor ist brillant, voller Mitgefühl, einer der angesehensten Anwälte in Nairobi. Victor ist außerdem blind. David sagt: „Wenn Victor all das, was er erreicht, trotz der Schwierigkeiten, mit denen er zu kämpfen hat, zustande bringt, dann kann ich dasselbe versuchen." David studiert inzwischen Jura und sagt, er wolle einmal so für andere da sein, wie IJM für ihn da war.

Kapitel 19

Ein sicherer Ort

Kinder aus Verhältnissen zu befreien, in denen sie zur Vergewaltigung verkauft werden, beschreibt noch nicht unsere ganze Verpflichtung diesen Opfern gegenüber. Wir sehen es als Gottes Auftrag an uns, sie aus diesem unsagbaren Schrecken *heraus*zuholen; und zu diesem Auftrag gehört es dann auch, dass wir ihnen helfen, in sichere, gesunde und stabile Verhältnisse *hinein*zufinden. Sie brauchen einen Ort, wo man sich ganzheitlich um sie kümmert, um Leib, Seele und Geist, wie jedes Kind es verdient. Sie brauchen außerdem jemanden, der ihnen hilft, damit ein Heilungsprozess an den tiefen Wunden beginnt, die man ihnen über Wochen, Monate und Jahre in den Bordellen zugefügt hat.

Die Mädchen, die in den Bordellen waren, sind nicht nur Opfer von Vergewaltigung oder Serienvergewaltigung; sie wurden außerdem zu diesem Zweck verkauft wie Tiere oder Gegenstände. Es braucht unter diesen Umständen nicht lange, so sagen uns unsere jungen Freunde, bis jegliches Bewusstsein für die eigene Person verloren geht. Sie beginnen, sich selbst schlicht als Ware zu betrachten.

Diese Mädchen wurden durch die intimste Form der Folter verletzt; Tag für Tag waren sie ihr ausgesetzt – in einer Gesellschaft, die eine solche Behandlung für völlig annehmbar hält. Die Bedürfnisse, auf die jede weitere Betreuung eingehen muss, sind breit gefächert; sie umfassen die äußere Sicherheit, das Erkennen von ernsten medizinischen Problemen (besonders nach wiederholtem sexuellem Missbrauch über längere Zeit) und die seelischen und sozialen Bedürfnisse nach derart traumatisierenden Erfahrungen.

Ohne gute weitere Betreuung ist es beinahe unmöglich für die Mädchen, zu einem Leben außerhalb des Bordells zu finden. Eine Ausnahme bildet der Fall, dass ein Mädchen nur sehr kurze Zeit im Bordell gewesen ist, bevor es freikommt. Für ein paar Mädchen ist es die beste Betreuung, zu Hause bei einer liebevollen Familie zu sein. Dacie war nur ein paar Monate in einer Betreuungseinrichtung und die meiste Zeit davon war nötig, um die Schritte einzuleiten, damit sie das Land wieder verlassen konnte, nicht, weil es notwendig gewesen wäre, dass sie so lange von ihrer Familie Abstand hatte.

Betreuer berichten uns, dass die meisten Opfer kommerzieller sexueller Ausbeutung mindestens zwei Jahre Nachsorge benötigen. Ein genauer Blick auf ihr junges Leben macht deutlich, warum das so ist. Wenn ein Mädchen von sechs oder acht Jahren in einer Gesellschaft gelebt hat, die es billigt, dass sie von Fremden derart brutal behandelt wird und ihre Eltern damit Geld verdienen, dann ist es für die Betreuer schwer zu verstehen, welch schwere Verletzungen ein solches Mädchen mit sich herumträgt und welche Bedürfnisse es hat. Einige Betreuer haben uns das recht offen erzählt.

Ein Psychologe, der auf die Behandlung sexuell ausgebeuteter Mädchen spezialisiert ist, sagte, dass man – wenn Gott nicht machtvoll eingreift – in den Fällen so junger Mädchen eher damit rechnen muss, dass sie irgendwie zurechtkommen, als dass eine wirkliche Heilung stattfindet.

Realistisch betrachtet ist eine Befreiung ohne Nachsorge keine Befreiung. Wir müssen uns dabei vor Augen halten, dass auch eine viertklassige Nachsorge immer noch besser ist als ein „erstklassiges" Bordell. Daraus folgt, dass man nicht zuerst eine perfekte Nachsorgeeinrichtung finden muss, bevor man ein Kind befreit. Ein Kind aber wirklich zu befreien, bedeutet zugleich, es in Verhältnissen unterzubringen, die besser sind als die, aus denen es befreit wurde. Wenn ein Kind befreit wird und nach drei Tagen wieder in das Bordell zurückgeholt wird, dann hat man ihm zwar drei Nächte Vergewaltigungen erspart, aber auch nicht viel mehr.

Nachsorge ist so wichtig, dass wir sie als eine der vier Säulen betrachten, auf denen unsere Befreiungsbemühungen ruhen. Sobald die Opfer – aus welcher Art der Versklavung auch immer – befreit sind, muss sich jemand um sie kümmern, um ihnen zu einer „besseren Lebenssituation" zu verhelfen, und nirgendwo ist das nötiger als im Fall der sexuellen Ausbeutung von Kindern.

Eine der frustrierendsten Herausforderungen bei unseren Bemühungen um eine angemessene Nachsorge für die Opfer von Svay Pak lag darin, dass wir jede Information über das, was wir vorhatten, nur unter extremen Vorsichtsmaßnahmen weitergeben konnten. Allein das Gerücht, dass irgendeine Organisation irgendeine Aktion in Svay Pak plane, hätte genügt, um unsere Deckung auffliegen zu lassen, und alle Kinder wären für Wochen irgendwo anders in der Gegend versteckt worden. Das machte offene Gespräche mit Nachsorgeeinrichtungen sehr schwierig. Deshalb äußerten wir uns nur zurückhaltend, selbst gegenüber den Personen, die in der Folge die Opfer betreuen sollten. Wir konnten nicht sicher sein, wohin die Informationen gelangen würden. Ein unvorsichtiges Wort irgendeines Angestellten gegenüber einem Verwandten, der eine Verbindung nach Svay Pak hatte, konnte das ganze Dorf in Alarm versetzen. Wir hatten uns so starke Einschränkungen auferlegt, dass wir selbst vertrauenswürdigen christlichen Betreuungseinrichtungen gegenüber nicht mehr mitteilten als unbedingt nötig, bevor nicht die ganze Operation beendet war.

Das führte zu einigen recht merkwürdigen Gesprächen mit Mitarbeitern dieser Einrichtungen. Sharon sagte dann so etwas wie: „Irgendwann in naher Zukunft werden wir einige Kinder bringen, von denen wir aber nicht sagen können, woher sie kommen, wie alt sie sind und wie lange sie bleiben sollten. Sind sie bereit, sie aufzunehmen? Ach ja, und übrigens könnten es vierzig oder auch mehr sein." Ich bin sicher, ich an der Stelle der Betreuer würde mehr Informationen haben wollen.

Im Allgemeinen, so denke ich, konnten die Leute unsere Lage gut verstehen, denn sie waren ja mit der verbreiteten Korruption und polizeilichen Unzuverlässigkeit in Kambodscha vertraut. Aber natürlich hatten auch die Mitarbeiter in Betreuungseinrichtungen von dem Vorfall gehört, als die Polizei vierzehn Mädchen in eine solche Einrichtung brachte und dann zurückkkam, um sie zu verhaften. Es hatte einen internationalen Aufschrei der Entrüstung gegeben, und deshalb glaubten wir, dass wir uns diesmal darum keine Sorgen machen brauchten. Wir hatten auch das Gefühl, dass wir die hochrangige Unterstützung hatten, die wir brauchten, um diese Mädchen vor der Anklage wegen illegaler Einwanderung zu schützen.

Die zweite Herausforderung lag darin, dass die meisten der Mädchen aus Vietnam stammten. Einige Nachsorgeeinrichtungen nahmen keine vietnamesischen Mädchen auf, und keine konnte eine getrennte Unterbringung anbieten. Es ging ja nicht darum, ein oder zwei vietnamesische Mädchen einzugliedern, sondern darum, dass die gesamte kulturelle Mischung in den Nachsorgehäusern aus dem Gleichgewicht geraten würde. Für ein Kind, das ein schweres Trauma zu bewältigen hat, kann es den Gesundungsprozess erheblich komplizieren und verlängern, wenn es zugleich auch noch kulturelle und ethnische Barrieren überwinden soll, die seit Generationen bestanden haben.

Die wahrscheinlich größte Herausforderung lag darin, dass es einfach nicht genug Nachsorgeeinrichtungen gab, die fähig waren, diese sehr jungen Mädchen aufzunehmen, und besonders die Fälle, in denen die eigene Familie des Kindes direkt in den Missbrauch verwickelt war. Diese Kinder erleben unausweichlich Zeiten, in denen sie aus der Einrichtung weg und wieder zurück ins Bordell wollen. Und unglücklicherweise machten die meisten Nachsorgeeinrichtungen deutlich, dass sie nicht dafür ausgerüstet seien, um mit solchen Fällen umzugehen.

Fachleute in der Therapie sexueller Traumata rechnen mit solchen Phasen, in denen Kinder sagen, sie wollten „zurück nach Hause" oder „zurück zu der Tante im Bordell". Daraus darf man natürlich nicht folgern, dass das Kind tatsächlich zurückgehen soll. Jeder Jugendschutzbeauftragte bei uns würde unverzüglich einschreiten, wenn man in diesem Fall dem geäußerten „Willen" des Kindes entsprechen würde. Ebenfalls würde bei uns jede Betreuungseinrichtung, die sich davon beeindrucken lässt, dass ein solches Kind „wieder zurück nach Hause", zurück in die Verhältnisse des Missbrauches will, unverzüglich als unqualifiziert gelten.

Dies sind sicher die schwierigsten Fälle. Und in Svay Pak hatten wir es mit vielen dieser schwierigsten Fälle zu tun, weil die Kinder zum einen sehr jung waren und zum anderen ihre Familien häufig in den Missbrauch verwickelt waren. Solche Kinder würden zutiefst verwirrt sein, wenn man sie aus ihrer Umgebung herausholte. Und so konnten wir keine Nachsorgeeinrichtungen einschalten, die nicht die Grundlagen der Betreuung dieser besonderen Kinder verstanden. Widersinnigerweise waren die Hilfsbedürftigsten, also die Jüngsten und die am schwersten und intimsten von ihren eigenen Familienangehörigen misshandelten Kinder, am schwierigsten unterzubringen und zu versorgen. Wir fanden Einrichtungen, die Kinder aufnahmen, die anfällig waren für Missbrauch, die aber noch nicht missbraucht worden waren; man bot Hilfe an, um ihre wirtschaftliche und soziale Notlage zu mindern. Eine neue Einrichtung nahm Kinder auf, die missbraucht worden waren, aber man sah sich nicht in der Lage, diese schwersten Fälle aufzunehmen: Kinder, die früher oder später „zurück" wollten.

Einige Einrichtungen äußerten die Befürchtung, es werde juristische Komplikationen geben. Das kambodschanische Recht schien im Blick auf die Möglichkeit, eine Unterbringung von Minderjährigen, die in der eigenen Familie massiv missbraucht worden waren, in beschützenden Einrichtungen anordnen zu können, eine Lücke aufzuweisen. Wir erfuhren, dass betreuende Organisationen von Eltern wegen illegalen Kindesentzugs mit Strafen bedroht worden waren. Natürlich zögerten die Verantwortlichen, sich unter ähnlichen Umständen juristischen Risiken auszusetzen.

Ein in dieser Beziehung äußerst schwieriger Fall – der Sharon beinahe veranlasste, extra deswegen nach Kambodscha zu reisen – wurde uns von einem befreundeten Pastor erzählt, der uns um Hilfe bat. Das Mädchen, nennen wir es Margy, war vierzehn. Margy war in der Gemeinde aufgewachsen, die der Pastor leitete, und hatte in der zur Gemeinde gehörenden Schule auch zum Glauben an Christus gefunden, obwohl die Eltern keine Christen waren. Margy lebte bei der Großmutter, weil ihre Mutter Prostituierte war. Sie redete gegenüber ihren Freunden offen vom Glauben, obwohl ihre Großmutter sich darüber lustig machte und sie nicht selten auch hungern ließ, weil sie zum Gottesdienst ging.

Margy kam eines Tages weinend zu ihrer Lehrerin. Sie hatte gehört, wie Großmutter und Onkel darüber verhandelt hatten, wie viel man wohl für ihre Jungfräulichkeit verlangen könnte. Die Großmutter hatte ihre Enkelin öffentlich dem Höchstbietenden versprochen. Unser Freund war außerordentlich besorgt über die Situation. Er konnte den Gedanken nicht ertragen, dass dieses fröhliche junge Mädchen verkauft werden sollte. Zugleich wusste er, dass er nicht in die Angelegenheit verwickelt werden durfte, weil er damit seinen ganzen Dienst aufs Spiel setzte.

Also kam er zu uns und fragte, ob wir irgendetwas für Margy tun könnten. Kürzlich war sie schon einmal aus dem Unterricht geholt worden, um einen Kunden zu treffen, der vierhundert Dollar für ihre Jungfräulichkeit geboten hatte. Im letzten Augenblick hatte der es sich doch noch anders überlegt und gesagt, dass ihm der Preis zu hoch sei. Margy wurde in die Klasse zurückgeschickt. Man stelle sich ihre Gedanken und Gefühle vor. Man stelle sich die Sorgen des Pastors vor; jeden Morgen sieht er Margys Platz in der Bank, hofft, dass sie zum Unterricht kommt, und betet, dass sie einen weiteren Tag unbehelligt bleibt.

Wir nahmen sofort Kontakt mit Leuten auf, die wir in der fraglichen Gegend kannten. Ein Mitarbeiter einer Betreuungseinrichtung ging zu Margys Großmutter und sagte: „Wir würden uns freuen, wenn wir uns von nun an um das Mädchen kümmern könnten. Wir nehmen sie in unsere Schule auf, unterrichten sie und sorgen für sie. Wir wissen, dass sie ihnen Kosten verursacht, und sind bereit, diese Last von ihren Schultern zu nehmen."

Die Großmutter sagte Nein.

„Stellt euch dieses Nein vor", sagte Sharon. „Nein zum Verlust von vierhundert Dollar. Nein zum Schutz ihrer Enkelin vor Vergewaltigung. Für diese Frau hatte die Gier über die Liebe und den Schutz ihrer Enkelin gesiegt.

„Macht euch kein falsches Bild", fuhr Sharon fort. „Diese

Großmutter war nicht ‚gezwungen', ihre Enkelin zu verkaufen, weil sie arm war. Es gibt viele Millionen Menschen in aller Welt, die furchtbar arm sind, und die ihre Kinder nicht verkaufen. Sie *wollte* ihre Enkelin verkaufen, weil sie die vierhundert Dollar haben wollte und weil sie glaubte, sie käme damit durch."

Die Nachsorgeeinrichtung war überzeugt, dass es keine rechtliche Handhabe gab, aufgrund derer man das Sorgerecht für Margy erlangen konnte. Schließlich wandte sich der Pastor an die amtliche Sozialbehörde. Die schickten dann einen Mitarbeiter zu Margys Großmutter, der ihr deutlich machte, was mit ihr geschehen würde, wenn das Mädchen in der geplanten Weise ausgebeutet werden würde. Aber Sharon konnte niemanden überzeugen, Margy aus der großmütterlichen Wohnung herauszuholen, weil sie dort in unmittelbarer Gefahr war.

Mit solchen rechtlichen Grenzen haben es die Nachsorgestellen immer wieder zu tun. Wenn eine Einrichtung ein solches Mädchen beschützt und die Angehörigen dann das Kind zurückfordern, dann weiß die Heimleitung, dass es keine juristische Grundlage gibt, das Sorgerecht für das Mädchen zu erhalten. Und selbst dort, wo es auf dem Papier Schutzregelungen gibt, bleibt die schwierige Aufgabe, ein Gericht davon zu überzeugen, auch wirklich anzuwenden, was ihm durch das Gesetz eindeutig ermöglicht ist. Um diese Dinge kreisten die Diskussionen, die Sharon mit den Regierungsstellen in Kambodscha führte. Und diese Gespräche werden noch andauern.

Schließlich nahm Margys Großmutter das Mädchen wegen des Ärgers, den ihr der Pastor dort gemacht hatte, aus der Schule und ließ sie an einem Straßenstand Obst verkaufen. Zwar konnte sie nun nicht mehr die Schule besuchen, aber Menschen, die sie kannten, können regelmäßig nach ihr sehen. Das Letzte, das wir wissen, ist, dass es ihr gut geht.

Kapitel 20

Böses Tun riskanter machen

Viele Entwicklungsländer sehen sich enormen Herausforderungen gegenüber, wenn sie versuchen, ein stimmiges, tatsächlich funktionierendes Rechtssystem aufzubauen – besonders, wenn dieses Recht auch den Armen nutzen soll. Ich habe bereits den Mangel an Anwälten in Ländern wie Kambodscha und Facetten der Polizeikorruption erwähnt. Das Zusammentreffen dieser beiden Faktoren richtet einen wahren Hindernisparcours für jeden auf, der durch effektive Strafverfolgung für Rechtssicherheit sorgen will. Oft kommen Fälle, selbst wenn die Täter verhaftet werden, nie vor Gericht, oder in den Verhandlungen wird kein Urteil gefällt. In den ärmsten Gegenden der Welt nimmt die Polizei Verhaftungen nicht deshalb vor, damit Verdächtige bestraft werden, sondern sie betrachtet die Verhaftung eher als eine Möglichkeit, zusätzlich Geld vom Festgehaltenen zu erpressen, oder als Methode, eine Erpressung glaubwürdiger zu gestalten, damit das Geld weiter fließt.

Die strafrechtliche Verfolgung eines Schuldigen kann ins Stocken kommen, weil Eltern von allen Seiten Drohungen erhalten – wie im Fall der vierjährigen Martha. Von den Freunden des Täters bis zu korrupten Polizisten sah Marthas Familie überall Gründe, die Bestrafung des Täters *nicht* weiter zu fordern. So finden sich viele Opfer und ihre Familien schlicht damit ab, dass ihnen die Kosten der Gerechtigkeit zu hoch werden. Wenn sie den Drohungen standhalten und an der unsicheren Hoffnung auf Gerechtigkeit festhalten, haben sie oft nur die Wahl zwischen Angst, Körperverletzung oder Tod. Und wenn selbst die Polizei auf der Seite des Bösen steht, machen viele verständlicherweise auf dem Absatz kehrt und geben auf.

In unserer Arbeit in Kambodscha waren wir entschlossen, unbedingt dafür zu sorgen, dass wir juristisch stichhaltige Informationen vorlegen konnten, sodass jeder Täter, der mit dem sexuellen Missbrauch von Kindern Profit machte, auch bestraft würde. Es reichte nicht, die Mädchen einfach zu befreien. Die Bordellbetreiber würden dann eben andere Mädchen kaufen. Selbst mit Verhaftungen und Anklagen *ohne Verurteilungen* hätten wir den kambodschanischen Behörden nicht geholfen, die nötige Abschreckung gegen den Missbrauch zu erzeugen.

Wenn die Angeklagten aber ins Gefängnis mussten, könnten wir den Missbrauch von Hunderten von Mädchen verhindern, die diesen Tätern zum Opfer gefallen wären, wären sie in Freiheit geblieben. Und wir könnten viele weitere Kinder vor dem gleichen Schicksal bewahren, weil auch anderen Betreibern von Kinderbordellen ihr Geschäft zu riskant werden würde. Wir arbeiteten darauf hin, dass die Strafen und damit die Risiken so hoch sein sollten, dass es für das Angebot der Kinderhändler einfach keine Nachfrage mehr geben würde.

Wir waren sehr bemüht, das auch auf die pädophile Kundschaft anzuwenden; IJM trat in einer ganzen Anzahl von Fällen gegen Sextouristen aus dem Ausland auf. Im Blick auf die Menschenhändler selbst – jene also, die durch Druck oder Entführung die Opfer beschafften und sie den Bordellbetreibern zum Kauf anboten – hatten wir gelernt, dass die stärkste Nachfrage von den Bordellen kam. Anders jedoch als die äußerst mobilen Händler sind die Bordelle eher unbewegliche Ziele für die Strafverfolgung. Bordelle müssen mit ihren Geschäften öffentlich erreichbar sein und ihre Opfer den Kunden vorzeigen, wenn sie Geld verdienen wollen. Wenn aber Kunden das Bordell finden können, kann es die Polizei auch; und wenn die Polizei will, kann sie die Straftäter jederzeit festnehmen. Deshalb blüht das Geschäft mit Menschenhandel und sexueller Ausbeutung nur dort, wo die Polizei es aktiv beschützt. Wo immer die Polizei bereit ist, wieder die Seite zu wechseln, kann sie den Betrieb stoppen. Und das war genau das, was wir erreichen wollten. Wir wollten die Polizei und die Gerichte dazu bewegen, von Beschützern der Straftäter zu Beschützern der Kinder zu werden.

Kapitel 21

Es macht keinen Sinn

Während wir in Kambodscha unsere Operation weiter vorantrieben, versuchten wir in einem anderen Teil der Welt ebenfalls, die Kosten des großen Geschäftes mit dem Missbrauch von Menschen in die Höhe zu treiben: mit dem Geschäft der Sklavenarbeit. Diese Plage der Schuldversklavung ist nirgendwo so gravierend wie in Indien. Dieser gewaltige Subkontinent hat mehr EDV-Spezialisten als jede andere Nation dieser Erde. Aber er hat auch Hunderte von Millionen von Menschen, die mit weniger als einem Dollar pro Tag auskommen müssen und praktisch als Leibeigene im überkommenen System der Kastenordnung leben. Millionen leiden unter bitterster Armut, können nicht lesen und schreiben und leben in Verhältnissen, die sich kaum vom Leben der Ärmsten in früheren Jahrtausenden unterscheiden. Journalisten und Menschenrechtsgruppen haben vermehrt über die Brutalität der Schuldsklaverei in Indien berichtet, und IJM hat im Lauf der Zeit Verbindungen zu den örtlichen Behörden geknüpft, um sie beim Vorgehen gegen diese Verbrechen zu unterstützen

Von allen Gegenden der Welt, in denen IJM arbeitet, war Indien für mich persönlich am erdrückendsten. Das bloße Ausmaß und die gnadenlose Intensität menschlichen Leidens nehmen einem manchmal schier den Atem. Aber noch mehr als das allgegenwärtige Leid haben mich meine indischen Freunde mit der Schönheit dessen, was sie tun, beeindruckt. Wir haben zahllose Gelegenheiten gefunden, Menschen wirkliche Hilfe zu bringen und ihnen die Erfahrung zu ermöglichen, welche Freude Gott bringt. Meine Kollegen in Indien erleben das Drama der Gerechtigkeit in seiner ganzen Bandbreite: dramatische Konfrontationen mit den Abgründen des Bösen neben geisttötender Routinearbeit, die unweigerlich frustriert; faszinierende Momente gelungener Befreiung und die niederschmetternde

Enttäuschung vergeblichen Einsatzes; mutige Beispiele von Loyalität und Liebe neben erbärmlichen Episoden menschlicher Schwäche.

Man kann sich leicht vorstellen, dass es außerordentliche Beherztheit erfordert, in einem solchen Wechselbad der Ereignisse die Führung eines Teams zu übernehmen. Und ich kenne niemanden, der dies in beeindruckenderer Weise getan hat als John Richmond, den Leiter unserer Einsätze gegen die Schuldversklavung in Indien. Johns Weg in diese Arbeit gehört zu den eindrucksvollsten Geschichten von Liebe und Mut, die wir zu erzählen haben.

John hatte gerade das vierte Jahr seiner Tätigkeit in einer Anwaltskanzlei in Roanoke, Virginia, hinter sich. Er hatte eine Karriere vor sich und lebte mit seiner Frau Linda und einer Tochter ein angenehmes Leben, als er von der Arbeit von IJM hörte. Und er empfand einen unüberhörbaren Ruf seines Herzens.

„Bist du noch bei Trost?", fragten seine Freunde. „Das macht doch keinen Sinn. Linda ist im siebten Monat. Weißt du überhaupt, ob es in Indien angemessene medizinische Versorgung gibt?" Auch die Familie und viele aus Johns und Lindas Kirchengemeinde sprachen deutliche Zweifel aus, ob es eine gute Idee sei, sich IJM anzuschließen. Trotz alledem beschlossen John und Linda, dass sie nach Indien gehen würden.

„Diese Entscheidung traf keineswegs auf ungeteilte Zustimmung. Die meisten Leute dachten, ich begehe beruflichen Selbstmord. Meine Frau war noch nie im Ausland gewesen, und ich war jedenfalls noch nie in Indien gewesen", sagte John. „Es gab so viele Gründe, nicht zu gehen: die Gemeinde, meine Karriere, eine blühende Arbeit in meiner Nachbarschaft, meine vielen Aufgaben in verschiedenen Gremien, Lindas Schwangerschaft und ihr Master-Studium … die Liste war noch viel länger."

Die Entscheidung, nach Indien zu gehen, fiel für Linda und John schlicht und einfach als Antwort auf den leisen, beständigen Ruf Gottes in ihrem Leben.

„Ich habe nicht geträumt. Ich habe auch keine Stimme gehört", erklärte John. „Es machte keinen Sinn, und es macht bis heute keinen. Es war komplett verrückt. Aber Gott kümmert sich nicht immer darum, was nach menschlichen Maßstäben Sinn macht. Noah soll ein Riesenschiff bauen – mitten auf dem Land. Die Israeliten sollen siebenmal um die Stadt Jericho herumwandern und „Kub ya, my Lord" singen, während man sie von den Stadtmauern herab auslacht. Mose soll einen Stab über das Wasser halten, während von hinten die Armee des Pharao heranstürmt. All das macht nicht viel Sinn.

Nicht alles, was verrückt erscheint, kommt von Gott. Aber Gott ist ganz sicher ein Gott, der verrückte Dinge fordert – verrückt jedenfalls in unserer begrenzten Sicht. Natürlich ist es schrill, alle meine Bekannten zurückzulassen, eine Karriere aufs Spiel zu setzen und einen Job anzunehmen, der noch nicht einmal große Aufstiegschancen bietet. Es geht ja geradezu darum, dass ich mich hier nach einiger Zeit in diesem Job überflüssig mache, wenn ich die Arbeit mit Einheimischen aufgebaut habe. Das nenne ich nicht gerade einen zukunftssicheren Job! Es macht keinen Sinn. Also haben wir einfach versucht, den Leuten klarzumachen: Ja, wir wissen, dass es verrückt klingt. Aber wir glauben, dass es genau das ist, wozu Gott uns jetzt ruft."

Ich habe es schon so oft erlebt, dass Gott Menschen, die seinem Ruf folgen, in besonderer Weise segnet, selbst in extrem herausfordernden Situationen, wie sie auch John und Linda bald nach ihrer Ankunft in Indien erleben sollten.

Als bei Linda die Wehen einsetzten, kamen Freunde, um sich um die kleine Tochter zu kümmern, bis Mutter, Vater und Kind wieder wohlbehalten zu Hause wären. Aber die Dinge verliefen nicht geradlinig.

Es gab große Komplikationen bei der Geburt, und Linda verlor viel Blut. Aber Blutkonserven sind in Indien nicht so einfach zu haben wie in den USA. John erfuhr, dass er Blut spenden müsse, wenn Linda überleben sollte. Sie brauchten fünf Einheiten.

John spendete sofort, aber nach der ersten Einheit wollte man ihm nicht mehr Blut abnehmen. Linda brauchte aber mehr Blut. Die Richmonds kannten noch nicht viele Leute in Indien, und die, die sie kannten, auch noch nicht lange. Aber John rief unverzüglich alle Bekannten, darunter auch die Gemeinde, die sie zweimal besucht hatten, an und bat um Blutspenden für Linda. Allmählich fanden sich etliche Menschen ein, um Blut zu spenden.

Dann gab es eine weitere Schwierigkeit. Die Arbeitszeit der Ärzte in der Blutbank ging zu Ende, und es schien, als würden alle Beteiligten einfach gehen, ohne sich darum zu kümmern, dass hier ein Leben in Gefahr war.

„Sie können jetzt nicht gehen", sagte John mit Nachdruck. „Meine Frau braucht dieses Blut, und jetzt kommen Leute, die Blut spenden werden. Sie müssen das jetzt durchziehen."

Zögernd ließ sich der Mann umstimmen. Aber es war noch immer ein weiter Weg: Blut abnehmen, die Laboruntersuchung abwarten, dann prüfen, ob es für Linda verträglich war. Inzwischen redete John mit Menschen, die er kaum kannte und die gekommen waren, um für eine Frau, die sie kaum kannten, Blut zu spenden, und dankte ihnen für ihre Bereitschaft dazu.

„Und dann erlebte ich, wie Gott in diesem Moment seinen Arm um mich legte, um uns alle, und sagte: ‚Ich liebe euch alle so sehr, dass ich für euch sorgen werde, und ich werde das durch Menschen tun, die du nicht einmal kennst'", sagte John.

Die Situation stand aber noch immer auf der Kippe. Linda war noch immer in ernster Gefahr. Zwar gab es inzwischen genügend Blut, aber es war unklar, ob es noch rechtzeitig verabreicht werden konnte. Linda hatte große Schmerzen und es sah nicht gut aus. Selbst die Ärzte glaubten kaum noch, dass sie durchkommen würde.

John verließ Linda und ging den Korridor entlang, allein, weit weg von Freunden oder Angehörigen, weit weg von Virginia und dem Leben, das er kannte und liebte. Er begann zu beten:

„Was machst du mit uns, Gott? Wenn jemand jetzt deine Hilfe verdient, wenn jemand eine leichte Geburt verdient hat, dann Linda. Sie ist hier, weil sie dir gefolgt ist. Und weil sie auch mir gefolgt ist. Du hast mir diesen tollen, aufregenden Job gegeben, in dem ich den Helden spielen kann. Aber sie hat keinen neuen Job, sie hat noch immer den, den sie liebt: für unsere Kinder da zu sein. Das hätte sie in Virginia ebenso gut tun können wie hier. Aber ich kann meinen Job nur hier tun. Herr, ich glaube, sie verdient es, dass du ihr hilfst."

John hatte das Gefühl, als habe Gott eine Antwort für ihn: „Nein. Du verdienst gar nichts. Du hast dir nicht mein besonderes Wohlwollen verdient, indem du in dieses Land gegangen bist. Ich bin dein Vater; ich bin der souveräne Gott, und ich verteile meinen Segen gern und großzügig. Du musst mir vertrauen, dass ich Linda und auch euer Baby mehr liebe als du. Dass ich das Beste für sie will, noch mehr als du. Du musst mir vertrauen."

Und das Wunder geschah und Linda kam durch. Sie und das Baby würden es schaffen.

„Ich wollte in diesem Moment nicht auf Gott vertrauen", sagte John. „Ich wollte lieber meinen Verstand, meine Weisheit, meine Ideen, meine Kreativität, meine Erziehung und meine Erfahrung einsetzen und das Problem lösen. Es war mir eine große Lehre, die mir zugutekommt, wenn ich das unglaublich große Problem der Sklaverei in Indien betrachte. All mein Verstand, meine Weisheit, Ideen, Kreativität und Erfahrung werden dieses Unrechtssystem nicht bezwingen. Aber es wird doch besiegt werden: Weil Gott hier ist, und weil Gott seine Menschen am Herzen liegen.

Lindas Überlebenskampf erinnerte mich daran, dass es bei der ganzen Sache hier nicht um mich geht, sondern dass Gott uns einlädt, gemeinsame Sache mit ihm zu machen. Dass es um ihn geht und um seine Liebe zu Menschen. Es geht darum, dass Gott sie retten will, und dass er jemanden braucht, der das tut. Weil sie seine Geschöpfe sind. Nein, ihr Wert wird nicht durch ihre Kaste bestimmt. Und es geht auch nicht darum, dass diese Menschen uns Westlern ein großartiges Gefühl vermitteln, weil wir hier ein Riesenproblem für sie lösen. Wir tun das nicht, damit wir in unserer Luxuswelt einfach mit einem besseren Gefühl weiterleben können. Nein, es ist Gott, der die Befreiung zur Realität werden lässt."

Kapitel 22

Eine junge Frau vor dem US-Kongress

Fast vier Monate waren seit der letzten Reise nach Svay Pak vergangen. Bob Mosier und sein Team glaubten, es sei genug Zeit vergangen, seit unser Ermittler auf der Straße seinen Ringkampf mit einem Sextouristen gehabt hatte. Der Druck auf das Bordelldorf hatte nachgelassen. Mosier bestimmte Robert Earle, einen Expolizisten aus Neuseeland, zum neuen Ermittlungsleiter in diesem Fall.

In einer Reihe strategischer Planungssitzungen trafen sich Bob Mosier, Sharon Cohn und ich in unserem Hauptquartier in Washington, D.C., mit den Ermittlern und anderen Mitarbeitern, die nun zum Kambodscha-Team gehörten. Die Gesamtaufgabe wurde in drei Teilbereiche unterteilt: 1. Polizeiliche Bemühungen zur Befreiung der Kinder. 2. Strafrechtliche Bemühungen zur Bestrafung der Täter. 3. Bemühungen um die Langzeitbetreuung der Kinder. Wir hatten ein bestimmtes System zur Analyse der Fälle entwickelt, und nun ging es darum, die strategischen Probleme zu lösen. Die Einstiegsfrage war, wie wir eine möglichst große Zahl von Mädchen, die in Svay Pak zu Opfern geworden waren, befreien konnten. Das war größtenteils eine politische und taktische Herausforderung. Wie konnten wir die politischen Verantwortungsträger in Kambodscha dazu bewegen, dass sie die Polizeikräfte zur uneingeschränkten

Zusammenarbeit mit uns anwiesen? Was genau sollte die kambodschanische Polizei dann tun? In anderen Worten: Welchen taktischen Einsatzplan konnten wir vorlegen, der auch *tatsächlich funktionieren würde*?

Zunächst untersuchten wir die politische Herausforderung. Angesichts des Versagens der Kambodschaner in den vergangenen zwei Jahren, auf die Situation in Svay Pak zu reagieren, und angesichts des hohen Maßes an Polizeischutz für die Bordellszene im Dorf fragten wir uns, wie wir die Behörden dazu bewegen konnten, das Problem nun zur obersten Priorität zu erheben. Im Grunde hatten die Kinder, die Opfer schrecklichsten sexuellen Missbrauchs waren, keinerlei wie auch immer geartete politische Bedeutung in Kambodscha. Das galt umso mehr, wenn es sich um vietnamesische Kinder handelte. Sie hatten keine Stimme, die die kambodschanischen Behörden hätte bewegen können, etwas zu ihrer Rettung zu tun. Keine kambodschanische Behörde brauchte politische Konsequenzen zu befürchten, weil sie es versäumte, die systematische Vergewaltigung von Kindern in Svay Pak zum Thema zu machen. In dieser Situation fragten wir schlicht: „Woran sind die politischen Amtsträger interessiert, wenn nicht an den Kindern?" Es gibt darauf eine Vielzahl von Antworten, abhängig von Land und Kontext, aber oft lautet die Antwort, dass man am Ausbau der Beziehungen zur US-Regierung interessiert ist. Wenn also die US-Regierung ihren Einfluss zugunsten dieser sexuell missbrauchten Kinder geltend machen würde, könnte das immer wieder den notwendigen Anreiz für die Behörden bilden, tätig zu werden.

Das führte zur anderen Frage: „Was könnte die US-Regierung motivieren, das Thema der sexuellen Ausbeutung von Kindern zur Priorität in der Beziehung zu einer ausländischen Regierung zu machen?" Schließlich hat die US-Regierung bereits eine ganze Reihe von diplomatischen, wirtschaftlichen und sicherheitspolitischen Prioritäten, die sie verfolgt: Fragen der Wirtschaftsbeziehungen, der Bekämpfung von Terrorismus und Drogenhandel und geopolitische Themen. Was könnte die

Misere von hilflosen Opfern sexuellen Missbrauchs in der Prioritätenliste der US-Regierung noch oben bringen?

Die Antwort, die vielleicht viele Amerikaner überraschen würde, ist ziemlich naheliegend. Es zeigte sich, dass es das amerikanische Volk selbst ist, das dieses Thema zur Priorität der Regierung werden ließ. Vor dem Jahr 2000 waren Themen wie Menschenhandel und Zwangsprostitution schlicht kein bedeutsames Thema in den internationalen Beziehungen. Das änderte sich aber mit der Annahme des Gesetzes zum Schutz der Opfer von Menschenhandel im Jahr 2000. Eine breite Koalition aus Anwaltsgruppen und Basisbewegungen kämpfte für den Gesetzesentwurf, der vom US-Außenministerium verlangte, andere Staaten jährlich danach zu beurteilen, ob sie Mindestvoraussetzungen im Kampf gegen den Prostitutionshandel (und andere Formen des Menschenhandels) erfüllten. Mehr noch, Staaten, die es versäumten, „nennenswerte Anstrengungen" zu unternehmen, um diese Minimalstandards zu erfüllen, konnten auf Rang 3 gesetzt werden – den niedrigsten Rang der entsprechenden Klassifizierung – und damit wären Vergünstigungen, die sie von der US-Regierung erhielten, durch Sanktionen bedroht.

IJM arbeitete mit einigen Freunden im Kongress und mit Anwaltsgruppen sehr hart daran, den Gesetzesentwurf zu formulieren und bei seiner Verabschiedung zu helfen. Ich hatte mehrfach die Gelegenheit, vor dem Kongress über die globalen Seuchen Menschenhandel und Zwangsprostitution zu berichten und deutlich zu machen, wie nötig es sei, dass die US-Regierung ihren Einfluss nutze und dem Schutz der Opfer von sexueller Ausbeutung im Kontakt mit fremden Regierungen Priorität einräumen müsse. Unsere Erfahrung auf diesem Gebiet ermöglichte es uns, eine Anzahl wichtiger Einsichten in der Debatte beizusteuern. Aber ich denke, unser wichtigster Beitrag vor dem Kongress bestand in den Berichten über Opfer; sie gaben dem Thema, das ansonsten im Nebel abstrakter Formulierungen, diplomatischer Umschreibungen und steriler Statistiken aus dem Blick geraten wäre, ein menschliches Gesicht. Und die bei

Weitem größte Wirkung hatte der Bericht eines dieser Opfer, das persönlich vor einem Komitee des US-Repräsentantenhauses für internationale Beziehungen aussagte.

* * *

Es hatte enormer Anstrengungen bedurft, um Anita aus ihrer Heimat in Nepal nach Washington zu bringen. Wohl noch viel schwieriger war es für Anita, die kulturelle und psychologische Entfernung zur ländlichen Gegend in Nepal, in der sie aufgewachsen war, zu überwinden. Bis zu ihrem sechsundzwanzigsten Lebensjahr hatte sie nie einen Zug gesehen. Und nun wurde die knapp ein Meter fünfzig große Frau von zwei groß gewachsenen Männern des IJM-Sicherheitspersonals zur Kongressanhörung eskortiert, die in einem dunkel getäfelten Raum mit dickem Teppich, massiven Kronleuchtern, beeindruckenden Gemälden und Reihen von Mikrofonen stattfand. Nur wenige Opfer von Zwangsprostitution sind in der Lage, Fremden ihre Geschichte zu erzählen – nicht einmal in der angenehmsten, vertrautesten und familiärsten Umgebung –, geschweige denn im gleißenden Licht inmitten eines einschüchternden Raumes im US-Kongress. Solch eine Erfahrung würde die meisten Opfer von Menschenhandel eher verstören. Aber Anita war außergewöhnlich. Sie war eine junge Frau von großer Intelligenz und Würde und sie brannte darauf, der Welt ihre Geschichte zu erzählen. Und es sollte sich zeigen, dass all die Insignien von Macht und Autorität in diesem Raum es nicht mit der schlichten Würde und der ethischen Kraft ihrer Geschichte aufnehmen konnten.

Nachdem ich meine kurzen Bemerkungen vor dem Komitee beendet hatte, richtete ich das Mikrofon für Anita ein, setzte mich und beobachtete, wie ihre einfachen Worte das Meer von Verwirrung, Apathie und Unwissenheit zurückdrängten, das sich der geradezu keimfrei anmutenden Behandlung des Themas Prostitutionshandel bemächtigt hatte.

Mein Name ist Anita. Ich bin achtundzwanzig Jahre alt. Ich stamme aus Nepal. Letztes Jahr hat mein Mann eine andere Frau geheiratet. Kurz darauf fing er an, mich zu schlagen, zu drangsalieren und meine Kinder nicht mehr zu beachten. Ich beschloss, dass es das Beste sei, wenn ich und meine Kinder unser Heim verlassen würden und ich mich und meine Kinder selbst versorgen würde.

Ich verdiente Geld, indem ich Gemüse von Bauern kaufte und es auf dem Dorfmarkt verkaufte. Letztes Jahr am 22. November stieg ich in einen Bus, um das Gemüse bezahlen zu fahren. Ich saß neben einem nepalesischen Mann und einer Frau. Sie boten mir eine Banane an, und ich nahm sie. Bald nachdem ich die Banane gegessen hatte, noch während ich im Bus war, bekam ich sehr starke Kopfschmerzen. Ich erzählte dem Mann und der Frau davon, und sie boten mir eine Tablette und eine Flasche Mineralwasser an, damit ich die Medizin besser schlucken konnte. Unmittelbar danach fühlte ich, wie ich zu schwanken begann und ohnmächtig wurde.

Das Nächste, woran ich mich erinnere, ist der Bahnhof in Gorakhpur in Indien, in dem ich aufwachte. Ich fragte einen Mann, wo ich sei. Ich bin aus einem Bergdorf. Ich wusste nicht, was ein Zug ist und war niemals in Indien gewesen. Ich war verwirrt über diesen langen Wagen, in dem ich fuhr, und über die seltsame Umgebung.

Der Mann sagte mir, ich solle nicht schreien. Er informierte mich, dass Drogen (Haschisch) um meinen Bauch gebunden seien und dass ich diese gerade über die Grenze geschmuggelt hatte. Er sagte, wenn ich die Aufmerksamkeit der Polizei erwecken würde, bekäme ich deswegen Schwierigkeiten. Ich erinnerte mich nicht an Drogen, die mir um den Bauch gebunden wurden, aber ich konnte Plastikbeutel auf meinem Magen unter dem Kleid fühlen.

Der Mann sagte, wenn ich bei ihm bleiben würde, bekäme ich zwanzigtausend Rupien vom Verkauf der Drogen, wenn wir in Bombay ankommen. Ich wusste nicht, wie ich nach Nepal zurückkommen sollte, ich spreche kein Indisch, und mir war klar, dass ich in Schwierigkeiten war, weil ich Drogen bei mir trug. Der Mann sagte, er sei ein Freund und dass ich ihn als seinen Bruder ausgeben könne. Ich beschloss, bei ihm zu bleiben. Die Reise nach Bombay mit dem Zug dauerte fünf Tage.

Als wir nach Bombay kamen, sagte er mir, ich solle auf dem Bahnhof warten; er ginge fort, um die Drogen zu verkaufen. Bei seiner Rückkehr erzählte er, die Polizei habe seine Drogen konfisziert und er habe kein Geld mehr. Ich müsse zum Haus seiner Freundin gehen und dort warten, bis er etwas Geld aufgetrieben hätte. Er rief seine Freundin vom Bahnhof aus an, und sie kam, um uns zu treffen. Sie war eine nepalesische Frau. Sie sagte, ihr Name sei Renu Lama.

Ich verließ den Bahnhof mit Renu Lama. Mein „Bruder" erzählte mir, dass er mich um vier Uhr an diesem Nachmittag in ihrem Haus treffen würde.

Als ich mit Renu Lama ging, sagte sie, ich solle die Menschen nicht direkt ansehen, weil sie in einer sehr gefährlichen Gegend wohne und es dort sehr viele schlechte Menschen gäbe, denen ich nicht in die Augen sehen sollte. In ihrem Haus sagte sie mir, ich solle baden. Ich erwiderte, dass ich auf meinen „Bruder" warten wolle, denn er hätte meine Kleidung. Sie meinte, mein „Bruder" würde nicht kommen. Ich wartete bis zum Abend, aber er kam nie wieder. Schließlich nahm ich ein Bad, und Renu Lama gab mir von ihren alten Kleidern.

Sie fragte mich dann, ob ich für sie einen Brief schreiben könnte. Sie diktierte mir, was sie ihrer Familie sagen wollte, und ich schrieb den Brief. Als der Brief fertig war, nahm mir Renu Lama den Griffel weg. Sie ging in mein Zimmer und sammelte alle Stifte, Kugelschreiber und das Papier ein. Ich merkte, dass der Brief ein Test gewesen war. Da sie nun wusste, dass ich schreiben konnte, war sie darauf bedacht, dass ich mit niemandem Kontakt aufnehmen konnte.

Ich hatte an jenem Abend große Angst und weigerte mich, etwas zu essen. Ich bemerkte bald, dass viele Männer im Haus ein und aus gingen und dass es ein Bordell war. Ich begann zu schreien und zu rufen und sagte, ich wolle weg.

Renu Lama erklärte mir, dass ich dumm sei. Ich sei nicht einfach so gekommen und könne auch nicht einfach gehen. Sie habe mich gekauft, und ich müsste nun als Prostituierte arbeiten, um dieses Geld zurückzuzahlen. Man hat mir nie gesagt, wie viel sie für mich bezahlt hatte. Renu Lama und zwei ihrer Helferinnen erklärten mir, dass alle Frauen im Haus „Schwestern" seien und dass wir einander unterstützen müssten. Ich weinte sehr; sie trösteten mich und brachten mir ein gutes Essen mit Soße und Gemüse.

Am nächsten Tag aber bestand ich darauf, dass ich weg wollte. Die Frauen begannen, mich ins Gesicht zu schlagen und schnitten mir mein schulterlanges Haar ab. Ich wusste, dass ich mit den kurzen Haaren das Bordell nicht mehr verlassen konnte, ohne dass mich jeder für eine Prostituierte halten würde. In meiner Kultur ist kurzes Haar das Zeichen einer wilden Frau.

Dann sagte man mir, dass alle Frauen im Bordell drei- oder viermal am Tag baden mussten. Die Frauen badeten alle nackt, und sie badeten gemeinsam, immer vier oder fünf Mädchen zusammen. Als ich meine Scheu ausdrückte, verspotteten mich die anderen. Sie ergriffen mich und zogen mir die Kleider aus. Sie zwangen mich, mit ihnen zu baden.

Während der nächsten Tage schlugen mich die Frauen oft. Sie schlugen mich mit ihren Händen ins Gesicht und auf den Kopf und mit Metallruten auf den Bauch und die Beine. Ich flehte darum, dass man mich gehen ließe. Ich sagte, dass ich rechtzeitig zu einem der größten Feste in unserem Land zu meinen Kindern zurückwollte. Die Frauen verspotteten mich. Sie sagten, wenn ich ein paar Tage mit ihnen zusammenarbeiten würde, könnten sie mich zum Fest mit drei Barren Gold und dreißig- bis vierzigtausend Rupien nach Hause schicken.

Man zwang mich auch, Hindi zu lernen, die Sprache der meisten Kunden. Solange ich nicht genug Hindi sprechen konnte, schlugen sie mich mit den Metallruten auf den Bauch und die Beine.

Als ich mit einer der anderen Frauen allein war, bot ich ihr meinen goldenen Ohrring an, damit sie mich gehen lassen sollte. Sie lehnte ab. Später merkte ich, dass drei der Frauen freiwillig im Bordell waren und dort verantwortlich waren. Es gab sechs weitere Frauen im Bordell, die alle wie ich getäuscht und gezwungen worden waren. Renu Lama und die Frau, der ich meinen Ohrring angeboten hatte, waren freiwillig im Bordell.

Alle Frauen kamen aus Nepal. Die sechs Frauen, die gezwungen worden waren, hatte man unter unterschiedlichem Vorwand aus Nepal hergebracht. Eine hatte einen Mann geheiratet, der ihr gesagt hatte, er nähme sie mit nach Bombay und würde ihr dort Gold kaufen. Dann ließ er sie in dem Bordell zurück.

Keines der anderen Mädchen konnte lesen oder schreiben. Ich kann es, weil ich Brahmanin bin und die Frauen in meiner Schicht Bildung erhalten.

Die Frauen wollten mir versichern, dass es nicht so schlimm sei, Prostituierte zu sein. Für mein Essen, die Unterkunft und meine Kleidung würde gesorgt. Ich müsste lediglich, so sagten sie, meinen Körper verkaufen.

Am vierten Tag, an dem ich in dem Bordell war, kam mein erster Kunde zu mir. Ich weigerte mich, mit ihm Sex zu haben. Er hatte bereits für mich bezahlt, deshalb griff er mich und versuchte, mich zu vergewaltigen. Ich kämpfte mich frei. Er hatte es geschafft, mir die Kleider herunterzureißen, aber er war sehr enttäuscht, weil ich mich so sehr wehrte. Er stürmte hinaus und verlangte sein Geld zurück. Zwei der Bordellbesitzerinnen kamen herein und schlugen mich. Als sie fertig waren, kam derselbe Mann noch einmal herein. Ich sagte dann, dass ich nur dann mit ihm Sex haben würde, wenn er ein Kondom benutzen würde. Ich wusste, dass Kondome nötig sind, denn einige der anderen Opfer hatten sehr schlimme Krankheiten. Zuerst weigerte er sich, aber nach einem weiteren Kampf stimmte er schließlich zu. Als er dann wegging, hatte er drei Kondome benutzt.

Ich hatte am ersten Tag nur einen Kunden. Aber am nächsten Tag und an jedem weiteren hatte ich drei oder vier Kunden. Ich schaffte es, an einen Füller zu kommen. Ich wollte auf der Innenseite von Zigarettenschachteln Nachrichten an die Polizei schreiben und diese mit meinen Kunden hinausbefördern. Viele Kunden versprachen, mir zu helfen, aber keiner tat es.

Jeder Kunde bezahlte 220 Rupien, um eine Stunde bei mir zu sein. Ich musste den gesamten Betrag den Bordellbesitzerinnen geben. Oft gaben mir die Männer 5 oder 10 Rupien mehr. Ich benutzte das Geld, um Kondome zu kaufen, weil mir die Bordellbesitzerinnen keine gaben.

Ich durfte nicht selbst hinaus, um die Kondome zu kaufen. In den eineinhalb Monaten, die ich in dem Bordell war, wurde mir niemals erlaubt, hinaus in die Sonne zu gehen. Einige der anderen Mädchen mussten ins Krankenhaus, wenn sie krank wurden. Aber ich war nie krank, deshalb durfte ich niemals hinaus.

Ich wohnte im zweiten Stock des Bordells. Die sechs von uns, die gegen ihren Willen hier waren, mussten auf dem zweiten Stock bleiben. Auf unserem Stockwerk gab es keine Fenster. Die drei, die das Bordell betrieben, wohnten im Erdgeschoss.

Dort gab es eine Tür, die nach draußen führte. Mehrere der Metallruten, die für das Schlagen benutzt wurden, lehnten an der Wand neben der Tür. Eine der Besitzerinnen bewachte immer die Tür. An der Außenseite hatte die Tür ein Eisengitter. Wenn keine Kunden herein- oder hinausgingen, war das Gitter mit einer schweren Kette und einem großen Schloss gesichert.

Eines Nachts versuchte ich, mit einer meiner Kolleginnen wegzulaufen. Die Bordellbesitzerinnen erwischten uns, noch bevor wir es bis zum Gitter geschafft hatten. Meine Freundin wurde an ein anderes Bordell in Sarat verkauft, wo die Bordelle noch schrecklicher sein sollen als die in Colaba, Bombay, wo ich gefangen gehalten wurde.

Nachdem ich etwa acht Tage lang Kunden bedient hatte, kam ein älterer Mann als Kunde zu mir. Als ich mit ihm allein im

Raum war, sagte ich ihm, dass er alt genug sei, um mein Vater zu sein. Ich sagte zu ihm: „Ich bin wie Ihre Tochter." Ich erzählte ihm meine Geschichte. Er sagte mir, dass er sehr viel Geld habe und einen nepalesischen Freund. Er versprach, mir bei der Flucht zu helfen. Er verbrachte die ganze Nacht mit mir. Das war das erste Mal, dass ich mit einem Kunden mehr als eine Stunde zusammen war. Ich weinte die ganze Nacht.

Am nächsten Morgen ging er mit dem Versprechen weg, dass er seinen nepalesischen Freund schicken würde, der mir helfen sollte. Er sagte, ich würde seinen Freund daran erkennen, dass er als nepalesischer Mann zum Bordell kommen und nach mir verlangen würde, und dass er Süßigkeiten als Geschenk dabei hätte.

Ein paar Tage später kam ein junger nepalesischer Mann, um mich zu sehen. Er brachte Süßigkeiten als Geschenk mit. Ich erzählte ihm meine Geschichte. Er versprach, mir bei der Flucht zu helfen. Ich sagte ihm, dass ich niemandem trauen würde. Damit ich ihm vertrauen könnte, solle er nach Nepal gehen, meinem Vater und meinem Bruder von mir berichten und einige meiner persönlichen Fotografien als Ergebnis mitbringen. Der ältere Kunde bezahle für ihn die Reise nach Nepal. Bevor er wegging, gab mir der junge Mann seine Adresse in Bombay.

Einige meiner Kolleginnen belauschten die Besitzerinnen, als sie darüber sprachen, dass sie mich an ein Bordell in Sarat verkaufen wollten, weil ich zu viele Schwierigkeiten machen würde. Ich beschloss, dass ich nicht warten könnte, bis der junge Mann aus Nepal zurückkäme. Ich musste erneut versuchen, wegzulaufen. Ich bat einige der anderen Mädchen, mich zu begleiten, aber sie hatten zu große Angst. Man hatte uns gesagt, dass man uns umbringen würde, wenn wir versuchen sollten, wegzulaufen. Aber ich wollte eher sterben, als in dem Bordell zu bleiben. Die anderen Mädchen legten ihr Geld zusammen und brachten mir zweihundert Rupien. Als Gegenleistung für die zweihundert Rupien versprach ich, falls ich lebend herauskommen würde, für sie Hilfe zu finden.

Ein paar Tage später hatte ich die perfekte Gelegenheit. Renu Lama war irgendwohin gefahren. Die Besitzerin, die das Gitter bewachte, war betrunken. Es war jemand neu eingestellt worden, um im Bordell sauber zu machen und zu kochen. Dieses neue Mädchen erledigte ihre Aufgaben und hatte das Gitter ein wenig offen gelassen. Mitten in der Nacht, ich schätze, es war gegen vier Uhr, rannte ich aus dem Bordell. Ich hatte nur mein Nachthemd an und eine Unterhose in der Hand. Ich rannte die Straße hinunter, so schnell ich konnte.

Beim Rennen sah ich zwei Polizisten. Sie trugen Zivilkleidung, aber ich erkannte sie an den Gürteln, die sie trugen, als Polizisten. Ich rannte zu ihnen, erzählte ihnen meine Geschichte und gab ihnen die Adresse des nepalesischen jungen Mannes. Sie nahmen einhundert Rupien von mir, um ein Taxi zu bezahlen und brachten mich zum Haus des jungen Mannes.

Als ich bei dem Haus ankam, war der nepalesische Mann nicht da. Aber ein anderer Mann aus Nepal und seine Frau waren da. Sie waren Freunde des jungen Mannes und ließen mich ein. Die Polizei ließ mich bei dieser Familie.

Ich wusste es damals nicht, aber am gleichen Tag hatte der nepalesische Mann Bob (Mosier), den Ermittlungsleiter von IJM, getroffen. Er erzählte Bob meine Geschichte. Kurz nachdem ich aus dem Bordell fortgelaufen war, hatten Bob und die Polizei dort eine Razzia durchgeführt. Nach der Durchsuchung des Bordells stellten die Polizei und Bob fest, dass ich kurz zuvor in jener Nacht weggerannt war. Sie kamen und trafen mich in dem Haus, in dem ich war.

Bob erzählte mir, dass ich ins Bordell zurückgehen könnte, um meine Sachen zu holen. Ich war zu ängstlich, um zurückzugehen, weil ich dachte, man könnte mich zwingen, wieder Prostituierte zu sein. Aber Bob versicherte mir, dass ich in Sicherheit sei. Ich ging mit ihm zurück zum Bordell. Ich zeigte ihm all die Verstecke, wo sie die anderen Mädchen fanden. Alle Mädchen, die man gezwungen hatte, wurden aus dem Bordell freigelassen, und man machte es möglich, dass sie wieder nach Hause konn-

ten. Die beiden Besitzerinnen, die in jener Nacht dort waren, sind nun im Gefängnis. Bob hat es auch möglich gemacht, dass ich zu meiner Familie nach Nepal zurückkehren konnte.

Zunächst ging ich zurück zu meiner Familie, aber es war sehr unangenehm. Die Leute im Dorf lachten über mich. In meiner Kultur wird eine Frau verachtet, wenn sie auch nur eine einzige Nacht vermisst wird. Ich wurde zwei Monate vermisst. Es war sehr hart für meine Familie, besonders, weil wir zur Kaste der Brahmanen gehören. Deshalb lebe ich heute in Kathmandu. Ich arbeite als Haushaltshilfe in der Stadt. Ich bin noch immer von meinen Kindern getrennt, weil sie zu ihrem Vater kamen, als ich weg war. Man hat mir erzählt, dass die neue Frau meines Mannes sehr grausam zu meinen Kindern ist. Aber mein Mann will nicht, dass meine Kinder bei mir sind, wegen meiner Zeit im Bordell.

Ich weiß, dass mein Bericht anderen Frauen helfen wird, die zur Prostitution gezwungen werden. Ich bin stolz darauf, dass ich Bob bereits helfen konnte, die anderen Mädchen aus dem Bordell zu befreien, in dem ich war. Obwohl ich dankbar bin, dass ich hier bin, um meine Geschichte mitzuteilen, bin ich doch traurig, dass ich nicht bei meinen Kindern sein kann – dass meine Kinder nicht hier bei mir sein können.

Danke.

Mit diesen Worten trat Anita langsam vom Mikrofon zurück. Sie setzte sich wieder auf ihren Platz, mit der gleichen schlichten Würde, die sie gezeigt hatte, während sie sprach. Betroffene Stille herrschte im Raum. Alles und jeder im Raum war plötzlich sehr klein geworden, verglichen mit dieser kleinen Frau aus Nepal in ihrem Sari. Einen Augenblick schien es, als seien alle bedeutungsvollen Worte in dieser Welt aufgebraucht und nichts mehr übrig, was man noch sagen könnte. Dann dankte der Komiteevorsitzende Anita und sprach davon, dass er sich dem „Thema" nun in ernstester Weise verpflichtet fühle.

Während des nächsten Jahres würde die Welt nicht einfach

wieder zur Tagesordnung übergehen. Anitas Aussage hatte ans Licht gebracht, was Millionen von Opfern der Zwangsprostitution überall in der Welt widerfahren war. Amerikanische Bürger und ihre gewählten Volksvertreter erhoben ihre Stimme und forderten, dass der Prostitutionshandel zu einer Priorität in der Außenpolitik gemacht werden müsse. Am 28. Oktober 2000 wurden diese Stimmen und die Werte des amerikanischen Volkes zugunsten von Anita und den Millionen von Frauen und Mädchen, die im weltweiten profitablen Sexgeschäft gefoltert und vergewaltigt werden, in die Waagschale geworfen – das Gesetz zum Schutz von Opfern kommerzieller sexueller Ausbeutung wurde verabschiedet.

Nach ihrer Aussage nahm Anita freundlicherweise eine Einladung zum Abendessen mit meiner Familie bei uns zu Hause an. Es war ein außergewöhnlicher Abend für unsere Familie. Ich werde mich immer daran erinnern, wie zärtlich und liebevoll sie sich mit unseren kleinen Kindern beschäftigte und dass es sicher schmerzlich für sie war, wenn sie an ihre eigenen Kinder dachte, die sie nach über einem Jahr noch immer nicht sehen oder im Arm halten durfte. Ich erinnere mich daran, wie sie ein bittersüßes Gedicht über diesen Verlust rezitierte, das sie geschrieben hatte. Es lag eine unmissverständliche heilige Schönheit auf diesem Abend. Noch konnte niemand vorhersehen, dass Anita und das Gesetz, zu dessen Verabschiedung ihre Aussage beigetragen hatte, zum entscheidenden Werkzeug bei der Suche nach Gerechtigkeit für die jungen missbrauchten Mädchen in einem entlegenen Dorf am anderen Ende der Welt werden sollten.

Kapitel 23

Vorbereitungen zur Einflussnahme

Als Will und Sharon im Frühling 2002 vom ersten Einsatz in Svay Pak zurückkamen, wussten wir, dass wir aktuelle und bestürzende Beweise in allzu deutlichen Farben von dem Missbrauch, der dort stattfand, vorliegen hatten. Wir wollten das politische Klima in Washington vorbereiten, um möglichst großen Druck auf die kambodschanischen Behörden zu erzeugen, damit diese den ganzen Misthaufen des Missbrauchs in Svay Pak beseitigten. Außerdem wollten wir das neue Gesetz zum Schutz der Opfer von Menschenhandel als Hebel nutzen, damit die Kinder zur Priorität werden, was andernfalls niemals geschehen würde.

Während das US-Außenministerium den Bericht zur Einstufung fremder Staaten aufgrund ihres Vorgehens bei der Bekämpfung der kommerziellen Ausbeutung der Sexualität vorbereitete, nahm Sharon eine wichtige Aufgabe wahr: Sie wollte dafür sorgen, dass das Ministerium, seine Wachhunde im Umfeld des Kongresses und die Medien sehen sollten, was wir in Svay Pak gesehen hatten. Völlig zu Recht wurde Kambodscha auf Ebene 3 eingestuft und war von Sanktionen bedroht, falls es nicht entschlossen gegen die offensichtliche Seuche der sexuellen Ausbeutung von Kindern im Land vorging, für die es geradezu berüchtigt war. Mehr noch, der neu ernannte US-Botschafter in Kambodscha wurde gerade anlässlich der Bestätigung seiner Einsetzung vor dem Senat auf seine Aufgabe vorbereitet. Freunde aus Menschenrechtsbewegungen zeigten uns, wie man formelle Anfragen von unserer Sache wohlgesonnenen Senatoren an den neuen Botschafter vorbereiten konnte, die nach einer offiziellen Antwort darauf verlangen würden, was er im Blick auf den Prostitutionshandel in Kambodscha und besonders in Svay Pak unternehmen würde.

Wir versammelten die Mitarbeiter unseres Kambodscha-

Projektes im IJM-Hauptquartier, um zu überlegen, wie man die kambodschanischen Behörden dazu bringen könnte, die Polizei anzuweisen, in Svay Pak im großen Maßstab mit uns zusammenzuarbeiten. Nach stundenlangen intensiven Diskussionen im Konferenzraum waren die riesigen Papierbögen, die die Wände bedeckten, voller bunter Stichwortlisten, Pfeile, Tabellen und Ablaufdiagramme.

„Also", fasste ich zusammen, „Gegenstand des nächsten Ermittlungseinsatzes ist es, aktuelles, aussagekräftiges Beweismaterial zu erstellen, das so überwältigend ist, dass wir es dem Botschafter vorlegen und ihn bitten können, sich mit obersten kambodschanischen Autoritäten zu treffen und in unserem Interesse um volle Polizeiunterstützung zu bitten, damit wir eine umfassende Befreiungs- und Inhaftierungsaktion in Svay Pak durchführen können."

Mosier, der nach einem Orientierungspunkt suchte, wandte sich an Sharon. „Sharon, was, denkst du, brauchen wir vom Ermittlerteam, um das Bestmögliche zu erreichen?"

„Nun, zunächst brauchen wir eine große Anzahl von Videoaufnahmen von Verkaufsverhandlungen, bei denen es um sehr junge Mädchen geht, mit konkret erkennbaren Straftätern, die nicht nur einfache Handlanger sind, sondern bedeutsame Schlüsselfiguren in diesem Geschäft", antwortete Sharon. „Es hat keinen Sinn, die kleinen Zuhälter auf Video festzuhalten, wenn die großen Fische, die das Geschäft in Svay Pak richtig in Schwung halten, entwischen und dann ihre nächsten „Wasserträger" anheuern. Wir brauchen also Aufnahmen von konkreten Verkäufen mit identifizierbaren Opfern und Straftätern, auf denen alle Elemente der stattfindenden Verbrechen dokumentiert sind – nicht nur, um damit den Botschafter zu überzeugen, sondern auch, um schließlich eine Verurteilung zu erreichen. Wir brauchen den konkreten Ort, wo die Geschäfte stattfinden, also eine detaillierte Karte von Svay Pak. Wir brauchen ebenfalls Berichte von möglichst vielen Opfern, um eine groß angelegte Strafverfolgungsaktion zu rechtfertigen, und wir brauchen viele von den sehr jungen Opfern, damit die Täter auch empfindliche Gefängnisstrafen erhalten."

„Wie sieht die Gesetzeslage in diesem Bereich aus?", fragte ich. „Wie definiert Kambodscha *minderjährig* im Zusammenhang mit diesen Straftaten, damit empfindliche Gefängnisstrafen drohen?"

„Unter fünfzehn", antwortete Sharon. „Also Opfer, die vierzehn oder jünger sind."

„Wie viele brauchen wir?", fragte Bob.

„Damit der Umfang der Verbrechen, die begangen werden, tatsächlich ersichtlich wird, müssen wir eine große Anzahl von Opfern dokumentieren. Wenn wir zwei Fälle aus jedem Bordell haben, wird das zu einem eindrucksvollen Umfang an Beweismaterial führen", sagte Sharon.

„Das sehe ich auch so. Ich denke, wir brauchen mindestens dreißig Fälle, um der Angelegenheit durchschlagendes Gewicht zu verschaffen und um eine groß angelegte Aktion zu rechtfertigen", sagte ich. „Denkst du, das ist ein realistisches Ziel, Will?"

„Jawohl!", erwiderte Will Henry.

Es gab noch immer gravierende offene Fragen – welche Ermittlungstaktik wir anwenden sollten, wie wir die Fakten dem Botschafter präsentieren sollten, wenn die Ermittlung erfolgreich sein würde, was genau die Kambodschaner für uns in Svay Pak tun sollten und wie es mit den Kindern und den Tätern nach der Befreiungsaktion weitergehen sollte. Aber zumindest hatten wir unsere Ermittlungsziele festgelegt und eine klare Vorstellung, welche Personen durch die Ergebnisse überzeugt werden sollten. Nun war es an der Zeit, die Mitglieder des Ermittlungsteams zusammenzustellen und den nächsten Schritt vorwärts zu machen.

Kapitel 24

Wichtig ist, wen man kennt

„Robert, du musst die Untersuchung dort wieder aufnehmen, wo Will und Sharon aufgehört haben", sagte Mosier zu Robert Earle. „Ich möchte, dass du eine umfassende Dokumentation über die Bordelle in Svay Pak, die Minderjährige sexuell ausbeuten, erstellst. Du wirst ein Netzwerk von externen Mitarbeitern aufbauen müssen, wenn das klappen soll; es ist schlicht nicht möglich, dass du das alles allein machen kannst."

„Ich habe einen Freund in der Strafverfolgung hier in den Staaten, der mir angeboten hat, einen Kontakt zu ein paar Jungs herzustellen, die freiberuflich Ermittlungsaufträge in Asien übernehmen, falls ich das einmal brauchen sollte", sagte Robert. „Ich fange mit ihm an und sehe mal, was ich finden kann."

Gute Polizeiarbeit hängt stark von deinen Kontakten ab, davon, wen du kennst; und Roberts Kontaktmann zahlte sich wirklich aus. Er wies Robert auf zwei Leute hin: Amerikaner, die in Südostasien verdeckt arbeiteten und verschiedene Aufträge für Privatpersonen, Firmen und Regierungsorganisationen ausführten. Roberts Freund tat ihm den Gefallen und kontaktierte die beiden Ermittler, erzählte ihnen von Robert und der Arbeit von IJM, der Befreiung von Kindern aus Zwangsprostitution und fragte, ob sie IJM bei einer Operation unterstützen könnten. Beide Männer sagten zu.

Einer der Externen war Mark, ein hoch qualifiziertes, begabtes früheres Mitglied einer Spezialeinheit der Streitkräfte, der nun selbstständig als Sicherheitsberater und Ermittler arbeitete. Mark war bereit, von seinem Stützpunkt in Südostasien nach Kambodscha zu fliegen, um kostenlos eine Woche lang mit unserem Team zu arbeiten. Aufgrund seiner Fähigkeiten und seines Rufes hätte Mark eine hohe Bezahlung für seine Dienste verlangen können, aber er stellte IJM großzügig seine Zeit und

Mitarbeit zur Verfügung – aufgrund der Art der Arbeit, die wir taten und wegen der Verletzlichkeit der Opfer, denen er damit helfen würde. Wir mussten lediglich seine Reisekosten und Kost und Logis übernehmen. Mark ist ein weiteres Beispiel dafür, wie Gott uns für unsere Arbeit an der Befreiung der Unterdrückten mit dem Allerbesten versorgt, einer Arbeit, die ihm, so glaube ich, ganz besonders am Herzen liegt.

Der andere Ermittler, der bereits in Kambodscha arbeitete, sagte auch zu, uns zu helfen, und stand für Ermittlungen zur Verfügung, die sich über eine oder zwei Nächte erstreckten.

Als Robert klar wurde, dass er nun der Hauptermittler in Svay Pak sein würde, begann er mit der Untersuchung der Rahmenbedingungen in Kambodscha: Sprache, Kultur, Klima, Währung und politische Situation. Ein Großteil dieser Informationen wurde von Will Henry zusammengetragen, und Robert begann, alles intensiv zu studieren. Er machte sich ein Bild von den politischen und organisatorischen Verbündeten in und um Svay Pak. Er beschäftigte sich mit Flucht- und Täuschungsplänen für den Fall, dass die Operation plötzlich gefährlich würde und unsere Mitarbeiter das Land schnellstens verlassen müssten. Das letzte Stück der theoretischen Vorbereitungen bestand darin, frühere Untersuchungsergebnisse durchzugehen, einschließlich der Reisen unserer Ermittler nach Svay Pak in den Jahren 2000, 2001 und 2002.

Man kann gar nicht überbewerten, wie wichtig es ist, äußerst gründlich und auf alles vorbereitet zu sein, wenn Leben auf dem Spiel stehen – unser eigenes und das der Opfer, für die wir diese Arbeit tun. Man weiß nie, welches Detail genau zur richtigen Zeit wieder auftauchen wird, und dabei helfen kann, jemanden zu befreien oder ein Leben zu retten, eventuell auch das eigene.

Kapitel 25

Ein Netz knüpfen

Ende Januar 2003 flog Robert Earle erstmals nach Kambodscha – zusammen mit Will Henry, für den es bereits die dritte Reise in dieses Land war. Sie trafen sich dort mit Mark, dem ehemaligen Militärspezialisten, und beschrieben ihm die Natur unseres Einsatzes in Svay Pak, unsere bisherigen Ermittlungsergebnisse und alles, was wir dort zu erreichen hofften. Von Anfang an begutachtete Mark unsere Pläne und stimmte den Überlegungen unseres Teams zu, wie sie das Land verlassen würden, falls die Informationen, die sie sammelten, zu einer Gefahr für ihr Leben werden würden.

Um eines unserer Hauptziele in dieser Phase der Operation zu erreichen, instruierte Mark sie darüber, wie man ein Informationsnetzwerk in Kambodscha unterhalten könnte – eine entscheidende Aufgabe, da sie auf früheren Reisen nur sehr wenige Leute getroffen hatten, denen sie vertrauen konnten. Es war eine der Hauptaufgaben von Mosier auf dieser Reise, ein Netzwerk von Menschen aufzubauen, die uns jederzeit assistieren konnten, wenn wir nach Phnom Penh zurückkommen würden. Wir wussten, dass bis zu einer Intervention einige Zeit vergehen würde, weshalb wir jemanden brauchten, der wiederholt nach den Mädchen sehen und uns verlässliche Informationen in die Staaten senden konnte.

Mark stellte Will und Robert eine Reihe seiner eigenen Informanten vor, die sich für unsere Operationen als sehr nützlich erwiesen. Diese Informanten waren Leute, von denen unsere Teammitglieder Auskünfte erhalten konnten, die aber selbst niemals den Gesamtüberblick über die Operation hatten. Sie wussten weder wer wir waren noch was genau wir taten; natürlich werden sie Annahmen und Vermutungen über unsere Absichten angestellt haben, aber sie waren eben keine externen Mitarbeiter.

Unsere externen Mitarbeiter waren Menschen, denen wir vertrauten und die stärker in die Operation eingebunden wurden. An einem bestimmten Punkt hatten wir ihnen ein bestimmtes Detail gegeben, weil sie es kennen mussten, um unser Ziel wirkungsvoll zu unterstützen. Ihnen vertrauten wir etwas mehr an Informationen, Ausrüstung oder Mittel an. Und wir bezahlten sie auch großzügig für ihre Hilfe.

Mark half uns dabei, das Zielgebiet Svay Pak kartografisch zu erfassen, und sprach mit dem Team über verschiedene Möglichkeiten, wie ein Zugriff im Dorf aussehen könnte.

„Manchmal war es ziemlich komisch, wenn wir seine Sichtweise hörten, weil er vom Militär kam", sagte Robert. „Will und ich kommen von der Strafverfolgung; da will man einen Ort absperren und kontrollieren, eine Suchaktion durchführen, die bösen Jungs dingfest machen und sich selbst dabei sichern. Mark wollte rein, die Opfer rausholen und dann alles in die Luft jagen."

Mark war das Problem der Zwangsprostitution von Kindern überall in Asien bewusst, er hatte von Svay Pak gehört, hatte den Ort aber noch nicht kennengelernt. Es war gut, dass Will Henry mit dabei war, weil er bereits zweimal in diesem Gebiet gewesen war. Will half Robert und Mark, den Aufbau des Dorfes zu verstehen, und er verschaffte ihnen eine gute Vorstellung, was sie bei ihrer Ankunft dort erwarten würde.

Bei ihrem ersten kurzen Besuch im Dorf blieben Mark und Robert zusammen, während Will im Hintergrund für ihre Sicherheit sorgte und an der Hauptstraße ein paar Hundert Meter außerhalb des Dorfes wartete.

Diese Erfahrung hat Robert später so beschrieben:

Wir trafen ein paar Informanten, die uns am Abend nach Svay Pak hineinfuhren. Es war ein abgelegener Irrgarten von Hütten. Um dorthin zu gelangen, muss man die Hauptstraße verlassen und in ein kleines Tal abbiegen, um ein paar Kurven herum. Sobald wir in das Dorf kamen, erkannten junge Zuhälter, ob-

wohl wir noch auf unseren Motorrädern saßen, dass wir aus dem Westen kamen, rannten auf uns zu, liefen neben unseren Motorrädern her und riefen: „Du wollen junges Mädchen? Du wollen junges Mädchen?"

Wir wollten ganz cool bleiben und ließen uns zunächst nicht anmerken, dass das genau das war, warum wir gekommen waren, deshalb schüttelten wir sie ab und fuhren weiter ins Dorf hinein. Sie waren aber sehr hartnäckig – eine ganze Gruppe junger Kerle – sie rannten neben uns her: „Du wollen junges Mädchen?"

Svay Pak ist eine ausgesprochen düstere Slumsiedlung – viele Gebäude waren aus allem zusammengezimmert, was gerade greifbar war. Es war eine unwirkliche Szene, als wir in dieses dunkle Dorf fuhren, in dem, wie wir wussten, tagtäglich schreckliche Verbrechen an Kindern begangen wurden.

Wir fuhren an mehreren kleinen Ansammlungen von Männern aus dem Westen vorbei, die nur aus einem Grund hier waren. Sie beäugten uns misstrauisch, als wir vorbeifuhren, weil sie ihre eigene kleine Gemeinschaft von Pädophilen bilden, und wir nicht zu einer ihrer Gruppen gehörten. Sie sind immer besorgt, dass ihre Identität aufgedeckt wird.

Während die Teenager hartnäckig fragend neben uns herliefen: „Du wollen junges Mädchen?", fuhren wir die etwa 150 Meter durch das Dorf, bemerkten die dunklen Gassen, die von der Hauptstraße abzweigten, wie auch die finster dreinblickenden Zuhälter und die Kunden, die sich im Schatten herumdrückten. Auf beiden Seiten der Straße waren die Bordelle zwischen kleinen Cafés oder Bars eingestreut, wo die Männer aus dem Westen zusammensaßen und sich unterhielten, bevor sie sich wieder zu weiteren Besuchen in eines der Gebäude aufmachten.

Die Stimmung wurde für unsere Ermittler zusätzlich dadurch angespannt, dass demnächst eine internationale Tourismuskonferenz in Kambodscha stattfinden würde. Zwei Tage zuvor hatte die Regierung angekündigt, dass sie Svay Pak schließen lassen wollte, damit dies kein Schandfleck auf dem makellosen Bild des Landes sein würde, das man der Welt, die hierherschauen würde, bieten wollte. Wenn man aber versucht, eine Einrichtung zu schließen, muss man zwei Dinge tun: Zunächst muss man sie tatsächlich schließen, damit sie nicht mehr arbeiten kann. Und zweitens muss man diejenigen, die für die Aktivität der Einrichtung verantwortlich sind, vor Gericht bringen. Die Annahme dahinter besagt: Wer etwas Illegales und Böses tut, muss dafür auch angemessen bestraft werden. Das geschah zwar nicht, aber die Bordellbesitzer waren auf der Hut; wachsam hielten sie Ausschau nach jeder potenziellen Bedrohung für ihr einträgliches Geschäft.

In dieser Umgebung begannen unsere Ermittler nur vier Tage, nachdem die Behörden die Schließung von Svay Pak angekündigt hatten, ihre systematische Suche in den Bordellen des Dorfes, die nach wie vor in Betrieb waren. Innerhalb von zweieinhalb Wochen waren sie in der Lage, vierzig minderjährige Mädchen mit Namen, Arbeitsstätte und einem geheimen Foto, das sie von jedem Kind gemacht hatten, zu identifizieren.

Die Dinge hatten sich jedoch im Vergleich zu früheren Besuchen recht deutlich geändert. In der Vergangenheit standen die Mädchen vor den Hütten, wenn die Ermittler nach Svay Pak hineinkamen, waren aufreizend gekleidet und lockten die Kunden, hereinzukommen. Nun waren keine kleinen Mädchen mehr zu sehen. Wir stellten bald fest, dass sie weiterhin angeboten wurden, nun aber waren sie versteckt, im Innern der Hütten. Es gab ein paar ältere Mädchen vor den Hütten, aber die jüngeren befanden sich hinter den Kulissen.

Robert Earle fuhr in seinem Bericht fort:

Wir stiegen vor einem der Cafés von unseren Motorrädern ab, setzten uns an einen Tisch und bestellten etwas zu trinken. Während wir uns in all das einfühlten, was um uns herum vor sich ging, mussten wir ständig die jungen Zuhälter abwimmeln, die fortfuhren, uns mit ihrer Frage „Du wollen junges Mädchen?" auf die Nerven zu gehen.

Nachdem sich die misstrauischen Pädophilen zehn oder fünfzehn Minuten mit uns unterhalten und uns ausgehorcht hatten, nahmen wir das Angebot eines Jungen an, der uns mitnehmen wollte, um uns die jungen Mädchen zu zeigen. Dann kam ein Moment düsterster Vorahnungen, als wir die Hauptstraße verließen, die wenigstens teilweise beleuchtet war, sodass man all die anderen Fremden sehen konnte, die in das Dorf kamen. Wir folgten dem Jungen in eine dunkle Seitengasse, weg von den Bordellen, die dafür bekannt waren, dass sie „ältere" Mädchen anboten, die fünfzehn, sechzehn oder achtzehn Jahre alt waren. Wir hatten ihm gesagt, „Ja, wir wollen junges Mädchen", deshalb führte er uns durch eine dunkle Seitengasse, bis wir völlig die Orientierung verloren hatten, wie wir wieder zur Hauptstraße zurückfinden sollten.

Während wir unserem Zuhälter-Führer folgten, drehte sich unser Gespräch darum, was wir machen würden, wenn das hier aus dem Ruder laufen sollte.

Wir hofften, wir würden Will Henry nicht herbeirufen müssen, unsere einsame Rückendeckung draußen an der Hauptstraße. Denn selbst, wenn wir ihn rufen würden, war die Chance sehr gering, dass er uns hier so tief in den abgelegenen Teilen des Dorfes finden würde.

Also folgten wir unserem jugendlichen Führer nach Wer-weiß-wohin und fragten uns, ob wir demnächst ausgeraubt würden. Oder vielleicht Schlimmeres? Aber dann wurde mir klar, dass Männer aus dem Westen ihre Lebensgrundlage sind. Wenn sie nach Svay Pak kommen und ausgeraubt oder getötet werden, dann wäre das wirklich schlecht fürs Geschäft. Obwohl wir angreifbar waren und dies riskant war, lag es dennoch in ihrem Interesse, uns zu beschützen, um an unser Geld zu kommen – und an das Geld der Leute, denen wir in Zukunft von Svay Pak erzählen würden.

Wir gingen etwa vier oder fünf Minuten in höchster Alarm-

bereitschaft durch das Dunkel, das stinkende Labyrinth, stapf-
ten durch fauliges Wasser und vorbei an Abfallhaufen, auf de-
nen sich Ratten furchtlos tummelten.

Menschen, die unsere Berichte hören, finden oft, dass unsere
Leute bemerkenswert viel Mut aufbringen. Aber eigentlich haben unsere Ermittler keine Zeit, Angst zu haben, an ihre Familie
zu Hause zu denken oder ihr Leben vor ihren Augen vorbeizie-
hen zu lassen. Das heißt nicht, dass sie überhaupt keine Angst
haben oder vor und nach solch intensiven Augenblicken nicht
an ihre Lieben denken, denn das tun sie ganz gewiss. Aber in der
Hitze des Gefechts dieser Momente unter Hochdruck, gehen sie
unbestreitbar mit einer verblüffenden Zielstrebigkeit – mit einer
Berufung – vor, so als gäbe es von der Mission, die vor ihnen
liegt, keinen Weg zurück, selbst wenn sie das wollten.

Will Henry beschreibt das Phänomen gut: „Wer sagt, dass er
in solchen Situationen keine Angst hat, ist entweder verrückt
oder er lügt. Du tust, was du tust, und schaust der Angst ins Gesicht, kontrollierst deine Gefühle, weil Gott dir dazu die Kraft
gibt – und das Versprechen, dass du bei ihm sein wirst, wenn er
dich zu sich ruft. Wir können das gegenseitig in unseren Augen
sehen, wenn wir in die Dunkelheit gehen, und wir fühlen das in
jeder Sekunde zwischen den Kontrollanrufen."

Auch für die Opfer, die uns begegnen, gibt es ja keine Pause,
in der sie ihrer Angst nachgehen könnten. Sie können keine
Notrufnummer wählen, damit jemand kommt und sie rettet; sie
haben keine Waffen, keine Zuflucht, keine Verteidigung. Unsere Ermittler marschieren in diese Dunkelheit, diese finsteren
Situationen, weil sie glauben, dass Gott sie dorthin gerufen hat,
um diese Verteidigung zu sein. Wie Sharon Cohn oft sagt: „Wir
können von den Kindern nicht erwarten, dass sie mutiger sind
als wir."

Manchen Christen ist nicht wohl bei dem Gedanken, dass
Gott in einem dunklen, widerlichen Bordell ist, dass er Zeuge
all der scheußlichen Dinge ist, die dort geschehen. Unseren Er-

mittlern ist nicht nur wohl bei diesem Gedanken – sie rechnen fest damit, dass dies die Wahrheit ist.

Robert Earle erläuterte seinen Gefühlszustand während dieser ersten Reise nach Svay Pak. „Ich will das Gefühl der Besorgnis und Verletzlichkeit nicht herunterspielen, das aufkommt, wenn man sich im Dunkeln befindet, wenn man völlig orientierungslos in einer gänzlich ungewohnten Umgebung ist. Aber ich will auch nicht die Tatsache abtun, dass wir, bevor wir in dieses Dorf gingen, gebetet haben. Ich weiß, das klingt sehr einfach, aber es macht einen himmelweiten Unterschied, ganz sicher auf der Ebene des Gefühls und des Verstandes, aber – was noch wichtiger ist – auf der geistlichen Ebene, wenn man sich auf die Ressourcen Gottes verlässt, der bereits vor Ort ist und sich auskennt. Er kennt die traurigen, schrecklichen Dinge, die dort geschehen. Deshalb verlässt du dich auf seine Verheißung, dass er mit dir sein wird. Du gehst da nicht allein hinein; auch dies ist kein Ort, an dem er dich nicht führen könnte. Er ist dort schon seit Jahren, und er wird noch dort sein, lange nachdem ich schon wieder weg bin. Du gehst einfach nicht allein hinein.

Ich glaube, dass ich nur deshalb dort bin, weil er das so eingerichtet hat. Es ist ganz und gar seine Operation. Ich erinnere mich an seine Verheißung, bei uns zu sein, treu zu sein, und an sein Wort, dass ich voller Mut und Vertrauen sein soll."

Dieser Glaube an einen allmächtigen Gott ist eine unerschöpfliche Quelle des Mutes für unsere Leute. Aber sie bekommen auch Rückenstärkung voneinander. Als junger Polizeibeamter stand Robert während einer gefährlichen Situation, in der eine wütende Menge außer Kontrolle zu geraten drohte, neben einem altgedienten Kollegen. Während sie dem bedrohlichen Mob gegenüberstanden, blickte Robert zu dem älteren Kollegen hinüber, und dessen Entschlossenheit, Standfestigkeit und Entschiedenheit gaben ihm Mut. Nachdem sich die Menge schließlich aufgelöst hatte und sie den Ort verließen, fragte Robert den erfahrenen Kollegen: „Hast du meine Knie vorhin schlottern hören?"

„Nein, hab ich nicht. Meine eigenen waren zu laut, als dass ich etwas hören konnte."

Als wir so gingen, setzten Mark und ich unser leises Gespräch fort: „Wenn das hier schiefgeht, nehme ich die erste Bedrohung, du die zweite ..." Wir waren beide vorbereitet, beide bereit, und uns beiden war mulmig zumute ...

Dann, plötzlich, waren wir da und wurden in ein Gebäude geführt. Die erste Person, die wir trafen, war Kah, der Papasan, der Bordellchef, der uns an seine jüngeren Zuhälter verwies. Einer von ihnen, Victor, den ich in den kommenden Wochen noch gut kennenlernen sollte, führte uns tiefer in das Haus. Ein paar nackte Glühbirnen brannten in einem kleinen, schmutzigen, heißen Raum, in dem etwas stand, das wohl ein Doppelbett sein sollte; in Wirklichkeit war es ein Holzbrett mit einer schmutzigen Matratze und einer Decke, die darüber geworfen war.

Während wir weitergingen, schoss mir der andere Gedanke durch den Kopf, dass meine Kamera lief und ich Beweismaterial sammelte. Seit wir ins Dorf gefahren waren, im Café gesessen hatten und dann hierher gegangen waren, hatte sie ununterbrochen aufgezeichnet. Eine Kamera macht die Lage komplizierter. Wer unter normalen Umständen ausgeraubt wird, verliert seinen Geldbeutel, und das ist nicht gerade toll. Wird man aber ausgeraubt und jemand bemerkt, dass man eine Kameraausrüstung am Körper trägt, die Beweismaterial gegen jedermann, die eigene Familie, Freunde oder Kollegen gesammelt hat, dann sind die Einsätze mit einem Mal wesentlich höher.

Wenn du eine Kameraausrüstung am Körper trägst, musst du auch sehr vorsichtig sein, wo du stehst und wohin die Kamera zielt. Es gehen eine ganze Reihe von Dingen gleichzeitig im Kopf vor. Du denkst über Sicherheit nach, aber du denkst zugleich daran, Beweise zu sammeln. Deshalb entscheidest du dich, neben jemandem so zu stehen, wie du das normalerweise aus Gründen der Sicherheit nie tun würdest, aber du willst eben sein Gesicht gut auf die Aufnahme bekommen.

Stets in Alarmbereitschaft, wussten Robert und Mark, wie wichtig es war, ruhig zu wirken, selbst während man die körperliche Gefahr abschätzt, die von vier jungen Männern und einem Papasan in den Vierzigern ausgeht. Sie behielten die ganze Zeit den Weg zum Ausgang im Blick, während sie die für den Aufbau des Falles notwendigen Beweise sammelten. „Ich muss cool und lässig agieren, so, als ob das hier etwas ist, das ich laufend mache; so normal, wie eine Limo im Supermarkt zu kaufen, miete ich mir Kinder, um mit ihnen Sex zu haben“, sagte Robert.

Kapitel 26

„Noch jünger? Kein Problem!“

Fast unmittelbar, nachdem Robert und Mark in das kleine Schlafzimmer jenes ersten Bordells in Svay Pak geführt worden waren, das nur von einer Glühbirne in der Ecke erleuchtet wurde, kamen zwei Mädchen herein, beide vierzehn.

Mark, der frühere Armeespezialist, übernahm die Gesprächsführung und stellte als erster Fragen, denn er war, anders als Robert, bereits zuvor in Kambodscha gewesen und hatte dort mit Menschen gearbeitet. Mark stellte all die üblichen Fragen wie etwa: „Was kann diese hier? Was sollen wir bezahlen? Wie lange können wir sie haben? Können wir sie mit zurück ins Hotel nehmen?“

Nachdem er alle Beweise gesammelt hatte, die er für nötig hielt, sah er Robert an. Der wandte sich an Victor, den Zuhälter, und fragte: „Habt ihr auch jüngere Mädchen?“

Mark warf Robert einen verwirrten Blick zu, weil die Mädchen im Zimmer auf ihn extrem jung und klein wirkten.

„Was meinst du?“, fragte er Robert. „Du willst Jüngere als diese hier?“

„Klar", antwortete Robert, weil er gehört hatte, dass es auch extrem junge Mädchen in Svay Pak gab.

Victor zögerte keinen Augenblick: „Oh ja, ja. Du wollen jünger. Sicher, kein Problem."

Dann sagte er ein paar Worte zu einem der jüngeren Zuhälter, der schnell den Raum verließ.

Innerhalb von etwa einer Minute kamen drei Mädchen zwischen acht und zehn herein.

Von nun an sagte Mark nichts mehr. Obwohl er das Gespräch bis zu diesem Zeitpunkt geführt hatte, war er nun sprachlos.

„Ich habe tiefen Respekt vor Mark", sagte Robert. „Er ist ein ganz erstaunlicher Profi, und er hat mir in der Woche, in der er mit uns in Phnom Penh war, eine Menge beigebracht. Er ist schon an einer ganzen Reihe von Orten gewesen und hat eine Menge gesehen, einschließlich der schlimmsten Sachen, die man eben in einer Spezialeinheit bei der Armee so zu sehen bekommt, aber ich glaube nicht, dass er so etwas wie das schon einmal gesehen hat."

Weil Robert derjenige war, der nach jüngeren Kindern gefragt hatte, übernahm er nun das Gespräch. „Wie heißt du?", fragte er ein Mädchen nach dem anderen.

Dann fragte er Victor, welche Sexpraktiken die Kinder beherrschten. Er zeigte auf eines der Mädchen und fragte: „Sie machen Yum-Yum?", was Oralverkehr meinte. Dann fragte er sie direkt: „Du gut?"

„Ja", antwortete sie ausdruckslos und professionell mit einem schnellen Kopfnicken.

„Sie machen Boom-Boom?", fragte Robert den Zuhälter nach regulärem Geschlechtsverkehr.

Robert weiß, dass die meisten zivilisierten Menschen Gespräche dieser Art erbärmlich und abstoßend finden. Aber er weiß auch, dass das notwendig ist, um die Beweise zu sammeln, die nötig sind, um die Leute zu bestrafen, die den Kindern Tag für Tag das antun. In diesem Moment dachte er nur daran, Beweise zu sammeln und wieder heil aus dem Gebäude zu kommen.

„Deine Sicherheit hängt davon ab, dass du überzeugend bist, deshalb muss man sich vollständig verstellen", sagte er. „In solchen Momenten bin ich auf eine bestimmte Weise begeistert, dass er uns die Beweise liefert, so als ob ein Drogenhändler sein gebunkertes Kokain vorzeigt. Jetzt habe ich den Zuhälter auf Band, und er kann nicht mehr behaupten, er habe nicht gewusst, dass sie minderjährig seien, denn sie sind sechs oder acht Jahre alt, und er hat mir das gerade erzählt. Er ist überführt. Aus Sicht der Untersuchung gibt es in solch einem Moment ein Hochgefühl der Genugtuung, dass man erreicht hat, weshalb man gekommen ist, und was nötig ist, damit der Gerechtigkeit gedient wird. Ich sehe auf die Beweise, die jemanden für lange Zeit ins Gefängnis bringen können. Ich denke in diesem Augenblick nicht an die Kinder als Kinder: Das kann ich mir nicht leisten."

Später dann, wieder zurück in seinem Hotelzimmer, als er das Video des gerade beendeten Einsatzes prüfte, bemerkte er die Augen der Kinder zum ersten Mal. „Dann nehme ich sie als Kinder wahr, als unschuldige Opfer. Dann kommen mir schon mal die Tränen und ich bete für sie, weil ich sehe, wie jung, wie unschuldig und wie verletzlich sie wirklich sind."

Auf einem heimlich gedrehten Band kann man Roberts Flüstern hören, als er ein Bordell verlässt: „Möge Gott dich beschützen. Möge Gott dich beschützen, bis wir wiederkommen, um dich hier herauszuholen."

Der Blick in die Gesichter dieser kleinen Mädchen verursacht selbst hartgesottenen Soldaten weiche Knie – Furcht und Verletzlichkeit, vermischt mit unbeschreiblicher Würde. Wir sehen das viel zu oft an Orten wie diesem. Und wir kennen die Geschichten der Mädchen. Nicht alle; keine speziellen Details. Aber unsere Ermittlungen haben uns viel zu gut mit den Wegen vertraut gemacht, auf denen diese Unschuldigen in dunkle Löcher unmenschlicher Behandlung gezerrt wurden, in die gierigen Hände von Menschen, die sie missbrauchen.

Kapitel 27

Startvorbereitungen

Robert fuhr in den nächsten zweieinhalb Wochen fort, überall in Svay Pak Beweismaterial zu sammeln. Er sammelte Namen und Alter der Opfer zu den geheimen Fotos ihrer Gesichter. Um nicht das Misstrauen der Bordellbesitzer zu erwecken, erzählte Robert, dass eine große Gruppe seiner Freunde aus dem Westen zu einer Sextour nach Phnom Penh kommen würde und dass sie so viele junge Mädchen wie möglich für eine Party auf einem Privatgelände in Phnom Penh haben wollten. Zunächst schien diese Geschichte bei den Bordellbesitzern auf Wohlwollen zu treffen. Später wurde die Sache allerdings wesentlich komplizierter.

Robert fand es ziemlich leicht, einige der Köpfe im Sexgeschäft in Svay Pak kennenzulernen: Kha, der selbst ernannte Dorfchef, den Robert und Mark bei ihrem ersten Besuch im Dorf getroffen hatten, und Victor, den stolzen hochrangigen Zuhälter, der ebenfalls in das Bordell aus der ersten Nacht gehörte. Robert lud die beiden bei ein paar Gelegenheiten nach Phnom Penh zum Abendessen ein, brachte ihnen Geschenke mit und fand andere Wege, ihr Vertrauen zu gewinnen. Als Robert erfuhr, dass Victors Fußballmannschaft sich keine neue Ausrüstung leisten konnte, kaufte er mehrere Fußbälle als Geschenk für seinen neuen „Freund". Bei späteren Besuchen in Svay Pak brachte ihnen Robert andere Geschenke mit, und auch sie gaben ihm Geschenke. Sie freuten sich immer, ihn zu sehen, weil sie ihn mittlerweile mochten und er für sie schon bald eine große Einnahmequelle sein würde.

Zurück im Hauptquartier verfolgten wir die Fortschritte von Roberts Ermittlungen, und wir waren unglaublich ermutigt durch seine Erfolge bei der Dokumentierung so vieler Fälle von wirklich jungen Mädchen – Mädchen, die wir schon sehr bald zu befreien hofften. Er hatte konkrete Verhandlungen über vierzig verschiedene Mädchen, die zum Sex verkauft wurden, auf Band, alle im Alter zwischen fünf und vierzehn. Jede festgehaltene Verkaufsverhandlung zeigte einen bestimmten Straftäter und konnte einem konkreten Ort zugeordnet werden, einem nummerierten Bordell, mit einem markierten Ort auf der Karte von Svay Pak und GPS-Koordinaten zur genauen Ortsbestimmung. Jedes Verkaufsgespräch hielt die Elemente des Verbrechens fest, die für eine eindeutige Anklage und Verurteilung notwendig waren.

Nachdem nun unser Ermittlungsziel auf wundersame Weise, und ohne Sicherheitsprobleme, erreicht war – mit überwältigenden Ergebnissen, die bei Weitem unsere Erwartungen übertrafen –, wandten wir uns drei weiteren Hauptfragen zu: 1. Konnten wir den US-Botschafter bewegen, sicherzustellen, dass hochrangige kambodschanische Behörden mit uns zur Durchführung einer groß angelegten Befreiungs- und Strafverfolgungsaktion zusammenarbeiten würden? 2. Konnten wir eine Verhaftungsaktion so anlegen, dass sie wirklich erfolgreich sein würde? 3. Konnten wir die qualitativ gute weitere Betreuung für die Opfer sicherstellen?

Sharon sammelte ihre Mitarbeiter, um den Einsatzbericht zu erstellen, der sich als entscheidendes Dokument in der ganzen Operation herausstellen würde. Ihre Anweisungen waren klar:

„Denkt daran, das hier ist kein Platz für poetische Ergüsse. Es ist überaus wichtig, die Wirklichkeit der Verbrechen einzufangen. Wenn wir diese Fakten richtig zusammenstellen, könnten wir diese Mädchen herausbekommen. Ihr dürft euch keine Freiheiten bei den Tatsachen erlauben. Eine Eins-a-Arbeit sieht so aus, dass sämtliche Fakten korrekt sind.

Fühlt euch nicht bemüßigt, irgendetwas sprachlich aufzupolieren, auszuschmücken, zu erklären oder zu ergänzen. Unsere Glaubwürdigkeit hängt an diesen Berichten. Sie müssen perfekt sein.

Ich will nichts lesen über „brutale Vergewaltigung". Ich will hören, dass zu einem bestimmten Datum ein Mädchen, das mit seinem Namen benannt wird, im Alter von x Jahren von einer bestimmten Person einer anderen bestimmten Person angeboten wurde, um bestimmte sexuelle Praktiken zu einem bestimmten Preis auszuführen.

Alles wird dreimal kontrolliert. Daran kann es hängen, ob es zu einer Verurteilung oder einem Freispruch kommt."

Phase 1, die Ermittlungsphase unseres Projektes in Svay Pak, war mit überwältigendem Erfolg abgeschlossen. Aber oft scheint wundersam anmutender Erfolg bei der Erreichung des einen schier unmöglichen Ziels einer Operation lediglich dazu zu führen, dass wir uns der nächsten Unmöglichkeit stellen müssen. Es dauert nicht lange, und man gewöhnt sich an dieses Gefühl.

Nachdem wir nun das Ergebnis der Ermittlungen vor uns hatten, war es an der Zeit, zu entscheiden, ob wir nun das gesamte Projektteam nach Kambodscha schicken sollten. Das war eine Investition, die unsere Mitarbeiterkapazitäten und unsere Finanzen ganz erheblich beanspruchen würde und die ein organisatorisches Risiko für IJM darstellte. Noch war es möglich, die ganze Sache mit überschaubaren Verlusten unserer bisher eingesetzten Ressourcen abzublasen. Sobald wir uns aber entschlossen hatten, das Team nach Kambodscha zu senden, gab es kein Zurück mehr; wir würden entweder einen Sieg oder eine herbe Niederlage mit nach Hause bringen. Um diese Entscheidung zu treffen, brauchte ich Gewissheit über ein paar Dinge: Zunächst musste ich wissen, ob Sharon Cohn glaubte, dass die politische Einflussnahme durch den US-Botschafter eine realistische Aussicht auf Erfolg hatte, und ob die weitere Betreuung der Opfer geregelt war, falls die Befreiungsoperation erfolgreich sein würde.

Zusätzlich musste ich von Bob Mosier wissen, ob er und sein Team einen aussichtsreichen Plan für die taktische Operation der Befreiung der Opfer und die Verhaftung der Täter hatten. Alles hing nun davon ab, ob Cohn und Mosier mir eindeutig sagen konnten, ob sie aus Sicht ihres Bereiches grünes Licht geben konnten. Sie erläuterten ihre Operationen, setzten alles der eingehenden Prüfung durch das Team aus und sprachen dann ihre Empfehlung aus. Wir hatten Gott um Weisheit gebeten und darum, dass er all das gut führt, was wir nicht überblicken können; nun war das Gebot der Stunde, sich mutig und liebevoll aufzumachen zu den Mädchen in Svay Pak. Die bestmögliche Analyse und die Erkenntnisse, die wir zusammentragen konnten, führten uns zur Überzeugung, dass es Zeit war, loszugehen.

Bob fragte Sharon: „Ich muss wissen, ob wir die ganze Sache durchziehen, egal, was passiert", sagte er. „Ich muss wissen, ob ich die Mitarbeiter nun aus anderen Ländern abziehen soll oder wir noch abwarten müssen, ob wir unsere Ansprechpartner zur Hilfe bewegen können."

Sharon zögerte einen Augenblick, dann sah Bob sie an. „Ja, wir machen das jetzt, komme, was wolle", sagte sie. Ihr schossen eine Million Details durch den Kopf, vor allem aber, dass nun Gottes Stunde kam und es seine Mission war. Es würde noch verschiedene andere Augenblicke während der ganzen Aktion geben, die über Erfolg oder Misserfolg entscheiden konnten, aber Sharon sprach sich klar dafür aus, dass die Hindernisse weichen würden, wenn Gott hier etwas getan haben wollte.

Und wirklich zeichnete sich langsam ein fester Zeitpunkt für die Entsendung des Teams ab, und zwar aufgrund von zwei positiven Faktoren: Sharon hatte einen Gesprächstermin beim Botschafter, um ihm unseren Fall vorzustellen, und Robert Earle hatte den Zeitraum für die angebliche Sexparty, die er für seine Freunde geben wollte, bei seinen Unterweltkontakten in Svay Pak festgemacht. Damit das glaubwürdig blieb, musste nun alles ins Rollen kommen. Entschieden trafen wir die Vorbereitungen für die Reise nach Svay Pak.

Das Team bewältigte in kurzer Zeit ein enormes Arbeitspensum an Vorbereitungen. Dazu gehörten technische Vorbereitungen, die Zusammenstellung des Beweismaterials für alle vierzig Opfer mit der Dokumentation der „Verkaufsverhandlungen", die wir auf Video hatten. Das hieß, dass das Videomaterial für jedes der Mädchen gesichtet und ausgewählt werden musste, damit alle Elemente der kriminellen Handlungen, die stattgefunden hatten, auch gezeigt wurden. Dazu musste jeweils der Bericht über die genauen örtlichen und zeitlichen Umstände der Straftaten kommen und Zeichnungen aller Häuser mit GPS-Daten, da es in diesem Dorf keine üblichen Straßen oder Adressen gab, die man in einem Stadtplan finden konnte.

Alles Beweismaterial musste sinnvoll und geordnet aufbereitet werden, da wir davon ausgingen, dass es an die höchsten kambodschanischen Behörden weitergeleitet werden würde. Sharon hatte ihrem Team gesagt: „Wir haben vielleicht nur einen Versuch, und das ist der einzige Versuch für die Mädchen, freizukommen." Es ist nicht übertrieben zu sagen, dass hiervon Leben abhingen.

Nun zahlte sich die organisatorisch verankerte, konsequente Befolgung im Blick auf die Standards bei der Beweissicherung aus. Aber das sagt sich viel leichter, als es umgesetzt ist. Dazu bedarf es konsequenter 18-Stunden-Arbeitstage, ungeteilter Aufmerksamkeit in Detailfragen und ermüdender Prüfung von Dokumenten, Wörtern, Diagrammen und Karten. Und es geht endlos so weiter. Manchmal kann die Arbeit von IJM richtig dramatisch aussehen und sogar glanzvoll, aber wenn man tatsächlich die ganze Arbeit macht, dann wirkt dieser Eindruck lächerlich, denn das meiste an unserer Arbeit ist ebenso akribisch wie langweilig und muss so genau sein, dass es zermürbend ist. Mit einem kleinen Mitarbeiterstab in weniger als zwei Wochen juristische Fallskizzen und beweiskräftiges Ermittlungsmaterial für vierzig unabhängige Sexualdelikte zusammenzustellen, gehört zu den größten Quälereien, die es gibt. Wer beruflich mit Strafverfolgung oder Rechtsprechung zu tun hat, wird das sicherlich ohne Zögern bestätigen, aber von außen ist das kaum nachvollziehbar. Deshalb ist es auch immer für einen gequälten Lacher unter den Mitarbeitern gut, wenn gelegentlich von „diesen IJM-Cowboys" gesprochen wird. Man stelle sich solch einen Cowboy vor, der sich mit Tippfehlern herumquält, Notfallpläne aufstellt, falls Vorsichtsmaßnahmen fehlschlagen, langweilige Einsatzmemos durchgehen muss, endlos Ausrüstung und Checklisten prüft und nervenaufreibende Probeläufe für die geplanten Einsätze über sich ergehen lassen muss. Wie bei jedem Präzisionseinsatz hängt alles von drei Faktoren ab: Vorbereitung, Vorbereitung und Vorbereitung. In einem Spielfilm taugt das alles nur zu einer kurzen Montage von Szenen mit netter Musik als Untermalung, aber für die Leute, die dann tatsächlich in den Einsatz müssen, ist das die Sache, die sie im Ernstfall heraushaut. Und manchmal hängt das Leben selbst an diesem Alltagskram.

Es ist schwierig, die vielschichtigen Verknüpfungen zu beschreiben, die zusammenstimmen mussten, damit überhaupt die Chance bestand, dass die Operation in Kambodscha ein Erfolg werden konnte. In jedem Stadium gab es eine Vielzahl von alles entscheidenden Eventualitäten, die dazu führen konnten, dass wir unser Zeug packen und die Kinder von Svay Pak in ihrer Hölle zurücklassen müssten. Für uns war das alles ein Glaubensweg, ein Testfall für ein Kernprinzip: Ist Gott vertrauenswürdig? Wir gingen vertrauensvoll davon aus, dass Gott selbst ein unverzichtbarer Akteur in diesem sich entwickelnden Schauspiel war, und wir waren bereit, jede vornehme Zurückhaltung abzulegen, wenn es darum ging, diese Annahme zu testen. Wir glaubten, dass es der handelnde Gott selbst war, der Schöpfer des Lebens und der Lenker der Menschheitsgeschichte, auf dessen Wohlwollen wir angewiesen waren. Er musste uns offene Türen geben und die unglaublich komplizierte Kette von Einflüssen in der Hand haben, Glied um Glied, Schritt für Schritt, damit der ganze Apparat von Einflussnahmen, der für unseren Rettungsversuch in Svay Pak nötig war, überhaupt funktionieren konnte. Und an jeder Stelle der Kette gab es noch immer so viel, was schiefgehen konnte.

Wir wussten, dass in Kambodscha gerade die menschenverachtende und in den Menschenhandel verstrickte Polizei verantwortlich und bevollmächtigt war, Razzien, Rettungsaktionen und Verhaftungen vorzunehmen. Wir kannten die Beamten, die die Bordelle hochgenommen hatten, nachdem Will im Mai vier Mädchen befreit hatte, und dass sie diese Kinder als illegale Einwanderer festgenommen hatten. Wir wussten, dass wir hochrangigere Leute als diese brauchten, um die Polizeikräfte zu verpflichten, gesetzeskonform zu handeln, damit wir die Mädchen aus Svay Pak herausbekämen.

Mehrfach seit dem Jahr 2000 hatten wir der kambodschanischen Polizei Beweismaterial über die sexuelle Ausbeutung von Kindern übergeben, ohne dass etwas geschehen war. Es war Zeit für eine andere Taktik. Unser vielleicht entscheidender Verbündeter war der US-Botschafter in Kambodscha, Charles Ray. Nach seiner Bestätigung als Botschafter hatten wir ihn zu einem Treffen eingeladen, und er hatte angenommen. Er kam zusammen mit dem Referenten für Kambodscha, um Sharon, Bob Mosier und mich zu treffen. Wir hatten ihn mit unseren Aktivitäten in Kambodscha vertraut gemacht, ihm durch das Filmmaterial einige der Opfer vorgestellt und beschrieben ihm, was unsere Untersuchungen in den Bordellen von Svay Pak gezeigt hatten.

Er bot uns an, dass wir uns an ihn wenden könnten, falls wir nach Kambodscha kämen und seine Unterstützung bräuchten, aber es war für uns zu diesem Zeitpunkt immer noch nicht klar, ob sexuelle Ausbeutung ein Thema war, von dem er meinte, dass es die kambodschanische Regierung aggressiv angehen sollte. Wir wussten, dass wir Hilfe von oberster Stelle brauchten. Nichts von dem, was wir bisher versucht hatten, hatte funktioniert. Wir brauchten entweder die Unterstützung des Premierministers Hun Sen oder die seines Stellvertreters Sar Kheng. Mit einer Anweisung, die vom einen oder vom anderen ausgehen würde, wären die Widerstände der örtlichen Polizei zu beseitigen. Wie kommt man an das Staatsoberhaupt eines Landes wie Kambodscha heran? Man geht über den Botschafter.

Ein paar Monate nachdem wir Charles Ray getroffen hatten – Robert Earle schloss gerade seine Ermittlungen in Svay Pak ab – schrieb Sharon an das Büro des Botschafters und schlug ein Treffen vor, um ihm die alarmierenden Beweise, die wir gesammelt hatten, zu zeigen und seinen Rat und seine Hilfe zu erbitten, wie unsere nächsten Schritte zur Rettung der Opfer aussehen konnten. Der Botschafter willigte in ein Treffen in Kambodscha ein. Als das klar war, trafen wir alle Vorbereitungen für die Reise. Es war Mitte März 2002.

Kapitel 28

Ein Informant ist kein externer Mitarbeiter

Wir nahmen nicht alle denselben Flug und stiegen auch nicht im selben Hotel ab, als wir Phnom Penh erreichten, aber alle kamen innerhalb von vierundzwanzig Stunden in Kambodscha an. Unsere Aufgaben waren vielfältig, aber auf ein Ziel ausgerichtet, und jeder hatte seine Rolle bei der Bewältigung unserer Mission. Das Ermittlungsteam war bereits an der Arbeit mit der klaren Anweisung, unsere Tarnung aufrechtzuerhalten, den Informationsfluss zu überwachen, logistische Vorbereitungen für die Befreiungsaktion zu treffen und die Sicherheit beim Transport der Kinder zu gewährleisten.

Unser Treffen mit dem Botschafter stand noch aus, um das aussagekräftigste Beweismaterial über die Verbrechen in Svay Pak zu übergeben. Dann musste ein Treffen mit den hochrangigen Polizeibehörden vorbereitet werden, deren Mitwirkung wir sicherzustellen hofften, wenn es denn stattfinden würde. Es gab einfach keine Möglichkeit, eine derart umfangreiche Befreiungsaktion wie diese ohne sie durchzuführen. Und wir mussten die weitere Betreuung für die befreiten Mädchen sicherstellen.

Dann gab es noch eine Vielzahl von anderen logistischen

Vorbereitungen im Blick auf die angebliche Party und die Razzia, wie etwa die Anmietung eines umzäunten und gesicherten Anwesens, um die Täter aus ihrem sicheren Umfeld in diese Falle zu locken, wo wir vorhatten, sie zu ergreifen.

Und wir mussten als letzten Ausweg für die Aktion die US-Nachrichtenmedien einbeziehen. *Dateline NBC* war auf uns zugekommen, weil sie über kommerzielle sexuelle Ausbeutung in Südostasien berichten wollten, und letztlich hatten wir uns entschlossen, sie in unsere Operation in Svay Pak einzubinden. Wir hofften dabei natürlich, dass sie uns helfen könnten, die Geschichte vom Albtraum Prostitutionshandel bekannter zu machen, die hoffentlich in Amerika einen Aufschrei auslösen würde und viele Menschen davon überzeugen würde, dass hier etwas getan werden musste. Wir hatten allen Grund, anzunehmen, dass der eingeschaltete Produzent und Korrespondent von *Dateline*, der die Geschichte berichten wollte, das auch ehrlich und professionell durchführen würde.

Obwohl es natürlich prima war, dass wir auf diese Weise auf den weltweiten Prostitutionshandel aufmerksam machen konnten und die Arbeit von IJM dadurch bekannter werden würde, war das noch kein ausreichender Grund für die Risiken und die zusätzliche logistische Belastung, wenn man ein Aufnahmeteam im Schlepp hat. Wir entschlossen uns zu der Zusammenarbeit mit *Dateline*, weil wir davon überzeugt waren, dass wir die überwältigenden und schaurlichen Videobeweise, die wir bereits hatten, in den US-Fernsehnetzen präsentieren könnten, falls die kambodschanischen Behörden nicht effektiv gegen diese vermeidbaren Grausamkeiten vorgehen würden. Wir hofften, dass das den entscheidenden Druck schaffen würde, um Svay Pak zu säubern und die Kinder zu befreien.

Es war jetzt nicht mehr zu leugnen: In einem kambodschanischen Dorf fand offener und massiver, sadistischer sexueller Missbrauch von Kindern statt. Wenn wir diese Informationen den amerikanischen und kambodschanischen Behörden präsentieren würden, zusammen mit einem taktischen Plan, etwas dagegen zu tun, dann konnten nur zwei Dinge geschehen: Entweder konnten beide Stellen ihre Arbeit anständig machen und dafür öffentliche Anerkennung ernten, oder sie würden das nicht tun und dafür öffentlich angeprangert werden. Jede der beiden Möglichkeiten war geeignet, das Problem an die Öffentlichkeit zu bringen und würde den Kampf gegen die kommerzielle sexuelle Ausbeutung fördern. Natürlich bestand auch die andere Möglichkeit, dass IJM vor laufender Kamera einen groben Schnitzer machte. Aber das war ein Risiko, das einzugehen es wert war, um die stärkste mögliche Aufmerksamkeit für die Opfer in Svay Pak zu mobilisieren.

Die Anwesenheit international anerkannter Medienvertreter sorgte bei der gesamten Operation sicherlich für zusätzliche Spannung. Wir hatten den Leuten von *Dateline NBC* zugesichert, dass wir ihnen praktisch ungehinderten Zugang während der ganzen Mission gewähren würden. Damit konnte nun die ganze Welt zusehen, was wir tun und wie wir es tun. Jede Panne würde uns sofort der nationalen und internationalen Kritik aussetzen.

Zum Team, das nun bereit war für den Einsatz in Kambodscha, gehörten:

Sharon Cohn: Interventionen, letzte Verantwortung für das Gesamtergebnis der Operation einschließlich der Sicherung der Unterstützung vonseiten der Regierungsstellen, die in der Lage waren, lokale Polizeiunterstützung anzuordnen, und Sicherung der angemessenen Nachsorge für die befreiten Opfer.

Bob Mosier, Will Henry, Robert Earle, Mathew und Jasper: Ermittlungen, Einrichtung eines Netzwerks von externen Informanten, Sammeln von Beweismaterial, Bereitstellen der Party-Legende und aller damit verbundenen logistischen Notwendigkeiten.

Karyn Withers: Sammeln von Informationen aus erster Hand, die sie im Blick auf potenzielle Unterstützung an Spender und Regierungsvertreter weitergeben konnte, sowie Bereitstellung entscheidender Versorgungsressourcen für Sharon und ihr Team.

Ted Haddock: Leiter der Kommunikation, Dokumentation

der Operation durch Fotos und Videoaufnahmen; falls notwendig Unterstützung des Ermittlungsteams.

Shannon Sedgwick Davis: Leiterin der Öffentlichkeitsarbeit, Unterstützung des Teams von *Dateline NBC* während der Mission.

Dateline NBC: ein Aufnahmeleiter und ein Kameramann, die von ihrer Ankunft an beinahe jeden Aspekt der Operation auf Video festhielten.

* * *

Bob Mosier stand hinter den dünnen Vorhängen, die vor dem Fenster seines Hotelzimmers im vierten Stock hingen, und sah forschend durch sein Fernglas.

„Seht ihr den Typen mit dem blauen T-Shirt und der Baseballkappe?", fragte Mosier die drei Teammitglieder, die neben ihm standen. „Das ist unser Informant. Sein Name ist Happy. Also, mit Informant meine ich … er hat keine Ahnung, was wir hier tun, aber er versorgt uns mit Informationen. Er sitzt dort drüben, dem Hotel gegenüber, und wartet, dass er Leute auf seinem Motorrad dahin bringt, wohin sie wollen.

Einer von euch muss runtergehen und sich von ihm irgendwohin fahren lassen. Wenn ihr dann von den anderen Fahrern weit genug entfernt seit, fragt ihr ihn nach den Informationen."

Ein paar Minuten später nannte irgendjemand Happy einen externen Mitarbeiter. Mosier unterbrach das Gespräch sofort und verbesserte mit Nachdruck.

„Er ist ein Informant, aber er ist *kein* externer Mitarbeiter! Ein externer Mitarbeiter ist eine Person, der wir vertrauen. Ein Informant hat keinen Einblick, was wir hier tun. Happy ist *kein* externer Mitarbeiter.

Es ist absolut entscheidend, bei einer Operation wie dieser alle Beteiligten ganz klar auseinanderzuhalten", erklärte Mosier. „Wenn ihr keine klare Vorstellung davon habt, wer jeder ist, kann leicht jemand getötet werden."

Es war ganz richtig von Bob, diese Unterscheidung zu machen. Falls ein Teammitglied im Hotelzimmer eine falsche Bezeichnung für einen Informanten benutzte und ein anderes Mitglied dies hörte, konnte es fälschlicherweise annehmen, dass es sicher sei, Informationen weiterzugeben oder viel zu offen über Details zu sprechen. Ein solcher Fehler kann entscheidend für die ganze Mission werden. Es mag eigenartig erscheinen, dass man bei Bezeichnungen so pingelig ist, aber wir mussten vorsichtig sein – oder die ganze Mission und das Leben von Menschen konnten in Gefahr geraten.

Wenn man neu in einer Kultur oder einem Land ist, dann ist es manchmal schwierig, sich zu bewegen, ohne allzu viel Aufmerksamkeit auf sich zu ziehen. Deshalb verlassen wir uns dann auf ein multinationales Team von erfahrenen Strafverfolgungsspezialisten, die unsere Untersuchungen ausführen. Diese Leute haben zehn oder fünfzehn Jahre Erfahrung bei der Suche und Beschaffung von sensiblen Informationen, die einen Fall gegen einen Täter entscheiden und ihn hinter Gitter bringen können. Dies ist der Typ von Ermittler, den wir nach Kambodscha mitbrachten, denn wir hatten Vertrauen in sein Urteilsvermögen und die Fähigkeit, uns beim Abschluss der Mission zu helfen. Zusätzlich zu unserem US-Team kamen auch zwei weitere Ermittler, die Aufgaben in anderen Ländern wahrnahmen: Mathew und Jasper, von den Philippinen beziehungsweise aus Ghana.

Diese Mission erforderte Mitarbeiter, die genügend Erfahrungen mit verdeckten Ermittlungen, Planung und Logistik hatten. Sie mussten in der Lage sein, mit einem Minimum an Rückendeckung zu arbeiten. In den Staaten gibt es geradezu eine Flut von Rückenunterstützung, auf die man sich in kritischen Momenten verlassen kann. In einem Entwicklungsland ist ein Ermittler oft auf sich allein gestellt und kann nur seine Geistesgegenwart und Erfahrung nutzen, um sich aus der Affäre zu ziehen.

Kapitel 29

Svay Pak aus erster Hand

Kurz nachdem ich in Kambodscha angekommen war, traf ich Vorbereitungen, um Svay Pak zu besuchen, um mich selbst mit dem Ort und seiner Atmosphäre vertraut zu machen, mit allen Details, die ich aus all den Informationen in Sitzungen nicht gewinnen konnte. Die langjährigen Mitarbeiter unseres Teams kannten sich im Dorf und seinen Bordellen schon gut aus, und ich hatte mehr als genug Videomaterial von den Kindern, die dort als Opfer lebten, gesehen. Wenn man aber versuchen will, eine taktische Operation zu unterstützen, wie wir sie gerade in Svay Pak anlaufen ließen, gibt es keinen Ersatz dafür, vor Ort einen wirklichen Gesamteindruck des Operationsgebietes zu gewinnen.

Gedanken und Vorschläge kann man überall analysieren, aber eine kluge Analyse von Operationen hängt davon ab, dass man wirklich mit dem Terrain vertraut ist. Ich wollte ein Gefühl für den Ort entwickeln, damit ich mir genau vorstellen konnte, wovon meine Kollegen sprachen, wenn sie die verschiedenen Schritte der Operation durchgingen. Ich wollte auch versuchen festzustellen, wie groß das Misstrauen und die Wachsamkeit gegenüber Fremden bei den Bordellbetreibern waren und wie entspannt oder nervös die Stimmung der Zuhälter, Sextouristen, Prostituierten, Café-Betreiber und ihrer Nachbarn war.

Will, Ted, Mathew und ich fuhren die elf Kilometer mit Motorrädern auf der zweispurigen Straße. Will bezog seinen Posten direkt am Dorfeingang als Rückendeckung, während Mathew, Ted und ich die kurze schmutzige Straße verließen, die auf die Hauptstraße von Svay Pak mündete. Nachdem wir unsere Räder abgestellt hatten, kam sofort ein Junge im Teenageralter auf mich zu und bot mir an, bei ihm „junge Mädchen, junge Mädchen" zu bekommen.

„Du wollen junge Mädchen? Kleine Mädchen? Kleine Mädchen für Yum-Yum? Boom-Boom? Für alles?"

Ich ignorierte ihn, und wir schlurften die schmutzige Straße hinunter, die vollgestopft war mit Motorrädern und Wägelchen; Tische und Stühle standen vor den Cafés. Wir setzten uns auf Plastikstühle an einen der Café-Tische an der Straße gegenüber der Hauptgasse mit den Bordellen. Die armselige Ansammlung von Männern aus dem Westen, die um uns herumsaßen, betrachtete uns, und eine gleichgültig wirkende junge Frau kam, um unsere Bestellung aufzunehmen. Ein junger Zuhälter setzte sich geduldig in unsere Nähe und belauerte uns wie ein Hund, der auf Brocken wartet, die vom Tisch fallen.

Die Bordelle in Svay Pak waren ganz eindeutig für das Geschäft geöffnet, aber es standen vor den Häusern nicht die Mengen von Mädchen herum, wie ich es auf den Videos gesehen hatte, die vor einem Jahr gedreht wurden. Dennoch waren genau diese Bordelle offen für das Geschäft mit den Mädchen, die drinnen hinter vergitterten Türen warteten, und es gab ganz offensichtlich einen unverhohlenen Markt für „junge Mädchen", was man an all den Einladungen der jungen „Unternehmer" ablesen konnte, die uns ohne Zögern angesprochen hatten.

Schon bald kamen junge Frauen aus dem Bordell auf der anderen Straßenseite zu uns an den Tisch und versuchten, ihr Pensum für den heutigen Tag zu erfüllen. Wir wechselten ein paar Worte mit denen von ihnen, die Englisch sprachen. Eine von ihnen setzte sich zu uns an den Tisch und erzählte, dass sie 20 Jahre alt sei und seit sechs Jahren hier arbeite. Es war nicht leicht, sich vorzustellen, wie sie den täglichen Missbrauch an Körper und Seele überstanden hatte, seit sie mit vierzehn irgendwie hierher gebracht worden war.

Sie lud uns ein, in Haus 10 zu kommen, das Bordell, in dem sie arbeitete, um zu sehen, was sie für uns tun könne. Ich folgte ihrem Blick hinüber zum Haus, dessen Türen verschlossen und verriegelt waren. Als wir da hingingen, öffnete man jene Tür einen Spaltbreit, sodass die Mädchen heraussehen konnten und wir sehen konnten, wie jung sie waren und wie sie in ihren engen Kleidern aufgemacht waren.

„Sieht nicht sehr einladend aus", sagte ich. „Warum ist alles dermaßen verriegelt? Das wirkt auf Besucher nicht sehr freundlich."

Das Mädchen murmelte etwas über ihre Mamasan und ging dann weiter zu einem anderen mutmaßlichen Kunden. Wir saßen eine ganze Weile da, nahmen alles auf, als ich einen untersetzten westlichen Mann Ende vierzig bemerkte, der in Hemd, kurzer Hose und Sandalen die schmutzige Straße entlangwatschelte. Er sah an mir vorbei und grinste seine Freunde an, die an einem Tisch in unserer Nähe saßen. Er schien geradezu der Prototyp des rundlichen, grinsenden Kunden aus dem Westen in Svay Pak zu sein. Dann aber sah er wie jemand aus, den ich schon einmal gesehen hatte. Nachdem er vorbeigegangen war, verband sich sein Gesicht schließlich mit einem Bild in meinem Gedächtnis.

Ich denke, das ist der Typ aus Wills Video, dachte ich und versuchte, mich an das Gesicht, das ich gesehen hatte, zurückzuerinnern. Ich denke, das ist Alton, der Typ, der auf Wills verdeckt gedrehtem Video damit angab, wie sehr er Sex mit jungen Mädchen mochte. Ich muss Will oder Sharon fragen, ob sie eine Sequenz aus diesem Video dabeihaben, damit ich das überprüfen kann. Aber wenn er das ist, dann ist er genau zur falschen Zeit hier im Land, und es wird nicht schwer sein, ihn in dem kleinen Kreis von Bars und Bordellen, in denen sich diese Typen herumtreiben, wiederzufinden.

Nachdem wir noch eine Weile bei unseren Drinks saßen und jeden Anschein etwaiger Ungeduld zerstreut hatten, nahmen Mathew und ich schließlich das Angebot unseres geduldig wartenden Zuhälters an, mitzugehen und ein paar Mädchen zu haben. Ted blieb am Tisch sitzen, während Mathew und ich dem dünnen jungen Mann folgten, der gemütlich und ohne Eile die Straße hinabging in der irrigen Ansicht, dass er ein paar Fremden nun ihren pädophilen Himmel anbieten würde. Es war ein Weg von zwei Minuten in eine enge, schmutzige Straße, die sich zwischen den Hütten hindurchschlängelte, zu einem kleinen, eingekeilten Häuschen, das aus Abfallholz gebaut war. Ich wurde in ein Hinterzimmerchen geführt, und sogleich wurden mir nicht weniger als ein Dutzend Mädchen präsentiert, die zwischen fünf und zehn Jahre alt waren und die man für ein paar Dollar für Missbrauch, Vergewaltigung oder sexuelle Belästigung bereithielt. Das war mit Sicherheit eine der schrecklichsten Situationen, in denen ich je gewesen bin, und sie war zugleich eine der unwirklichsten.

Der Anblick dieser Mädchen – Mädchen wie die, die in kichernden Grüppchen an der Schule meiner eigenen Kinder zusammenstehen –, die aber nicht zusammenkamen, um zu spielen, eine Geschichte zu hören oder einen Trickfilm zu sehen, sondern um zu sexuellen Handlungen gezwungen zu werden, war einer der verstörendsten Momente in meinem Leben. Ich habe mich natürlich in der Situation nicht mit diesen oder irgendwelchen anderen Gefühlen beschäftigt, sondern mich ganz auf die Aufgabe konzentriert. Ich achtete auf mein Verhalten und meine Worte, damit ich meiner Rolle gerecht wurde, merkte mir aufmerksam die Gesichter und meine Umgebung, hielt Ausschau nach auftauchenden Gefahrenquellen, den möglichen Ausgängen oder unmerklichen Andeutungen von Mathew, während ich die ganz Zeit versuchte, gelangweilt auszusehen und entspannt zu wirken. Gefühle sind in solcher Umgebung absolut nicht hilfreich; man muss sie unbedingt auf Eis legen.

Ich hatte nicht angedeutet, dass ich an dermaßen jungen Mädchen interessiert sei, und so machte ich klar, dass sie nicht nach meinem Geschmack seien. Wir gingen wieder auf die Straße hinaus. Mathew und ich kehrten zum Café zurück, wo Ted noch immer saß. „Es ist Zeit, aufzubrechen", sagte ich. Wir bestiegen wieder unsere Motorräder und fuhren nach Phnom Penh zurück. So verstörend und schrecklich die Situation gewesen war, ich hatte nun eine klarere Vorstellung von der Beschaffenheit unseres Zieles, der Stimmung im Dorf und der Dreistigkeit, mit der den Geschäften nachgegangen wurde. Tief in meinem Innern war ich ganz und gar davon überzeugt, dass wir auf dem richtigen Weg waren und den nächsten Schritt machen sollten.

Und noch tiefer saß eine Übelkeit, die ich nicht abschütteln konnte. Die Kombination aus krankhaftem und zutiefst bösem Verhalten, das ich dort in dem Hinterzimmer in Svay Pak gesehen hatte, nagte noch immer tief an mir. Es war tatsächlich möglich, das die menschliche Wirklichkeit völlig auf den Kopf gestellt wurde: dass Kinder in einer Lage sind, in der alles, was wir mit ihnen sonst verbinden – alles Gute und Unschuldige und Liebenswürdige – auf geradezu teuflische Art verdreht wird, hinein in die Welt von Sex, Sadismus und Gewalt gegen die Kinder.

Es war so, als ob jemand nach meinem innersten Kompass für die Realität gegriffen hätte und die Nadel mit einem übermächtigen Fingerschnippen in wilde Drehung versetzt hätte.

Ich seufzte in mich hinein, während ich beim Essen an jenem Abend ziellos an meinen sich unterhaltenden Kollegen vorbeistarrte. Die Hölle ist nicht irgendwo tief unter der Erdoberfläche. Menschen können sie wirklich zu ihrem festen Wohnsitz machen. Die Finsternis umfasst beinahe alles. Sie ist greifbar nahe. Und genau dorthin müssen wir gehen.

Kapitel 30

Auf der Suche nach Nachsorgeplätzen

Am Freitag, den 21. März, fuhren Sharon, Karyn und Ted aufs Land, um eine mögliche Einrichtung für die Nachsorgebetreuung der Mädchen zu besuchen. Die siebenstündige Fahrt war wunderschön, führte vorbei an kleinen Dörfern, über weite Ebenen und durch Sumpfgebiete an Flüssen entlang. Der Erfindungsreichtum der Kambodschaner war an der Konstruktion ihrer Häuser in dieser Gegend leicht abzulesen. Die Bauernhäuser standen auf Pfählen, wirkten wie große Baumhäuser und passten sich den wechselnden Wasserständen in Trocken- und Regenzeit an. Auf dem Weideland sahen sie Heuhaufen auf hohen Stelzen, vermutlich sollte damit verhindert werden, dass das Heu weggeweht oder weggespült werden konnte.

Als das Team ankam, fanden sie ein einladendes Gebäude vor, das von fürsorglichen Menschen geführt wurde.

„Sie haben hier einen wunderbaren Ort", sagte Ted, als man ihnen anbot, in einem gepflasterten Innenhof unter einem großen Strohschirm Platz zu nehmen.

Die umzäunte Anlage atmete Frieden und wirkte wie ein Zufluchtsort. In einem kleinen Hinterhof gab es etwas Rasen, Bäume, Büsche und freien Platz. Kleine Namensschilder an Beeten deuteten darauf hin, dass die Mädchen im Garten arbeiteten, ob nun als Schulprojekt oder einfach zum Spaß.

Aber über den äußeren Eindruck hinaus musste Sharon feststellen, ob die Einrichtung auch für einige der Mädchen aus Svay Pak geeignet wäre. Offensichtlich war das Haus zu klein, um alle aufzunehmen.

Die Hausleiterin kam zu ihnen heraus, man stellte sich vor und nahm um einen Tisch herum Platz. Sharon begann sofort, die Informationen zu erfragen, die sie benötigte, etwa nach der Aufnahmekapazität.

„Wir haben augenblicklich Platz für zwanzig Mädchen", sagte die Direktorin. „Gegenwärtig leben bei uns elf Mädchen, und zwei weitere kommen heute. Wir möchten es hier ganz bewusst klein halten, damit es familiär bleibt. Wir haben den Eindruck, bei wesentlich mehr als zwanzig Kindern würden wir die emotionale Sicherheit und Nähe preisgeben, die unsere Mädchen in dieser familiären Umgebung finden."

„Wie alt sind die Mädchen, um die sie sich kümmern?"

„Die Mehrzahl ist zwischen fünfzehn und zweiundzwanzig. Das Jüngste ist augenblicklich vierzehn. Wenn Mädchen viel jünger sind, verweisen wir auf eine andere Einrichtung."

„Waren alle Mädchen Opfer sexueller Ausbeutung gewesen?"

„Nein, nicht alle. Wir haben die Mädchen in einer ganzen Reihe von Umständen angetroffen, zum Teil durch unsere Einsätze in Phnom Penh unter Aidskranken. Wir gehen auch direkt in Bordelle und versuchen, dort Bibelgruppen anzubieten. Wenn die Mädchen dann zu uns kommen wollen, sind sie willkommen."

Sie erklärte, dass die Mitarbeiter des Hauses den Wunsch hatten, mit den örtlichen Kirchengemeinden zusammenzuarbeiten, sie zu mobilisieren und ihnen zu zeigen, wie sie Mädchen mit diesen speziellen Nöten helfen können.

„Wir haben uns kürzlich entschlossen, Opfer von Zwangsprostitution aufzunehmen, aber etwa drei Viertel unserer Mädchen waren freiwillig in der Prostitution, um auf diese Weise Geld zu verdienen. Gegenwärtig haben wir kein Mädchen, das durch Tricks dazu gebracht oder verkauft wurde. Es gab bis vor Kurzem einen Fall, aber das Mädchen war in der Lage, uns wieder zu verlassen. Wir waren der Meinung, dass es für sie nicht gut wäre, wieder zurück zu ihrer Familie zu gehen, deshalb haben wir sie zu ihrer Tante geschickt."

Ich bezweifle, dass es viele Mädchen gibt, die in das Geschäft mit dem Sex freiwillig einsteigen. Der Ausdruck „freiwillig" wurde dabei schon auf ganz unterschiedliche Weise falsch gebraucht. Vielleicht drängten ihre Eltern sie zur Prostitution, um Geld zu verdienen, damit man Schulden bezahlen oder Lebensmittel kaufen konnte. Oder aber der Umgang im Dorf oder in der Verwandtschaft ist so, dass Mädchen keinen Selbstwert entwickeln können und glauben, die Prostitution sei der einzige Weg, den sie wählen könnten. Auf die eine oder andere Weise handelt es sich um Brutalität der menschlichen Seele gegenüber, ob nun sanft oder schnell, ob allmählich oder überrumpelnd. In jedem Fall gewinnt hier das Böse Einfluss auf die Seele eines Menschen, manipuliert sie und zerstört gnadenlos die zerbrechliche Gottesebenbildlichkeit, die es im Kern des Menschen nicht dulden kann.

„Wir bieten ein zweijähriges Programm an, das helfen soll,

wieder emotional, körperlich und geistlich auf die Beine zu kommen. Wenn die Mädchen hierher kommen, reden ihnen ihre Eltern oft Schuldgefühle ein. Zu ihrer Kultur gehört der Gedanke, dass die Kinder dabei helfen, die Eltern und jüngere Geschwister zu versorgen. Hier erhalten sie drei Mahlzeiten am Tag und haben es deshalb in den Augen ihrer Eltern viel zu leicht. Und außerdem arbeiten sie hier nicht. Sie tragen nicht zum Unterhalt der Familie bei."

„Ich weiß nicht, ob das hier schon einmal vorgekommen ist, aber es ist schon vorgekommen, dass Bordellbesitzer zu Nachsorgeeinrichtungen kamen und mit Waffengewalt nach den Mädchen suchten", sagte Sharon. „Ist ihnen das schon passiert?"

„Nein, das hatten wir bisher noch nicht. Ich denke, es hilft uns, dass wir so abseits liegen; das ist der Vorteil, wenn man eher isoliert ist."

Dann erzählte Sharon mehr von der Arbeit von IJM, wie wir die Opfer verschiedenster Formen von Unterdrückung überall in der Welt befreien. Sehr zurückhaltend und in allgemeinen Umschreibungen erwähnte Sharon, dass wir augenblicklich in Kambodscha etwas vorbereiteten, das zur Befreiung von mehreren Dutzend Mädchen aus der Zwangsprostitution führen sollte.

Die Direktorin schien bewegt von dieser Information.

„Wenn sie Mädchen befreien und sie hierher bringen wollen, dann ist das in Ordnung. Wenn sie etwas jünger sind, ist das auch o. k. Und wenn sie sehr viel jünger sind, können wir ihnen helfen, für sie in einem oder zwei sehr guten Häusern, die wir kennen, Plätze zu finden.

Das ist ein Thema, das ich mit unseren Mitarbeitern besprechen muss, weil das unser übliches Zwei-Jahres-Programm sprengen würde", fuhr sie fort. „Was wir bieten können, ist eine freundliche, liebevolle Umgebung mit Beratung und Berufsausbildung, das heißt konkret Näharbeiten, verschiedene Handwerke, Schneidern, soziale Beratung, Landwirtschaft, Kurse zu den Menschenrechten und geistlichen Fragen, HIV-Beratung und sportliche Aktivitäten. Das ist alles sehr stark strukturiert, weil das den Mädchen am meisten hilft, sich zu entfalten."

„Welche Art von Programmen haben sie für die Zeit nach dem Aufenthalt hier?"

„Viele der Mädchen arbeiten auch nach dieser Zeit bei uns, und wir geben ihnen dafür eine kleine Vergütung. Zudem haben wir ein Sparprogramm. Wenn sie ihr Geld ansparen, verdoppeln wir es, wenn sie uns dann verlassen. Wir haben ein zweijähriges Folgeprogramm, damit wir mit den Mädchen in Kontakt bleiben, um ihnen bei Schwierigkeiten zu helfen, und damit sie wissen, dass sie auf ihrem Weg zurück in ein normales Leben nicht allein sind. Und wir helfen ihnen, Zugang zu einer christlichen Gemeinde zu finden. Das nutzt den Mädchen und auch den Gemeinden; es tut der Gemeinde auch gut, wenn sie für andere Menschen etwas konkret tun kann und ihr das Problem bewusster wird."

Sharon und das Team stellten noch weitere Fragen, und sie gewannen einen guten Einblick in Ansatz und Auftrag dieser Einrichtung. Sie dankten der Leiterin zum Schluss und fuhren weiter. Bei ihrer Ankunft war ihnen ein Poster aufgefallen, auf dem ein Bibelvers stand. Es war das Erste, was man bemerkte, wenn man sich in den ruhigen, geschützten Innenhof begab, wo sie gesessen hatten. „Befiehl dem Herrn deine Wege und hoffe auf ihn; er wird's wohl machen", stand darauf. Das traf auch genau auf uns und unser Vorhaben zu.

Sharon, Karyn und Ted fuhren in ein kleines Provinznest, um Mittag zu essen. Sie gingen eine staubige, schmale Straße entlang, vorbei an einem Mädchen, das neben einem Fahrrad stand und einen Säugling in einem Korb am Lenker hatte. Sie folgten dem Lärm lauter Karaoke-Musik – die es selbst in diesem entlegenen Nest gab – zu einem Café, wo sie sich ein wenig ausruhen und etwas essen konnten. Alle drei waren erschöpft, aber es gab noch eine Menge zu tun.

Kapitel 31

Zusammenarbeit garantiert

Der Druck von oben war schließlich auch unten angekommen. Bob Mosier, Sharon Cohn und mir war für den 27. März ein entscheidendes Treffen mit einem Polizeipräsidenten zugesagt worden. Unser Ziel war es, Unterstützung für unsere Bemühungen zur Befreiung der vierzig Mädchen zu erhalten, die wir bis zu diesem Zeitpunkt identifizieren konnten. Es war jetzt dringend nötig, dass der Präsident jemanden bestimmen würde, der mit Bob bei der Koordination des Einsatzes zusammenarbeiten würde. Wir wussten nicht, auf welche Rangebene an Befehlsgewalt und welchen Grad an Bereitschaft zur Zusammenarbeit wir bei dieser Begegnung treffen würden.

Deshalb stellten wir Informationen zusammen, von denen wir hofften, dass sie einen hochrangigen Beamten zur Zusammenarbeit bewegen konnten. Zur Vorbereitung unserer Bitte an ihre Exzellenz Un Sokunthea – der Polizeipräsidentin der Abteilung gegen Menschenhandel im Jugendschutzreferat des Innenministeriums – setzten sich Bob, Sharon und ich in meinem Hotelzimmer zusammen.

„Du musst selbst entscheiden, wie viel Druck du machen willst", sagte ich zu Bob. „Wenn es so aussieht, als ob sie das Tempo rausnehmen wollen, und wenn sie mehr Zeit fordern, damit sie handeln können, dann sagst du, wie wir darüber denken, und erwähnst, dass wir bereit sind, all unsere Informationen der Öffentlichkeit zu präsentieren.

Wenn sie die ganze Angelegenheit auf den Sankt-Nimmerleins-Tag verschieben wollen, werde ich sagen: ‚Ihre Exzellenz, ich würde gern deutlich machen, warum wir nach Kambodscha gekommen sind, warum die International Justice Mission hier ist und was wir, ermutigt durch unsere Botschaft, gern Ihnen gegenüber zum Ausdruck bringen möchten. Und das ist: Wir haben Beweise für ein aktuelles Verbrechen, das durch die

Strafverfolgung unverzüglich gestoppt werden könnte. Wir möchten gern mit ihnen zusammenarbeiten, um die Opfer ohne Aufschub zu befreien.'"

„Ich würde die Medien überhaupt nicht erwähnen", sagte Sharon. „Du kannst davon ausgehen, dass ihr dieser Punkt bereits mitgeteilt wurde, weil ich weiß, dass das Büro des Botschafters bereits mit dem Stellvertreter des Premierministers über diesen Punkt gesprochen hat, und ich denke, es würde unsere Position schwächen, wenn wir das auch nur erwähnen. Wir müssen das einfach so stehen lassen."

Sharon meinte, wir sollten in das Gespräch gehen und unsere Rolle als Anwälte der Opfer des Menschenhandels betonen. Das waren wir schließlich auch; und wir handelten dementsprechend. Die Medien als Druckmittel einzusetzen, würde nur von der Kraft unserer Botschaft und unserer Beweise ablenken. Ich stimmte ihr zu. Es zeigte sich, dass es keines Druckes von irgendeiner Seite bedurfte; die Präsidentin war bereit, in jeder Hinsicht mit uns zusammenzuarbeiten.

Wir waren etwas zu früh für unser Treffen mit der Präsidentin und setzten uns bis zum verabredeten Termin in den Wartebereich. Als wir in ihr Büro gebeten wurden, stellte ich mich vor und beschrieb kurz unseren Hintergrund, erklärte, dass IJM einen großen Erfahrungsschatz mit Fällen von Prostitutionshandel hatte, was die Strafverfolgung anging. Ich sagte, wie sehr wir die Arbeit begrüßten, die in letzter Zeit in Kambodscha geleistet worden sei, um diese Verbrechen zu bekämpfen, besonders dort, wo sehr junge Kinder Opfer seien.

Die Präsidentin und ihr Stab waren offensichtlich sehr gut auf unser Treffen vorbereitet; sie wusste genau, warum wir hier waren. Ich hatte den Eindruck, dass wir gut vorankamen, als ich erwähnte, dass wir nicht daran interessiert seien, die Strafverfolgung zu kritisieren, sondern daran, eine konkrete Möglichkeit zu bieten, etwas Positives zu bewirken.

Vom Beginn des Treffens an betonte die Präsidentin, dass sie und ihre Polizeikräfte „sehr gern mit uns zusammenarbeiten" wollten; das wiederholte sie mehrfach während des Gespräches. Sicherlich wusste sie, dass die kambodschanische Regierung wegen ihres Rufes, wegzusehen, wenn es um Prostitutionshandel geht, stark in der Kritik stand. Der öffentliche Druck, der seit Kurzem deswegen auf Kambodscha ausgeübt wurde, wurde bis zu den örtlichen Strafverfolgungsbehörden weitergegeben; und vermutlich war die Präsidentin deshalb recht erfreut, von einer Möglichkeit zu hören, etwas Positives im Blick auf diese Situation zu tun.

Dann erklärten wir, worum genau wir baten. Es war wichtig, deutlich zu machen, dass es uns nicht um die Bestrafung von Tätern für Verbrechen in der Vergangenheit ging – dafür wären die örtlichen Gerichte zuständig. „Es handelt sich hier um aktuelle und fortgesetzte Straftaten, und wir möchten ihnen helfen, diese zu stoppen, die Opfer zu befreien und unverzüglich zu Festnahmen zu kommen", sagte Sharon.

Nach der Zusicherung, dass sie uns helfen wolle, fragte die Präsidentin, ob Bob sich mit ihr und einem Polizeioberst am nächsten Nachmittag treffen könne, um unsere konkreten Wünsche im Blick auf die Zahl der Beamten, Zeitplan, Orte und weitere Ressourcen abzusprechen. Wir waren über diese Reaktion sehr erfreut, nachdem so viele andere Versuche bei niemandem Aufmerksamkeit erregt hatten. Und wir waren begeistert, als uns dann die Präsidentin um eine besondere Art von Hilfe bat.

„Wir hoffen, dass ihre Organisation uns bei der Ausbildung unserer Polizeikräfte unterstützen kann, vor allem im Hinblick auf die Methoden, die sie bei der Durchführung dieser Art von Ermittlungen und zur Sicherstellung der Festnahme und Verurteilung der Täter verwenden", sagte die Präsidentin. „Wären sie bereit, eine langfristige Zusammenarbeit mit unseren Polizeikräften zu etablieren und diese Art der Ausbildung zu vermitteln?"

Ich hatte den Eindruck, dass es ihnen sehr ernst mit dieser Anfrage war. Die Einheit, mit der wir uns trafen, war ziemlich neu, und die Leiter wollten aus vielen Gründen, dass sie effektiv arbeiten sollte.

„Unbedingt! Ja", antwortete ich. „Es wäre uns eine Ehre, mit Ihnen bei der Schulung Ihrer Leute in den Ermittlungsmethoden, die wir in den Fällen von Prostitutionshandel benutzen, zusammenzuarbeiten. Wir haben diese Art von Ausbildung auch schon mit Polizeikräften in anderen Ländern der Welt durchgeführt, und wir würden gern mit Ihnen über Wege sprechen, wie wir Sie in Ihren Bemühungen unterstützen können. Wir sind gern bereit, Ihnen dabei zu assistieren, diese schwierigen Probleme zu bekämpfen und sie mit Ihnen zusammen zu bewältigen."

Ich glaube nicht, dass dieser Teil der Unterhaltung irgendwie hätte besser laufen können, obwohl es weiterer Ermutigung bedurfte, um unsere Zusammenarbeit einen Schritt voranzubringen. Bob machte das nächste Treffen mit dem Oberst fest, um die Beweise, die wir in diesem Fall gesammelt hatten, durchzugehen und das Konzept der Operation durchzusprechen, wie wir es vorbereitet hatten.

Nach diesem Treffen sollten wir von Bob eine Einschätzung bekommen, wie die Sache gelaufen war und wie schnell wir vorangehen konnten. Die Zeit war von größter Bedeutung, aber unsere Hauptsorge galt der Verschwiegenheit. Würden vertrauliche Informationen durchsickern, wie wir das schon so viele Male in unserer Kommunikation mit den lokalen Strafverfolgungsbehörden überall auf der Welt erlebt hatten? Wir betonten wiederholt, wie wichtig es sei, dass die Informationen über das Unternehmen mit größter Vorsicht behandelt werden mussten. Das war die Herausforderung der nächsten Stunden und Tage, bis die Operation abgeschlossen sein würde.

Aber wir konnten nicht weitergehen, ohne dass die Kambodschaner jetzt Kenntnis von unserer Operation erhielten, zumindest in grundsätzlichen Fragen. Genauso wenig konnten wir die Befreiungen und Verhaftungen, die wir erhofften, ohne massive Hilfe vonseiten der Polizeikräfte durchführen. Wir mussten schlicht darauf vertrauen und darum beten, dass Gott jeden Versuch vereiteln würde, unsere Mission zu untergraben. Darauf ruhte unsere ganze Hoffnung auf Erfolg.

Kapitel 32

Ist es richtig?

Martin Luther King Jr. sagte:

> Feigheit fragt: Ist es sicher?
> Berechnung fragt: Ist es populär?
> Aber das Gewissen fragt: Ist es richtig?
> Und es kommt eine Zeit, in der man eine Position einnehmen muss, die weder sicher noch populär ist; aber man muss sie einnehmen, weil es richtig ist, das zu tun.

Nicht jeder fragt sich: „Was ist richtig?" Viele sind mehr um ihre Sicherheit besorgt und darum, was sie voranbringt. Manchmal müssen wir bereit sein, die Frage zu stellen und anderen zu helfen, eine Antwort zu geben. Auf der anderen Seite des Globus führten wir gerade ein Training mit Polizeikräften durch, das von ganz anderer Art war als unser Einsatz in Svay Pak.

In den Straßen der bolivianischen Großstädte wie La Paz und Santa Cruz leben Tausende Kinder auf der Straße. Diese Kinder leben als Outcasts und geraten häufig in Konflikt mit dem Gesetz. In jüngster Zeit waren die Polizeikräfte es müde geworden, in solchen Fällen die zeitraubenderen Verfahren anzuwenden, die man „respektableren" Bürgern angedeihen ließ.

Es war bei der Polizei zur üblichen Praxis geworden, „Gerechtigkeit" gegenüber Straßenkindern auf eine ganz andere Weise durchzusetzen, und niemand stellte die Frage, ob das richtig war. Kinder, die bei einem kleinen Delikt wie Ladendiebstahl oder beim Schnüffeln erwischt wurden, wurden nicht erfasst, vernommen und ordentlich verurteilt, sondern in einer abgelegenen Ecke einfach zusammengeschlagen. Nicht selten nahm man ihnen auch noch das bisschen Geld ab, das sie möglicherweise bei sich hatten. Und in extremen Fällen wurden die Kinder erpresst, kleine Delikte für die Polizei zu begehen.

IJM hörte durch einen Pastor, der mit Straßenkindern arbeitete, von diesem Problem. Er war mehrfach Zeuge des brutalen Vorgehens der Strafverfolgungskräfte gegen die Kinder geworden.

IJM nahm Kontakt zum Polizeipräsidium in La Paz auf und begann, eine enge Verbindung aufzubauen. Das führte dazu, dass wir schließlich gebeten wurden, die regionalen Polizeikräfte darin zu schulen, wie man angemessen mit den Straßenkindern umgehen konnte. Wir entwickelten ein Programm, das seinen Schwerpunkt auf einen humanen und verständnisvollen Umgang mit den Kindern legte, die ohnehin schon so viele Hindernisse überwinden mussten, um schlicht am Leben zu bleiben. Das Training schloss damit, dass die Teilnehmer sich verpflichteten, diese Kinder nicht mehr zu schlagen und Kollegen, die dies täten, anzuzeigen.

Es hat den Anschein, als ob diese Schulung Wirkung zeigt. Nach La Paz wurden wir um weitere Schulungen in Santa Cruz und Chochabamba gebeten. In drei von sieben Bezirken im ganzen Land haben wir Polizisten geschult. Bald würden wir anfangen, ähnliche Schulungen auch für die Polizeikräfte in Kambodscha anzubieten.

Kapitel 33

Die Last der Aufgabe

Der leitende Anwalt für die Polizei-Ausbildungsprogramme und andere Bereiche unserer Arbeit in Lateinamerika war unser brillanter Kollege aus Puerto Rico, Jaime Farrant. Er leitet die umfangreiche Einzelfallhilfe der IJM in Peru, Honduras, Mexiko und Bolivien in Zusammenarbeit mit dort ansässigen Menschenrechtsorganisationen. Kürzlich zwang ihn die Übernahme verschiedener Fälle aus Lateinamerika dazu, sich mit der hässlichen Welt der Zwangsprostitution zu beschäftigen, die junge Mädchen ausbeutet, die nur versuchten, die Lebensumstände ihrer Familien zu verbessern. Während der Leitung von Ermittlungen entlang der Grenze zwischen Mexiko und Guatemala spielten Jaime und Robert Earle die Rolle von Kriminellen aus diesem Bereich. Er berichtete mir später in unserem Hauptquartier von seinen Erfahrungen. Es fiel auf, wie schmerzlich es für ihn gewesen war, diesem Leid derart nahezukommen. Es kam Jaimes weites und zum Mitleid fähiges Herz schwer an.

„Es wurde jeden Abend schwieriger ... wieder von einem Bordell zum anderen zu fahren, wieder nach den Mädchen zu suchen, wieder vorzuspielen, dass einem das alles Spaß mache – wieder den Pädophilen zu spielen", erklärte Jaime. „Wir waren wieder bis drei Uhr nachts unterwegs gewesen. Was für ein widerliches Leben, täglich diese gottverlassenen Orte aufzusuchen. Das eine ganze Woche lang zu machen, ist einfach zu lang. Aber wie muss es erst den Opfern gehen? Was können wir für diese Mädchen tun, die wohl jeden Tag innerlich weinen müssen, wenn sie ihre Maske aufsetzen? Um wie viel schwerer ist das alles für sie, die doch erst Teenager sind? Um wie viel härter, wenn sie sich vor Augen halten, dass sie betrogen wurden, und diesen einsamen und herzlosen Orten kaum entfliehen können?"

Das ist der Kampf, den wir alle bei IJM erleben, wenn wir

die Welt der Opfer betreten. Vom bequemen Aussichtspunkt unseres Lebens in den USA aus sehen wir hinein in diese Jauchegrube, in der sich das Leben dieser kleinen Mädchen abspielt. Sie werden gezwungen, ihren Körper fremden Männern zu verkaufen, die sich einen Dreck um sie als Personen scheren. Es ist ein krankhaftes und finsteres Übel, das die Menschen, die damit zu tun haben, immer tiefer in den Strudel des Verderbens zieht, und die Täter zu groteskem und herzlosem Abscheu gegen die Mädchen führt, die sie missbrauchen. Ähnlich wie im alten biblischen Bericht von der Vergewaltigung Tamars ist die psychologische Brutalität der sexuellen Gewalt wie mit Händen zu greifen:

> „Doch Amnon wollte nicht auf sie hören. Er stürzte sich auf sie und vergewaltigte sie. Aber dann schlug seine große Liebe in glühenden Hass um. Ja, er hasste Tamar nun mehr, als er sie vorher geliebt hatte. ‚Mach, dass du fortkommst!‘, schrie er sie an."
>
> (2. Samuel 13,14–15)

„Etwas vom schwersten, wenn du einen Pädophilen spielst", sagte Robert Earle, „ist es, wenn du Fragen stellst wie ein Zuhälter und eine Sprache benutzt, die du normalerweise nie gebrauchst. Du redest über Dinge, über die du sonst niemals sprichst.

Ich muss den Zuhälter auf Band festhalten, wie er mir erzählt, was die Mädchen tun können, welche sexuellen Praktiken sie beherrschen, und ich brauche es ausführlich. Das ist natürlich ziemlich unnormal, aber es muss ganz normal wirken, damit wir die nötigen Beweise auf Band haben."

Ich weiß aufgrund meiner Erfahrungen in Svay Pak, dass solche Bilder nicht schnell aus dem Gedächtnis verschwinden. Es ist eine ekelhafte und unbequeme Rolle, die man spielen muss. Aber das gehört zu den Opfern, die meine Kollegen bringen – das lässt ihr Herz nicht kalt, und in ihrer Erinnerung werden Bilder gespeichert, die sich nicht einfach löschen lassen. Und sie setzen sich immer wieder freiwillig diesen Situationen aus, wo die Finsternis undurchdringlich, schwer und mit Händen zu greifen ist. Sie tun das, weil sie wissen, dass ihre vorübergehende Anwesenheit in dieser Unterwelt vielleicht die einzige Hoffnung für die Opfer ist, dass sie das Licht der Freiheit sehen und die Freude der Rettung erleben werden.

Kapitel 34

Keine kleinen Füchse im Weinberg zulassen

Am Nachmittag, an dem sich Bob mit der Polizeipräsidentin Un Sokunthea und Polizeioberst Touchgim traf, fuhr ich zusammen mit Sharon, Ted und den Leuten von *Dateline NBC* mit dem Wagen nach Phnom Penh. Wir hatten kein bestimmtes Ziel, aber der Produzent wollte ein Interview mit mir vor dem Hintergrund der geschäftigen Stadt aufnehmen.

Unser Vertrauen in die Professionalität und Zuverlässigkeit der Filmleute wuchs mehr und mehr. Sie bestanden jeden Test, den wir mit ihnen machten, ob sie davon wussten oder nicht. Sie waren sehr darauf aus, die Geschichte einzufangen und einen guten Fernsehbericht abzuliefern, daran bestand kein Zweifel. Aber sie hielten sich an alle Absprachen uns gegenüber, ob nun in kleinen oder gewichtigen Fragen, und sie schienen wirklich entschlossen, das Richtige aus den richtigen Gründen zu tun. Wir tasteten uns vorsichtig ab. Beide Parteien mussten ja ihre professionelle Unabhängigkeit wahren, aber ich denke, wir verstanden und respektierten einfach auch genau, was der andere versuchte.

Zunehmend vertrauten wir darauf, dass sie auch in einer kritischen, unvorhersehbaren Situation, wenn keine Zeit für Diskussionen wäre, verlässlich und mit gutem Urteilsvermögen das Richtige tun würden. Es hatte sich ein Fundament unausgesprochenen Vertrauens gebildet.

Stunde um Stunde rückte der alles entscheidende Tag X näher, aber es lag noch immer ein Berg von Arbeit vor uns. Mosier musste alle Details – Zeitpläne, Personalbedarf, Karten der Örtlichkeiten – mit den Verantwortlichen der Polizeikräfte vorbereiten. Er war ganz in seinem Element.

Ich erinnere mich an Bobs Worte in einem früheren Interview mit einem Fernsehproduzenten: „Wenn man an Strafverfolgung in den USA denkt und all die verschiedenen Planungsmöglichkeiten, die man durchdenken will, um eine Operation wie diese durchzuführen, dann muss man das in einem Entwicklungsland mit dem Faktor zehn multiplizieren. Hier muss man sich darum Sorgen machen, dass einem die Reifen eines gemieteten Autos nicht um die Ohren fliegen oder ob es überhaupt anspringt. Man muss sich um Wasser für die Mitarbeiter kümmern, weil man nicht einfach mal schnell einen Wasserhahn benutzen kann. Und du weißt nicht, wann du irgendwo bist, wo du abgefülltes Wasser kaufen kannst. Zu wenig zu trinken, das kann in heißem Klima zu einem ernsten Problem werden. Wenn ein Telefonnetz zusammenbricht, dann verlierst du ganz schnell dein einziges Kommunikationsmittel mit deinen Kollegen. Man benötigt SIM-Karten für zwei verschiedene Handynetze, damit du, wenn es hart auf hart kommt, entscheidende Informationen weiterleiten oder Hilfe rufen kannst …"

Es gehörte zu den wichtigsten Verhandlungen mit den hochrangigen Kripoleuten in Kambodscha, wie wir die einzelnen Bereiche der Einsatzkräfte während der Razzia sicher leiten konnten. Mosier trug die Last immens wichtiger Vereinbarungen. Die kambodschanische Polizei arbeitete ihren eigenen Ablaufplan aus und folgte nicht unserem. Jede Stunde, die wir auf den endgültigen Startschuss warten mussten, kam uns wie eine Ewigkeit vor. Je länger die ganze Sache dauerte, desto höher wurde die Wahrscheinlichkeit, dass Informationen durchsickerten, die die ganze Operation scheitern lassen konnten.

„Es gibt wirklich keinen Grund, sich über Untätigkeit der Polizei zu beschweren", sagte Sharon zu Bob, während sie in der Hotellobby saßen. „Sie tun eben alles, was du auch tun würdest, wenn du die Leitung dieses Unternehmens hättest."

„Dann muss ich dir sagen, dass ich kein Problem damit habe, was sie tun, es ist aber einfach nicht so zweckmäßig, wie es sein könnte", erwiderte Bob.

„Es geht nicht um Zweckmäßigkeit", antwortet Sharon. „Es ist weniger wahrscheinlich, dass wir alles bekommen, was wir brauchen, wenn sie es auf andere Weise erledigen müssten."

Und mit einem schnellen Themenwechsel sagte Sharon. „Ich wünschte, ich könnte jetzt Teddys kaufen. Zuerst mal, weil ich Teddys mag. Und zweitens transportieren sie eine gute Nachricht. Wenn du mich also anrufen und sagen würdest: ‚Du kannst das mit den Bären anleiern', dann wäre ich echt aus dem Häuschen."

Sharon bezog sich auf einen Plan, jedem Mädchen für den Übergang aus ihrem Leben im Bordell in die Zeit in der Nachsorge ein Paket zu schenken, das Gegenstände enthielt, die grundsätzlich wichtig sind. Mitarbeiter eilten umher, um für die Mädchen die entsprechenden Mengen von ganz persönlichen Gegenständen einzukaufen, wirklich ganz einfache Sachen: eine Zahnbürste, Seife, einen Waschlappen, etwas Kleidung. Und einen Teddy. „Im Grunde", erklärte Sharon, „verdient jedes kleine Mädchen einen Teddy: ein Symbol der Unschuld und dafür, dass Vertrauen wieder möglich ist."

So wurde die „Operation Teddybär" zum doppelten Hinweis für die spätere Phase der Mission. Daneben gab es natürlich das offizielle Kennwort der ganzen Operation: Hotel California. Er verwies auf einen Hit der 70er-Jahre, der die Zeile enthielt: „Du kannst zwar jederzeit auschecken, aber du kannst nicht abreisen." Die Mitarbeiter vertrauten darauf, dass dies das Schicksal der Leute sein würde, die diese Mädchen hinter Schloss und Riegel gefangen gehalten hatten, ohne Hoffnung auf Rettung – bis zu diesem Tag.

***

An jedem Morgen während des Einsatzes in Kambodscha trafen sich die Mitarbeiter zum Gebet, üblicherweise in meinem Hotelzimmer. Als der Zeitpunkt näherrückte, von dem an es kein Zurück mehr gab, nur ein paar Tage, bevor die Razzia angesetzt war, spürten viele von uns die wachsende Spannung. Mehr als sonst war uns bewusst, dass wir Gottes Hilfe brauchten, damit alle Einzelheiten zusammenwirkten und die Mission erfolgreich sein würde, damit die Mädchen freikämen.

„Wir brauchen dein souveränes Eingreifen so dringend, Vater", betete Sharon Cohn. „Du hast diese Mädchen geschaffen und es wird an höchster Stelle über sie gesprochen. Zerbrich die Festung des Bösen hier. Wehre den kleinen Füchsen im Weinberg, Herr, lass uns nicht in eine Falle gehen. Hilf uns, geduldig zu sein, während wir auf gute Nachrichten warten, und zugleich bitten wir dich, lass sie schnell kommen."

Mosier schloss sich an: „In all diesen Dingen lass uns vor Augen bleiben, dass deine Hand mit uns ist, du Schöpfer des Universums. Wir sind sehr klein, aber gerade das Kleine ist dir wichtig. Dir gehört alles, was auf dieser Erde lebt. Bei den Milliarden von Menschen auf Erden kennst du unseren Namen und unser Herz. Gib uns deine Freude, Frieden, Gnade, Freundlichkeit, Einsicht ..."

Ich beschloss unsere Gebetszeit an jenem Tag: „Himmlischer Vater, durch den Apostel Paulus forderst du uns auf, uns vor nichts zu fürchten, damit der Friede Christi, der unsere Herzen und Gedanken übersteigt, uns leiten möge. Und das brauchen wir auch, wenn wir auf diesen Tag sehen, der so lang erscheint. Der Ausgang dieser Mission liegt nicht in unseren Händen. Deshalb erscheint uns dieser Tag so lang, Herr. Wenn wir auf unsere Klugheit gestellt wären, dann würde es ein Tag voller Unruhe und Erschöpfung, die aus der Sorge kommen, und ein Tag voller verschwendeter Gedanken und Gefühle, die aus der Angst kommen. Unsere Bedenken und unsere Leidenschaft bereiten uns diese Sorgen; wir haben unser Bestes für diese Kinder getan. Von ganzem Herzen rufen wir nun zu dir. Sei bitte in deiner ganzen Macht mitten unter uns. Hilf uns, in deinem Frieden und im Vertrauen auf dich und deine Liebe zu diesen Kindern durch diesen Tag zu gehen – gib uns deinen Frieden, der nicht aus dieser Welt kommt, und gib uns Vertrauen zueinander. Danke, dass wir gemeinsam so viel mehr erreichen können, als das einzeln möglich ist. Und danke, dass du uns nicht der Verzagtheit unseres Herzens überlässt. Auch heute bitten wir dich, dass du uns eins machst, dass wir Seite an Seite vorangehen können … und unsere Gegner uns in keiner Weise Angst machen können. Darum bitten wir in Jesu Namen. Amen."

Kapitel 35

Donner vom Himmel

Obwohl Svay Pak viel Zeit und Aufmerksamkeit in Anspruch nahm, gab es doch für unsere Mitarbeiter in anderen Ecken der Welt auch noch andere Herausforderungen, um Menschen in Not beizustehen.

Etwa zur selben Zeit, als Will und Sharon zum ersten Mal nach Kambodscha flogen, reiste eine Gruppe Anwälte aus Minnesota nach Uganda, um dort einige Fälle von Rechtsverletzungen zu dokumentieren. Eines der Opfer war Christine, sie war jüngst verwitwet. Ihre Geschichte war die von Tausenden anderer Frauen in einem Land, in dem so viele Männer und Väter an Aids starben.

Nach dem Tod ihres Mannes blieb Christine, wie so vielen Frauen in ihrer Situation, als einziger Besitz das kleine Haus und das Stück Land, das sie gemeinsam besessen hatten. Mit dem Verlust ihres Mannes verlor Christine auch den sozialen Schutz und wurde anfällig für kriminelle Machenschaften. Die Familie ihres Schwagers versuchte, Christine nach und nach ihren Besitz streitig zu machen. Zunächst nahmen sie das Land.

Dann vermieteten sie einige Räume des Hauses, bis ihr nur noch ein einziges Zimmer in ihrem eigenen Besitz blieb. Bisher hatte Christine nicht gewusst, wohin sie sich wenden sollte. Jetzt kamen die Anwälte aus Minnesota und nahmen ihren Fall auf. Später übermittelten sie die Fakten an IJM, und Christine konnte wieder Hoffnung schöpfen, dass sich ihre Situation vielleicht doch zum Positiven wenden und sie ihr Haus und ihr Land zurückerhalten würde.

In der heißen Phase in Svay Pak erhielt unser Büro in Uganda eine neue Leiterin, eine Frau aus Uganda: Jane Adong. Jane war zwar zierlich und klein von Statur, aber sie ist eine Frau mit Energie und Rückgrat. Nachdem sie zu einem Schulungskurs in Washington gewesen war, sagte jemand, Jane beten zu hören sei, als höre man den Donner des Himmels, der den Unterdrückten zu Hilfe kommt. Das Erste, was Jane tat, als sie nach der Schulung nach Uganda zurückkehrte, war, Christine einen Besuch abzustatten. Und wen traf sie dort? Ausgerechnet ihren Schwager. Ich wäre bei dem nun folgenden Gespräch sehr gern dabei gewesen. Ich kann mir vorstellen, wie Jane sich vor dem Mann aufgebaut und in einer sehr leisen, beherrschten Stimme gesagt hat: „Du wirst das in Ordnung bringen. Du wirst dich um Christine kümmern, oder du bekommst es mit mir zu tun." Und genau das hat sie auch gesagt. Und das Erstaunlichste ist: Dieser Mann verstand sofort, dass sie Klartext redete. Er versprach, die Dinge in Ordnung zu bringen.

Es dauerte nicht lange, bis Fälle von Übervorteilung und Rechtsbeugung gegenüber verwitweten Frauen in Uganda seltener wurden. Die Täter wussten nun, dass IJM-Mitarbeiter sich solcher Fälle annahmen, und etliche machten das begangene Unrecht wieder gut.

Wie gut ist es, wenn Macht in den richtigen Händen liegt. Zum Beispiel in den Händen meiner Schwester Jane Adong.

Kapitel 36

„Wenn du wiederkommst, stirbst du"

Bei unseren Vorbereitungen für die bevorstehende Aktion in Svay Pak hatten unsere Ermittler weiterhin Operationen im Dorf durchzuführen – um unsere Informationen auf dem neuesten Stand zu halten, Hinweisen auf die Verbindungen zwischen den Tätern nachzugehen und unsere Geschichte von der bevorstehenden Sexparty für Touristen aus dem Westen aufrechtzuerhalten. Sie riskierten natürlich jeden Tag, in Schwierigkeiten zu geraten oder aufzufliegen. Und jeder weitere Tag erhöhte die Spannung und das Misstrauen in Svay Pak, wann denn nun all diese Männer aus dem Westen kommen würden. An einem Abend, etwa eine Woche nachdem das ganze Team in Kambodscha angekommen war, wurde die Lage in einer Ecke des Dorfes brenzlig.

Mit Kamera und Mikro verkabelt betrat Robert Earle ein Bordell und fragte nach jungen Mädchen. Der Bordellbesitzer an der Eingangstür schien bereit, mit Robert ins Geschäft zu kommen und führte ihn in einen kleinen Raum hinten im Gebäude.

Nachdem er bestätigt hatte, dass er junge Mädchen habe, schickte der Mann jemanden hinaus, um eines für Robert zu suchen. Einige Augenblicke später kam ein sehr kleines Mädchen herein.

„Hier ist junges Mädchen für dich. Nimm sie jetzt!", bot der Bordellbetreiber an.

„Wie alt ist sie denn?", fragte Robert.

„Fünf", antwortete der Mann. „Du kannst jetzt mit ihr Sex haben."

„Ich selbst mag sie nicht so jung. Ich bin auf der Suche nach Mädchen für eine Party, die ich für meine Freunde gebe", sagte Robert.

„Warum du kommst und erzählst, du wollen junge Mädchen,

und dann du machst nichts?", erwiderte der Bordellbesitzer ärgerlich. Dann sagte er Robert, dass er nur dann zu Geschäften mit Robert bereit sei, wenn er hier und jetzt Sex mit dem Mädchen haben würde.

Als Robert das ablehnte, wurde der Zuhälter noch ärgerlicher. Zudem wurde er auch noch misstrauisch.

„Du haben Kamera?", fragte er.

„Warum denkst du, dass ich eine Kamera habe?", antwortet Robert. „Ich habe ein Handy."

„Und ich denke, dass du auch Kamera hast", sagte der Manager und zeigte mit dem Finger auf Robert. „Du bist mir ganz egal", fuhr er bestimmt fort. „Und wenn du wiederkommst, stirbst du."

Solche Worte haben die Tendenz, in den Ohren nachzuklingen und sich in Träume einzuschleichen. Sie lassen dich an deine Frau und deine Kinder zu Hause denken, und du betest, dass Gott dich behütet, während du jene zu befreien versuchst, die keinerlei Hoffnung haben.

„O. k., o. k., das war es!", sagte Robert und ging unverzüglich.

In den Bordellen von Svay Pak arbeiten die Kinderhändler manchmal zusammen, ganz wie die Gebrauchtwagenhändler auf den Automeilen der Großstädte bei uns. Obwohl sie Konkurrenten sind, versuchen sie wohl manchmal, Allianzen zu bilden oder zumindest akzeptable Beziehungen zueinander zu haben, was zum gegenseitigen Vorteil ist. Wir hatten Informationen erhalten, dass einer der Bordellbetreiber angefangen hatte, mit den anderen über Männer aus dem Westen zu reden, die irgendetwas vorhätten, das Schwierigkeiten bedeuten könnte. Einige unserer Kontakte – wenn auch nicht alle – ließen sich überzeugen, ihre Angebote zurückzuziehen, dass Mädchen aus den Bordellen zu unserer Party kommen könnten.

Es vergingen weitere Tage. Während wir versuchten, die Unterstützung der Regierung und der Strafverfolgungsbehörden zu bekommen, wurden die Bordellbesitzer und Zuhälter nervös. Unsere Mitarbeiter spürten ebenfalls die wachsende Anspannung.

Wieder im Hotel sprach Robert Earle mit Ted Haddock, unserem Verantwortlichen für den Bereich Kommunikation. „Ich habe allen erzählt, dass die Party heute Nacht steigen soll. Es ist jetzt vier und sie haben bisher noch nichts von mir gehört."

Noch immer waren viele bereit, unserem Wunsch entsprechend die Mädchen mit einem Bus zu der angeblichen Sexparty fahren zu lassen, und wir wollten so viele Opfer wie möglich auf diese Weise herausbekommen. Wir warteten darauf, dass sich die einzelnen Puzzleteilchen zusammenfügten, aber die wachsende Spannung versetzte auch den Boden unter unseren Füßen in leichtes Beben. Und mittlerweile wurde das Zeitfenster immer kleiner, das uns blieb, bevor sich die Spannung in unseren Gesichtern lösen würde – auf die eine oder andere Weise.

Kapitel 37

Warten

Ich saß in einem Korbsessel auf der Dachterrasse unseres Hotels und wartete. Der warme Nachmittag ging in einen klaren und milden Abend über. Es war ein guter Platz, um ein wenig zur Ruhe zu kommen, hoch über all dem Lärm und Trubel der Straße. Vor mir breitete sich die Stadt Phnom Penh mit ihren niedrigen Gebäuden und den rostrot gedeckten Dächern bis zum Horizont aus. Die Menschen waren in den lärmenden Straßen auf dem Weg nach Hause. Etwas weiter entfernt hatte ein Mann seit dem Morgen aus einem gefällten Baum auf einem freien Stück Land Feuerholz gehackt. Nun machte er Feierabend und wusch sich mit Wasser aus einem gelben Plastikeimer, wickelte sich einen Sarong um die Taille und trottete die Straße entlang. Der Arbeitstag ging zu Ende, und ich wartete.

Mosier war in dem für die Fortsetzung der Mission ausschlaggebenden Treffen mit dem Polizeioberst, der die Einsatzkräfte befehligte, die wir benötigten, um die Großrazzia durchzuführen. Sie war für den kommenden Tag in Svay Pak geplant. Mit dieser Operation gingen anspruchsvolle taktische Notwendigkeiten einher. Üblicherweise kann man nicht einfach mal so in einer Polizeistation vorbeischauen und die Kommandeure dazu bringen, Scharen von Polizisten dafür abzustellen, dass sie tun, was man will und wann man will. Das ging schon gar nicht, wenn es sich um Operationen handelt, die sie nie zuvor durchgeführt hatten, und wenn es sich um die Zusammenarbeiten mit Partnern handelt, die sie bisher nicht kannten. Aber genau das war es, was Mosier im Polizeihauptquartier zu tun versuchte, und es war genau das, was nötig war, damit unser ganzes Vorhaben klappen würde. Der Oberst konnte mit Fug und Recht sagen: „Tja, darüber müssen wir erst mal ein paar Tage nachdenken", „wir könnten das nächste Woche durchziehen", „wir machen das so, wie wir das üblicherweise machen", „wir können dafür nicht so viele Beamte abstellen" oder „Danke für die Informationen. Wir kümmern uns darum. Wir rufen Sie an, wenn wir fertig sind."

All diese Reaktionen der Polizei wären weitaus wahrscheinlicher als ein „O. k. Bob, was immer du sagst, wir machen das dann morgen." Aber genau das war die Antwort, die wir von ihnen brauchten. Es war klar, dass wir unsere vorgeschobene Geschichte mit der Party auch nicht einen weiteren Tag aufrechterhalten konnten. Das bedeutete nicht nur, dass wir das entscheidende Moment der Operation verlieren würden, das wir über Monate aufgebaut hatten; noch gefährlicher war, dass Robert in Svay Pak nicht mehr eingesetzt werden konnte und er zum Ziel hässlicher Reaktionen von misstrauischen und verärgerten Kontaktleuten würde. Darüber hinaus hatte die ganze Operation eine hohe Anfälligkeit gegenüber Störfaktoren und Fehlern, was eine ständige Gefahr darstellte. Zudem war es notwendig, dass das ganze Polizeiaufgebot den Plan überaus exakt ausführte – und dieses Polizeiaufgebot war ausgesprochen groß.

So saß ich also in meinem Korbsessel und wartete. Ich wartete wieder einmal auf ein unmögliches Ereignis, das unbedingt nötig war. Es brauchte nicht viel und wir könnten unsere Koffer packen und müssten die Mädchen in ihrem Albtraum ohne Erwachen zurücklassen.

Ich zündete meine Pfeife erneut an und wartete. Ich stellte mir wieder dieselben müßigen Fragen über meiner Pfeife, die ich mir nicht beantwortet hatte, seit ich sie mir vor fast zehn Jahren in Ruanda zugelegt hatte. Sie war meine Antwort auf den zwar schwachen, mich aber allmählich verrückt machenden Geruch der Massengräber, der mich und meine Kollegen der UN-Untersuchungskommission nach einem Tag vor Ort unvermeidlich umgab. Ich fragte mich, ob ich zu viel Tabak genommen hatte, ob ich ihn richtig gestopft hatte. Ich fragte mich, ob ich die Pfeife lieber reinigen und sie neu stopfen sollte. Ich fragte mich, ob mein Tabak schon zu alt geworden war. Ich fragte mich, warum die Pfeife diesmal besser schmeckte. Ich fragte mich, was Bob wohl gerade machte.

Ich packte die Pfeife weg, als Sharon und Karyn zu mir auf die Dachterrasse kamen. Sie kamen von weiteren Treffen mit Nachsorgeeinrichtungen und hatten weitere Zusagen erhalten, dass Mädchen, die wir zu befreien hofften, betreut würden.

„Schon irgendetwas von Bob?", fragte Sharon.

Ich schaute erneut auf das Handy. „Nein, aber ich glaube, es steht gut. Wir haben gerade die 50-Minuten-Grenze überschritten." Ich gab nicht ganz ernst komplexe und reichlich verschrobene Berechnungen über den Zusammenhang von Gesprächsdauer und Erfolgsaussichten zum Besten – ein weiteres Indiz dafür, dass ich gerade zu viel Zeit zum Nachdenken hatte.

„Wisst ihr", sagte ich, „um Nein zu sagen, würden sie nur ungefähr zwanzig Minuten brauchen. Dann hören sie Bob weitere dreißig Minuten zu, wie er sie doch noch zu überzeugen versucht. Nach fünfzig Minuten würden sie Bob aber klarmachen, dass das Nein ernst gemeint war, und dann würden sie zusammenpacken. Da wir jetzt aber bei einer Stunde und sieben Minuten sind, denke ich, dass sie darüber reden, wie man alles durchführen kann."

Ich fragte, wie ihre Nachsorgegespräche gelaufen waren. Sharon berichtete von einigen ermutigenden Fortschritten, aber auch von großen Schwierigkeiten. Es war nicht einfach, genügend Sozialarbeiter und Berater für die unmittelbar auf die Razzia folgenden Stunden und Tage bis zum Weitertransport in die aufnehmenden Einrichtungen zu finden. Die Tatsache, dass alle Kinder Vietnamesen und keine Khmer waren, machte alles zehnmal komplizierter, als es ohnehin schon war. Wir zogen uns damit auf, dass wir Gott wie verrückt um ein Wunder bei Bob und der Polizei baten, nur um festzustellen, dass Bobs Erfolg dazu führen würde, dass wir Lösungen für die nächsten hundert Probleme brauchten. Es handelte sich um so eine Art Parcours von Hamsterrädern, bei dem man schnell genug sein musste, um vom einen zum nächsten zu springen.

„Falls Bob und seine Leute bereit sind, die Sache durchzuführen, sollte die Nachsorgefrage dem jedenfalls nicht im Weg stehen", sagte Sharon.

Wir gingen noch ein paar Details durch und filterten ein paar witzige Episoden dieses Tages heraus. Und wir warteten. Mehr als zwei Stunden nach dem Beginn von Bobs Treffen summte mein Handy. „Es ist Bob", sagte ich nach dem Blick auf das Display. „Wie sieht es aus, Bob?"

„Ja, Gary. Ich will nur Bescheid geben, dass wir den ganzen Einsatzplan durchgegangen sind und uns vollständige Zusammenarbeit für morgen zugesagt wurde, mit einer ausführlichen Einweisung der Polizeikräfte um 8 Uhr."

„Fantastisch, Bob", sagte ich. „Einfach spitze. So macht man das, Bruder. Gott ist gut zu uns."

Bob sagte, dass er noch einiges mit dem Oberst zu klären habe und wir uns treffen würden, wenn er im Hotel zurück sei. Es war mittlerweile Abend. Das Phnom Penh jenseits unserer

Dachterrasse war in sanftes Dunkel getaucht, der Dunst des Verkehrs stieg zu den Straßenlaternen empor, und in unseren Gedanken und Herzen dämmerte ein wenig ungemütlich das unwirkliche Gefühl herauf, dass nun die große Stunde unmittelbar bevorstand.

Wir stiegen vom Dach herab und alarmierten den Rest der Mitarbeiter, dass es morgen tatsächlich losgehen würde. Die Zusammenarbeit mit der Polizei sei – auf dem Papier – gesichert. Wir wussten aber auch, dass zwischen Zusammenarbeit und erfolgreicher Durchführung noch eine gewaltige Kluft lag, die es zu überbrücken galt. Schon viele Kinder mussten erleben, wie sie in genau diese Schlucht gestoßen wurden, als die Befreiung zum Greifen nah war.

Kapitel 38

Los!

„Gut, du sagst Kha, dass wir morgen um eins kommen. O. k.?" Robert Earle sprach in sein Handy. „Ja, wir kommen, um die Mädchen um eins abzuholen. Bis dann." Er beendete das Telefonat und legte das Handy zurück auf den Tisch in seinem Hotelzimmer.

* * *

„Du hast heute Abend deine Weste an", bemerkte Will Henry, während er Robert zusah, der seine Ausrüstung ein letztes Mal bereitlegte. „Gibt es etwas, das ich wissen sollte?"

Will vermutete, dass Robert vielleicht einen letzten Ausflug nach Svay Pak vorhatte, um noch mehr Beweismaterial zu sammeln, und dass das vielleicht der Grund war, warum er unter seinem Hemd seine kugelsichere Weste trug. Will war für die Sicherheit zuständig und musste alles wissen, was geschah, bis ins kleinste Detail der taktischen Operation. Sollte Mosier fragen, wo Robert sei, musste Will ohne Zögern antworten können.

„Ich habe sie bisher noch nie tatsächlich angehabt und wollte mich vor morgen schon mal ein bisschen dran gewöhnen", antwortete Robert. „Du siehst, dass ich sie trage?"

„Ich schon."

„Woran?"

„Ich kenne deine Silhouette, und die Weste trägt etwas auf; außerdem sehe ich ein kleines Stück der Weste über dem obersten Knopf."

„Na ja, die kennen meine Körperform nicht so genau, also wird der Unterschied nicht auffallen. Und ich trage sie wohl augenblicklich ein bisschen zu hoch. Dann stelle ich die Riemen morgen noch etwas anders ein."

„Was machst du, wenn sie dir plötzlich auf den Rücken klopfen?"

Robert hielt einen Augenblick inne. „Was mache ich, wenn sie plötzlich auf mich schießen?", antwortete er mit einem verschmitzten Grinsen.

Die Todesdrohungen, die Zuhälter gegen ihn ausgesprochen hatten, ließen es Robert ratsam erscheinen, die Schutzweste während der Razzia zu tragen. Er hatte sie bereits an, als sich das ganze Team am nächsten Morgen um sechs im Konferenzraum des Hotels traf.

Die Befreiungsaktion sollte in ein paar Stunden beginnen, und dies war die letzte Besprechung. Alle Mitarbeiter, einschließlich der Leute von NBC, drängten sich in dem kleinen Raum zusammen. Die meisten saßen an langen Tischen; Bob Mosier stand vorn am Flipchart.

„Der Einsatzplan, den ihr vor euch liegen habt, ist hauptsächlich für die Ermittlungsleute und benennt die Ziele der Operation", sagte Mosier laut und klar. „Dein Name steht oben auf deinem Exemplar. Behalte es bei dir. Du kannst darauf sehen, was jeder Ermittler während des Tages macht.

Wir fangen mit der Operation etwa gegen elf an … Also, die erste gemeinsame Gelegenheit, bei der kambodschanische Polizei und IJM unmittelbar zusammenarbeiten, ist gegen ein Uhr dreißig am Nachmittag, wenn Bus 1 mit den Verdächtigen und den Opfern an Bord Punkt Bravo erreicht. Falls die Leute vom Eingreifteam die Hilfe von Übersetzern brauchen, sind ab 10 Uhr welche vor Ort. Es sollten auch hier im Hotel heute Morgen Übersetzer sein, die euch bei euren verschiedenen Vorbereitungen helfen werden."

Mosier kümmerte sich auch um die kleinen, aber sehr wichtigen Dinge, die zu den Aufgaben als Vor-Ort-Leiter gehörten.

„Dieses Papier hier enthält eine Checkliste, die dir hilft, dich auf die Ereignisse heute vorzubereiten. Unser größtes potenzielles Hindernis wird die Kommunikation sein, deshalb achtet bitte darauf, dass alle Handyakkus voll sind. Wir haben außerdem Telefonkarten besorgt, mit denen ihr euer Handy aufladen könnt. Ich gebe die gleich herum.

Wenn du heute im Dorf sein wirst, dann trage keine offenen Schuhe oder Sandalen. Wer mit uns reingeht, muss geschlossene Schuhe tragen."

Mosier reichte einen weiteren Stapel Papiere herum.

„An dieser Karte ist dein persönlicher Rückzugsplan angeheftet. Er umreißt, wer für deine persönliche Sicherheit verantwortlich ist.

Grundsätzlich gilt: Wir arbeiten in Verbindung mit der kambodschanischen Polizei. Und in den meisten Fällen sollte es möglich sein, uns im Blick auf unsere Sicherheit auf sie zu verlassen. Aber als Zusatzmöglichkeit – falls sie aus irgendeinem Grund nicht für unsere Sicherheit sorgen können – müssen wir das selbst regeln können. Wenn ihr also auf dem Blatt nach unten springt zum Punkt ‚Rolle der IJM-Mitarbeiter', dann seht ihr, dass jeder bei der Durchführung des Notfallplans eine Aufgabe hat. Wer innerhalb des Dorfes eingesetzt ist, sollte hellwach sein, falls sich irgendwo der Mob sammelt, und das sofort an Will Henry über Handy oder Funk durchgeben. Er wird im

Gegenzug Jasper informieren, dem eine kleine Anzahl von Polizeikräften zugewiesen ist. Der kommt dann mit ihnen ins Dorf und holt uns raus. Drei von uns tragen außerdem Sender, damit ihr uns nötigenfalls lokalisieren könnt."

„Wer hat die Empfänger zu den Sendern?", fragte ich.

„Die habe ich", antwortete Will Henry.

„Noch mal. Vergewissere dich, dass dein Handyakku voll ist und dass es an ist", fuhr Bob fort.

„Nehmt eine Notfalltasche mit. Ich weiß nicht, ob ihr vielleicht ein Medikament nehmen müsst. Aber nehmt einen Vorrat mit. Wer Kontaktlinsen trägt, nimmt auch eine Brille mit. Wenn du morgens um zehn eine Linse verlierst, können wir dich nur so lange von deiner Aufgabe befreien, bis du eine Brille hast. Vergewissere dich, dass du auf derartige Sachen vorbereitet bist.

Im Fall des vorzeitigen Rückzugs folgst du den Anweisungen, die dir von demjenigen gegeben werden, der auf deinem Einsatzplan genannt ist. Ich leite einen sofortigen gesicherten Rückzug ein, wenn ich Informationen erhalte oder selbst den Eindruck habe, dass wir aufgeflogen sind. Falls ich dazu das Kommando gebe, dann ist der nächste Sammelpunkt Bravo, wo die angebliche Sexparty stattfinden soll."

Die Mitarbeiter hatten die Kennung der unterschiedlichen Standorte der Operation erhalten: „Alpha" war das Dorf Svay Pak, „Bravo" das in Phnom Penh gemietete umzäunte Anwesen mit einem großen Haus, wo die Täter festgenommen werden sollten und die Opfer für einen oder zwei Tage bleiben konnten, bis sie zur weiteren Betreuung gebracht würden. „Haus C" gehörte der Mutter des Zuhälters Victor, einem unserer Hauptkontakte, und war der Treffpunkt, an dem wir die Mädchen für die Party abholen sollten. Einer der weiteren Standorte, „Whiskey", gehörte der berüchtigten Bordellbesitzerin Mamasan Lang in Phnom Penh. Wir hatten dort mehrere Ermittlungen durchgeführt und auch dort eine Razzia vorgesehen, nachdem am Standort Alpha die Täter verhaftet und die Mädchen befreit waren.

Mosier arbeitet weiterhin die Liste in seinem Kopf ab, wie er das schon so viele Male zuvor getan hatte. Er spürte das Gewicht der Verantwortung dafür, dass alle gut vorbereitet waren, und er wusste, dass er zu einem erheblichen Grad für die Sicherheit seiner Kollegen und für den Erfolg der Operation mitverantwortlich war.

Mit eiserner Miene beschrieb er ein Szenario, das sich vermutlich jeder von uns ausgemalt hatte: „Falls die Probleme in Bravo weiterhin andauern und ein zweiter Notfallrückzug nötig ist, weil beispielsweise eine wütende Menschenmenge auf uns Jagd macht, dann ist der zweite Fluchtpunkt das Hotel Intercontinental, elfter Stock. Einige Freunde werden in der Nähe sein, die sich um uns kümmern werden.

Wenn es richtig schlimm wird und wir einen sicheren Zufluchtsort brauchen, gehen wir zur US-Botschaft."

„Bob, falls du im Dorf ausfallen solltest, wer ist dann für die Operation verantwortlich?", fragte ich.

„Falls ich ausfalle, geht die Verantwortung sofort an Will Henry über, wie es im Plan ausgewiesen ist", antwortete Bob und goss sich noch einen Kaffee ein. Kaffee floss um diese Uhrzeit in großen Mengen am Tisch.

Jeder wusste, worum es mir ging. Die ganze Operation konnte extrem gefährlich werden. Falls Bob verletzt würde oder auf irgendeine Weise ausfallen sollte und die Operation nicht mehr leiten könnte, musste jeder wissen, wessen Anweisungen zu folgen war. Beim Blick auf den Plan sahen wir, dass zunächst Will und dann Robert Earle die Leitung übernehmen würden, falls dem verantwortlichen Leiter etwas zustoßen würde.

„Die Notfallrückzugsroute von Bravo, dem ersten Sammelpunkt, zu unserem zweiten Sammelpunkt ist auf der angehefteten Karte. Bei Bravo wird ein Bus bereitstehen. Es gibt also extra einen Bus für diesen Zweck und für andere Dinge, falls er im Verlauf der Befreiungsaktion gebraucht wird.

Falls du aus irgendeinem Grund niemanden aus dem Team finden kannst und uns auch nicht über Handy oder Funk erreichst, hilft dir die angeheftete Karte, um von Punkt A nach Punkt B zu kommen."

„Noch mal", fuhr Bob fort, „bitte behalte diese Rückzugsanweisungen bei dir. Lass niemanden sie sehen oder darauf zugreifen. Falte sie bitte zusammen und steck sie so weg, dass du sie findest, falls du sie brauchst."

Dann verteilte Mosier die Telefonkarten, damit niemandem am entscheidenden Punkt der Mission das Handyguthaben ausging. „Würdet ihr euch bitte einen Augenblick Zeit nehmen und das Handy aufladen. Wir würden es sehr begrüßen, wenn ihr das jetzt gleich macht", sagte er lächelnd.

Heiterkeit breitete sich aus, als jeder der Bitte nachkam. Solche Momente waren wichtige kleine Pausen – „Teamgeist-Einübung", wie es jemand nannte – in den ansonsten sehr angespannten Sitzungen. Wir alberten ein wenig herum, ob wir nicht ein Rennen daraus machen sollten, wer sein Handy als Erster aufgeladen hätte und dafür einen Sonderpreis bekäme.

Als alle mit ihrem Handy fertig waren, ging Mosier wieder ans Flipchart und zeichnete eine Karte der Operation. „So wird das heute ablaufen", sagte er. „Wir besteigen Bus 1 in Phnom Penh. Ich werde in diesem Bus sein, Robert Earle, ein paar Leute von IJM und kambodschanische Polizeikräfte. Wir fahren zu Punkt Alpha, also nach Svay Pak. Wenn wir dort sind, parken wir an der Hauptstraße außerhalb des Dorfes, damit wir nötigenfalls schneller und besser wegkommen.

Dann gehen wir zum vereinbarten Punkt Haus C im Dorf und beginnen, die Kinder zu sammeln, die wir zu der angeblichen Party mitnehmen können. Die Kinder und die Zuhälter werden mit Mopeds zum Bus gebracht; es ist also nur eine kurze Fahrt vom Dorf zum wartenden Bus.

Sobald wir möglichst viele Kinder und Verdächtige im Bus haben, fährt der Bus los zu Punkt B."

„Wer wird zu diesem Zeitpunkt im Bus sein?", fragte ich. Ich wollte wissen, ob er oder Earle oder irgendjemand von uns im Dorf zurückbleiben würde.

„Nach Plan werden Mathew, Ted Haddock und vielleicht noch einer von uns Männern zu diesem Zeitpunkt im Bus sein. Robert Earle und ich werden im Dorf zurückbleiben und auf die Ankunft von Bus 2 warten.

Wenn Bus 1 in Bravo eintrifft und sich auf dem Gelände befindet, werden die Verdächtigen von der kambodschanischen Polizei überwältigt und Täter und Opfer werden aus dem Bus entfernt."

Bravo, das Anwesen, das wir für diese Operation angemietet hatten, war ideal, um die Zuhälter von der Flucht abzuhalten, sobald der Bus hineingefahren und das Tor geschlossen war. Wir wollten auch nicht, dass der Bus auf der Straße eingekeilt würde oder eine Gruppe kleiner Mädchen in Panik geriete, verletzt würde oder in der Menge verloren ginge.

„Wenn Bus 1 von der Polizei überrumpelt ist, wird Bus 2 Bravo verlassen. Er fährt aber erst los, nachdem wir Nachricht von Alpha erhalten haben. Dort wird unser Hauptermittler Robert Earle, während die ersten Mädchen in Bus 1 auf dem Weg nach Bravo sind, weitere Mädchen sammeln, damit sie zu diesem Punkt kommen", sagte er und zeigte auf das Quadrat auf dem Flipchart, das für Haus C stand, ein Haus innerhalb des Dorfes, das wir gemietet hatten.

„Wer es also nicht mit Bus 1 geschafft hat, wird dort im Haus C gesammelt. Wer einmal im Haus C ist, darf es nicht mehr verlassen. Das gilt für die Mädchen, die Bordellbetreiber und die Zuhälter."

Der Plan sah vor, die Mädchen in eines oder mehrere der kleinen Schlafzimmer des Bordells zu bringen, dann die Zuhälter – notfalls mit Gewalt – durch unsere Sicherheitsleute in einen anderen Raum zu bringen und dort festzuhalten, bis die Polizei eintraf.

„Sobald wir die Nachricht erhalten, dass Bus 1 von der Polizei bei Bravo überwältigt ist, werden sich Bus 2, ein 25-sitziger Bus 3 und ein Minibus der Polizei auf den Weg nach Alpha machen.

Nach dem Eintreffen in Alpha wird die kambodschanische Polizei unverzüglich Haus C überwältigen, die Kinder in Schutz nehmen und die Verdächtigen, die wir innerhalb des Gebietes festgehalten haben, inhaftieren. Dann werden die Kinder in den Bus 2 gebracht.

Danach gehen Earle und ich ins Dorf zu den neun anderen Plätzen, die wir identifiziert haben, und suchen nach weiteren Verdächtigen und Opfern. Die Polizei ist dann schon zu diesen Orten bestellt und wartet auf Anweisungen, welches Haus sie durchsuchen sollen. Wenn weitere Verdächtige angetroffen werden, werden sie augenblicklich nach Alpha zurücktransportiert und in einen anderen Bus als die Kinder gebracht, damit sie keinen Kontakt mehr zu den Opfern haben. Die Polizei wird an diesen Orten sein, um die Verdächtigen festzunehmen."

„Bob, wie lange braucht man von Bravo nach Alpha?", fragte ich.

„Das sind sieben Kilometer, man braucht etwa 15 Minuten."

„Wird jemand von IJM da sein, um sicherzustellen, dass es zu diesem Zeitpunkt keine Kommunikation zwischen Verdächtigen und Opfern gibt?", fragte Karyn.

„Ja, ein IJM-Mitarbeiter ist eingeteilt, der hier nach dem Einsatzplan dafür sorgt, dass es keinen Kontakt zwischen Tätern und Kindern gibt."

„Wie lange werden wir in Haus C warten und es sichern, bis Bus 2 eintrifft?", fragte Robert Earle. „Der könnte doch recht bald kommen, damit wir nicht zu lange dort festsitzen und es halten müssen, oder etwa nicht?"

„Nein. Das ist ein guter Punkt", sagte Bob. Er zeichnete wieder auf das Flipchart. „Es ist wichtig, dass zu diesem Zeitpunkt unsere Tarnung noch funktioniert, bis Bus 1 hinter dem Tor ist und von der Polizei überwältigt wurde. Wir können nicht das geringste Risiko eingehen, dass die Busse sich auf ihren Fahrten begegnen oder dass irgendeiner der Verdächtigen während der Fahrt im Dorf anruft, weil er misstrauisch geworden ist.

Deshalb warten die kambodschanischen Polizisten im Bus 2 auch außerhalb von Bravo und fahren erst los, wenn sie wissen, dass die Verdächtigen verhaftet sind. Falls sie aus irgendeinem Grund benötigt werden, um Bravo zu sichern, dann sollen sie dafür zur Verfügung stehen. Sobald die Verdächtigen in sicherem Gewahrsam sind, kann Bus 2 von Bravo losfahren in Richtung Alpha."

Ich stellte ein paar kurze Berechnungen im Kopf an und verstand Robert Earls Bedenken. Wenn der erste Bus 15 Minuten von Alpha nach Bravo brauchte, 15 bis 30 Minuten vergingen, bis die Verdächtigen ganz unter Kontrolle waren und dann weitere 15 Minuten nötig waren, bis Bus 2 und 3 im Dorf ankamen, würden Bob und er für eine Stunde oder mehr im Dorf darauf warten, dass die zweite Hälfte der Falle zuschnappt. Und in einer Stunde konnte in einer derart instabilen und unsicheren Umgebung eine Menge geschehen.

Als ob Bob Roberts Gedanken gelesen hätte, fügte er hinzu: „Im Blick auf die Sicherheit ist zu sagen, dass zwei weitere Minibusse an der Hauptstraße außerhalb des Dorfes warten werden, die Busse 4 und 5, mit einer kleineren Anzahl kambodschanischer Polizisten an Bord, die bereitstehen werden, falls sie irgendwo im Dorf gebraucht werden, um jeden, der Hilfe braucht, aus dem Dorf zu holen.

Wenn feststeht, dass diese Polizisten nicht in Svay Pak gebraucht werden und die Operation gut läuft, werden sich diese Busse auf den Weg zu Standort Whiskey machen, um Mamasan Lang festzunehmen und die Kinder dort herauszuholen."

Das war der Augenblick, an dem ich Bob fragte: „Was ist, wenn jemand im Bus 1 auf dem Weg nach Bravo durchdreht?" Ich machte mir Sorgen um die Sicherheit der Kinder, falls einer der Verdächtigen eine Waffe dabeihatte.

„Wir werden Kontrollpunkte der Polizei auf der 598 anfordern, damit die Beamten dem Bus folgen und den Opfern und unseren Mitarbeitern helfen können, falls jemand austickt", antwortete Bob.

Einer unserer Leute fragte: „Gibt es Sicherheitsvorkehrungen im Bus 1, falls die Täter irgendwie Wind von unserer Operation bekommen? Könnten Polizisten in Zivil dem Bus folgen, damit sie die Typen – falls irgendetwas passiert – aus dem Bus schaffen?"

„Das ist eine gute Idee", antwortete Bob. „Wir können darum bitten, dass Polizei in Zivil irgendwo hier dazustößt", sagte er und deutete auf einen Punkt auf der Karte. „Bei der 8-Uhr-Besprechung brauche ich von allen die Informationen über euren Bus. Besorgt euch die Nummer, Farbe, Größe, Modell, Farbe der Vorhänge im Innern, und teilt mir das bei der Besprechung mit. Dann kann ich anfragen, dass Polizisten auf Motorräder entlang der 598 und der 5 mit diesen Beschreibungen nach den Bussen Ausschau halten.

Wir müssen auch damit rechnen, dass jemand aus den Bordellen sich entschließt, dem Bus zu folgen. Sie wollen vielleicht sicher sein, dass auch alles nach Plan geht. Wir möchten nicht, dass so jemand alle anderen im Dorf informiert, deshalb gibt es ein Verfolgerfahrzeug, das sicherstellen wird, dass es keine weitere Kommunikation mit irgendjemandem im Dorf geben wird."

„An welchem Punkt werden sie merken, dass es nicht zum Ort der vorgeschobenen Party geht, den sie gesehen haben?", fragte ich.

„Es gab nicht genug Zeit für die Besichtigung des Ortes, der als Lockmittel geplant war. Es gibt also auch keinen Grund für sie, irgendetwas anderes zu erwarten, als das, was wir mit ihnen abgesprochen haben.

Das Überraschungselement, wenn unsere Party nicht stattfindet, ist noch immer unsere beste Verteidigung", sagte Bob.

„Wer gibt dem Busfahrer seine Anweisungen?", fragte ich.

„Wir haben einen ganz neuen Busfahrer, einen Polizeibeamten, den wir bisher noch nicht getroffen haben. Deshalb bitten wir darum, dass der Fahrer, der das letzte Mal den Bus gefahren hat, danebensitzt und den neuen Fahrer nach Bravo lotst, damit nichts schiefgeht", antwortete Mosier.

„Wie stellen wir sicher, dass Busfahrer und Lotse nicht an Bravo vorbeifahren?"

„Wir werden eine große Menge weißer Farbe auf der Straße direkt vor der Einfahrt verschütten, damit sie leicht zu erkennen ist", antwortete Bob.

„Die Farbe ist heute Morgen verschwunden", sagte Will Henry hinten aus dem Raum.

„Dann stellen wir jemanden auf die andere Straßenseite, der den Busfahrer direkt in die Einfahrt weist", sagte Bob. „Der wird wie ein Motorradfahrer aussehen, der an der Straße parkt, und sicherstellen, dass der Busfahrer auch wirklich das Tor der Zufahrt nach Bravo findet."

Bei allen im Raum war die Müdigkeit spürbar. Ein Mitarbeiter nach dem anderen rieb sich die Augen und gähnte. Es war nun eineinhalb Wochen her, dass wir nach Phnom Penh gekommen waren, und diese Leute hatten hart gearbeitet, damit alle Puzzleteile und Zahnrädchen der Operation zusammenfanden. Ich selbst war auch erschöpft. Unter solchen Umständen steht man in Gefahr, in Detailfragen leichtfertig zu werden und vom einfachsten Fall auszugehen. Aber die Dinge laufen nie so, wie man denkt, und immer wieder kommt alles sogar viel schlimmer. Jetzt war der Augenblick, all diese Sonderfälle zu besprechen und zu überlegen, wie wir darauf reagieren könnten.

Wir hatten wirklich hart geschuftet, um bis an diesen Punkt zu kommen. Nun war es bald Mittag, und es gab keinerlei Garantie, dass alles Arbeiten, Ringen und Herzklopfen während der letzten drei Jahre helfen würde, auch nur eines unserer Ziele zu erreichen. Im Gegenteil. Nun, da derart viele kambodschanische Polizisten in Details der Operation weitgehend eingeweiht waren, konnte das ganze Unternehmen über Nacht völlig zunichtegemacht werden durch einen einfachen Tipp eines Polizeilakaien an seine Freunde in Svay Pak; Freunde, die ihn leicht mit mehreren Monatsgehältern für seinen Ärger entschädigen konnten. Aber das würde sich schon bald zeigen.

Und das war auch das Gewicht, das auf diesem Moment lastete. Alles würde sich schon bald zeigen. In ein paar Stunden wären alle Fragen beantwortet, über die wir nachgedacht, mit denen wir uns abgemüht und in die wir uns investiert hatten – auf die eine oder andere Weise. Die geschundenen Kinder, die wir mit Namen kannten, waren dann entweder befreit oder im undurchdringlichen Dunkel verstreut, die Zuhälter und Bordellbetreiber waren entweder verhaftet, festgenommen und im Gefängnis oder im Irrgarten von Svay Pak verschwunden, um eine gewisse Zeit verstreichen zu lassen, bis es wieder sicher war, die Vergewaltigungsfabrik erneut zu eröffnen, dann aber besser gewappnet gegen unsere Ermittlungen. Wie auch immer, wir waren mit unserem Boot nun mitten auf dem Fluss, und wir mussten durch die Stromschnellen. Entweder würden wir alle wohlbehalten ankommen oder mit Mann und Maus im brodelnden Schaum untergehen.

Als ich so in dieser letzten morgendlichen Besprechung saß, hatte ich keine Vorahnung des Erfolges und auch keine grandiose nächtliche Vision von Gott höchstpersönlich vorzuweisen. Mir stand nur lebhaft vor Augen, was mit jenen Mädchen geschah. Ich war überzeugt, dass wir alles gut durchdacht hatten, soweit es menschenmöglich war, und ich war mir der Reihe von buchstäblichen Wundern bewusst, die uns überhaupt bis hierher hatten kommen lassen. Ich hatte den festen Glauben, dass das, was wir hier mit Gottes Hilfe tun wollten, das Richtige war. Wir hatten immer wieder dafür gebetet, dass er uns Hilfe, Weisheit und Führung zukommen lässt. Für mich fügte sich all das zu einem ausreichend stabilen Fundament zusammen, um zu den Mitarbeitern zu sagen: „Es geht los!" Aber das war keine Garantie dafür, dass wir nicht geschlagen würden, alles umsonst sein würde oder vielleicht sogar in einer Tragödie enden konnte. Wir leben in einer gefallenen Welt, das ist mir klar. Die Geschichte des christlichen Glaubens ist – von unserer Seite der Ewigkeit aus betrachtet – mit mindestens so vielen Märtyrern und leidenden Gottesdienern angefüllt wie mit strahlenden Siegern, was irdische Angelegenheiten angeht. Aber wie auch immer, für diese Menschen wie für uns, ist Gott da – größer, tiefer, weiter, näher und real. Das, so glaube ich, ist das, was uns gegeben ist. Aber das ist auch schon alles. Und damit in Händen hieß es jetzt: „Es geht los!"

Wir beschlossen die Besprechung mit einer langen Liste von Aufgaben, die bis elf Uhr noch zu erledigen waren. Achtzig Einsatzkräfte der kambodschanischen Polizei waren uns für diesen Tag zugesagt und ihr Kommandant würde in etwa einer Stunde bereitstehen, um mit Bob die letzten Instruktionen durchzugehen.

Ich sprach ein sehr kurzes Gebet. Eigentlich waren die Gebete bereits alle gesprochen. Nun galt, was Jesus in Gethsemane sagte, nachdem er dort gebetet hatte: „Steht auf, lasst uns gehen!"

Kapitel 39

Die Party beginnt

Zwischen dem Ende der 6-Uhr-Besprechung und dem Beginn der Razzia hatten alle von uns, die nicht an der taktischen Besprechung mit der Polizei teilnahmen, den Vormittag damit verbracht, Bravo für die Aufnahme der Mädchen auszustatten, die wir bis zum Ende des Tages hofften, befreit zu haben. Innerhalb von ein paar Stunden mussten wir Phnom Penh durchkämmen, um die aufgelisteten Gegenstände zu besorgen, die es Scharen von kleinen Mädchen ermöglichen würde, einigermaßen bequem und sicher mehrere Tage provisorisch unterzukommen: Schlafmatten, Kleidung, Sandalen, Toilettenartikel, Trinkwasser, Verpflegung, ein Fernsehgerät, einen Videorekorder, Kinderfilme, Buntstifte und Papier, Toilettenpapier, Handtücher, Seife … und natürlich Teddybären.

Die ganze Sache entbehrte nicht einer gewissen Komik. Man

stelle sich einen Trupp von Leuten aus dem Westen vor, der am frühen Vormittag durch Phnom Penh eilt, und versucht, in vierzigfacher Ausführung all das zu kaufen, was ein Mädchen oder eine junge Frau braucht. Sie widerstanden verwirrten Blicken von Ladenbesitzern und Verkäuferinnen, während sie etwa mit den Worten durch die Geschäfte fegten: „Ich nehme diese Zahnbürste hier. Haben Sie vierzig Stück davon?" oder: „Nein, das hier ist kein Teddy. Das ist ein Hund, und er ist auch nicht gerade hübsch. Wissen Sie vielleicht, wo ich weitere Teddys kaufen kann?"

* * *

Robert Earle war die ganze Nacht aufgeblieben und hatte sich um die letzten logistischen Details gekümmert, für die er zuständig war. Außerdem hatte er auch viel Zeit im Gebet um Erfolg der Operation und die Sicherheit aller Beteiligten verbracht. Während der Besprechung und danach trank Robert genug Kaffee, um hellwach zu bleiben, aber je näher der Zeitpunkt kam, um nach Svay Pak aufzubrechen, umso weniger nötig war das Koffein. Das Adrenalin gewann die Oberhand, seine Sinne waren aufs Äußerste geschärft und das, obwohl – oder vielleicht gerade, weil – er wusste, dass er sich persönlich in Lebensgefahr begab. Schließlich war dies der Tag, an dem die Leute in der Bordellszene, zu denen er seine Kontakte aufgebaut hatte, herausfinden würden, wer er wirklich war. Und darüber würden sie nicht gerade erfreut sein, am wenigsten jener Zuhälter, der Robert angedroht hatte, er werde sterben, wenn er zurückkommen sollte. Dennoch wurde es Robert, noch bevor die Operation richtig losging, so heiß und unbequem in seiner kugelsicheren Weste, dass er sie auszog. „Ich kann keine weitere Ablenkung gebrauchen, die meine Aufmerksamkeit von der bevorstehenden Aufgabe abzieht", sagte er. „Ich kann mir das nicht leisten."

Kürzlich hatten Zuhälter Robert erzählt, dass es unwahrscheinlich sei, dass die Bordellbesitzer den ganz jungen Mädchen erlauben würden, das Dorf zu verlassen, also den Fünf-bis Siebenjährigen, vielleicht auch den Zehnjährigen, weil sie ihren „Besitz" gern fest in der Hand behalten wollten. Wenn die Mädchen zum ersten Mal Geschlechtsverkehr haben, verdienen die Bordellbetreiber damit den größten Betrag – für die Jungfräulichkeit eines Mädchens wird ein Sonderpreis verlangt.

So erreichten also fünf Männer aus dem Westen gegen 13 Uhr das Dorf und gingen zu Haus C: Robert Earle, Bob Mosier, Ted Haddock, Rich und Mitchell, die zwei von NBC. Sie betraten das Gebäude in der Hoffnung, dass die Zehnjährigen und älteren Mädchen das Haus verlassen dürften und nach Bravo gebracht werden könnten, während die jüngeren wohl bleiben und hier befreit werden müssten.

Es war ein einstöckiges, stabiles Gebäude mit festem Boden und soliden Wänden. Ein etwa zwanzig Meter langer Flur verband die beiden einzigen Außentüren des Hauses und teilte es in zwei Bereiche. Auf jeder Seite des Flurs befanden sich drei Räume, die üblicherweise von den Mädchen benutzt wurden, um mit den Kunden Sex zu haben. Es war ziemlich dunkel, in den meisten Zimmern hing nur eine einzelne Glühbirne. Jeder Raum hatte einen an der Wand montierten Ventilator, der die Luft in diesem ausgesprochen heißen Klima wenigstens etwas umwälzen sollte.

In den Kundenräumen standen schmutzige, verschlissene Betten, in denen ich nicht einmal meinen Hund schlafen lassen würde. Dies war keines der Etablissements, in denen die Laken zwischen den Kunden gewechselt wurden. Das kaputte Mobiliar im ganzen Haus hatte ganz sicher schon bessere Tage gesehen. Die Wände waren bedeckt mit Bildern asiatischer Mädchen, die ganz unterschiedlich viel anhatten. Das verlieh allem einen verruchten Unterton.

Bei seinem ersten Einsatz als verdeckter Ermittler in den Bordellen von Svay Pak hatte Robert Earle Victor kennengelernt, einen Zuhälter und so eine Art Dorfführer. Victor war auch verantwortlich für das erste Bordell, zu dem Robert und Mark, der ehemalige Militärspezialist, durch die dunklen Gassen geführt wurden, als sie zum ersten Mal nach Svay Pak gefahren waren.

Victors Ansehen im Dorf war offensichtlich, da er den jüngeren Zuhältern Befehle gab, die diese unverzüglich ausführten. Er war ausgesprochen selbstsicher, so als habe er etwas geleistet, wofür er Bewunderung verdiene. Nachdem Victor und die Mädchen, für die er zuständig war, auf dem ersten Videoband festgehalten worden waren, hatte Robert das Bordell verlassen und gehofft, dass er Victor erneut treffen würde.

Die einzige Person, die Victor an Ansehen in Svay Pak noch zu übertreffen schien, war Kha, der selbst ernannte Dorfvorsteher. Er und Victor arbeiteten bei der Vorbereitung der angeblichen Party für die Sextouristen aus dem Westen zusammen.

Robert hatte ihn an diesem Morgen noch einmal angerufen, um zu bestätigen, dass die Gruppe auf dem Weg sei. Als Robert durch die Tür kam und eine Gruppe von Männern aus dem Westen anführte, die Partyutensilien mit sich trugen, Spielzeug für die Mädchen und Getränke für alle, begrüßten die beiden Männer ihn wie einen langjährigen Freund.

Robert erinnerte sich, dass „sie nach all den Gesprächen und Planungen außerordentlich erfreut waren, uns zu sehen".

Die freundliche Begrüßung in diesen ersten Augenblicken half ihm, viel von seiner Angst beiseitezuschieben. Versetzen Sie sich in seine Situation: Sie müssen eine vorgeschobene Geschichte aufrechterhalten, um Leute zu schnappen, die Ihnen direkt gegenüberstehen. Und Sie sollen ein Dutzend Mädchen befreien, die in diesem Augenblick nur ein paar Meter entfernt sind. Robert wusste, dass er nach dem Eintreten möglicherweise herausfinden würde, dass die Polizei nicht dichtgehalten hatte, und in diesem Fall hätte seine Begrüßung aus lebensbedrohlicher Gewalt bestanden.

„Na, sind die Mädchen für heute verfügbar?", fragte Robert und hielt innerlich den Atem an, während er auf die Antwort wartete.

Der Rest der Aktivitäten des Tages – eigentlich die ganze Operation – hing von Khas Antwort ab. Würde sie abschlägig ausfallen, würde das bedeuten, dass etwas durchgesickert war und heute kein einziges Mädchen befreit würde – und vermutlich auch nicht für lange Zeit danach. Und dann wäre das Team wohl auch bereits in Gefahr.

„Ja, ja, sie sind bereit", antwortete Kha. „Sie sind in einer Minute hier."

Robert hörte diese Worte mit großer Erleichterung, aber er nahm sie in gespielter Gelassenheit auf und zeigte auf einen Raum nahe des Eingangs. „Wir bereiten unsere kleine Party da vor", sagte er, sowohl zu den Bordellbetreibern als auch zu seinen Freunden, die nun hinter ihm standen, die Hände voll mit Partykrempel. Diese „Miniparty" für fünf Leute war aus zwei Gründen geplant worden: Diese Gruppe sollte als „Vortrupp" für die sehr viel größere Gruppe von Sextouristen erscheinen, die im Hintergrund in dem angemieteten Haus wartete. Außerdem sollte auf diese Weise die Zeit zwischen der Abfahrt von Bus 1 und der Ankunft von Bus 2 in den Augen der Zuhälter gefüllt werden.

Robert hatte den Eindruck, dass sein Leben bewahrt würde, auch wenn einige im Dorf gedroht hatten, ihn umzubringen. Offensichtlich blendeten die Dollarzeichen vor ihrer Nase Kah und Victor, ganz so, wie wir gebetet hatten. Und nun baten sie die Ermittler ins Haus und begrüßten die, die sie, wenn alles klappen würde, noch heute ins Gefängnis bringen würden.

„Also los, Jungs. Bringt die Getränke und die Spielsachen hier rein. Haut euch hin, und ruht euch noch ein bisschen aus. Die Mädchen werden gleich kommen", sagte Robert ganz beiläufig.

Nach ein paar Augenblicken kamen die ersten beiden Mädchen durch die Hintertür ins Zimmer. Robert atmete erneut erleichtert auf. Und es kamen noch mehr, immer ein oder zwei auf einmal, alle mit dem gleichen Lächeln, das sie immer aufsetzten, bis etwa zwanzig Mädchen im Haus waren und das „Partyzimmer" und Robert belagerten.

Er war erleichtert, dass er so viele bekannte Gesichter sah. Auf vorangegangenen Ermittlungseinsätzen hatte er ihre Namen und ihr Alter erfahren, und auch sie erkannten ihn wieder, weil er ihnen bei den Besuchen Geschenke mitgebracht hatte. Das waren die Mädchen, deren Fotos er seit Monaten betrachtet hatte, deren Namen er immer und immer wieder in den Untersuchungsberichten gelesen hatte und für die er persönlich und wir als Gruppe gebetet hatten.

„Es war, als ob die Mädchen unwissentlich Boden betraten, in dem ein Schatz vergraben lag", sagte Robert über diesen Augenblick. „Der Befreiung und dem Ende des Lebens in dieser Sklaverei und Unterdrückung, an die sie sich gewöhnt hatten, so nahe. Sie erwarteten, dass das nun so ablaufen würde, wie jede andere Sexparty, bei der sie bisher teilgenommen hatten und auf der sie in schrecklicher und grausamer Weise behandelt wurden." Aber diese Mädchen waren gerade der Erfüllung ihrer Hoffnung näher gekommen, als sie ahnen konnten.

Während er in Gedanken eine Liste der Mädchen erstellte, sah er Lanah und Mychau, die beiden Schwestern, die seine Aufmerksamkeit unter den Opfern, die er dokumentiert hatte, am meisten gefangen genommen hatten. Das einzige unmittelbare Problem bestand darin, dass es so wenige Männer für die vielen Mädchen waren. Es gab schlicht nicht genug, um sie zu beschäftigen, bis wir sie hier herausbringen würden – fünf Männer für fünfzehn bis zwanzig Mädchen zwischen fünf und vierzehn Jahren. Das sollte zu einem größeren Problem werden, als Robert zu diesem Zeitpunkt meinte.

„Der Rest der Jungs wartet in unserem Haus", erzählte Robert Kha und Victor, die im Flur standen. „Können wir die anderen Mädchen hier nicht auch in den Bus schaffen und dorthin fahren?"

„Nein", antwortete Victor. „Keines von diesen Mädchen darf das Dorf verlassen. Es gibt ein Gerücht im Dorf, dass irgendeine Organisation etwas in Svay Pak vorhat."

Roberts gequälter Ausdruck verriet Kha und Victor, noch bevor er etwas sagen konnte, was er dachte. „Aber ich habe all die Jungs da, die bezahlt haben, und ich habe ihnen feste Zusagen gemacht. Wie kannst du mich jetzt so hängen lassen?"

„Sorry, es geht nicht nur um unsere Mädchen. Keiner der anderen will seine Mädchen aus dem Dorf weglassen", antwortete Kha.

Robert merkte, dass ihnen nicht wohl dabei war; er konnte es ihren Gesichtern ansehen. Er hatte die letzten beiden Monate damit verbracht, eine Freundschaft zu diesen beiden Männern aufzubauen, von der sie meinten, dass sie ehrlich sei. Er hatte ihnen Geschenke gemacht. Und sie hatten ihm Geschenke gemacht. Sie waren sogar zweimal zusammen in Phnom Penh Essen gewesen. Das war Roberts Methode gewesen, ihr Vertrauen zu gewinnen und ein gutes Verhältnis aufzubauen.

„Ich verstehe ja, dass sie nervös sind, aber könnt ihr denn da gar nichts machen? Könnt ihr nicht für mich bürgen? Ihnen sagen, dass ihr mich kennt?"

„Nein, das ist im Augenblick einfach nicht möglich."

Nach einigen weiteren intensiven und zugleich vorsichtigen Überzeugungsversuchen erkannte Robert, dass sich nichts machen ließ. Kha, Victor und die anderen Bordellbetreiber würden ihre Einstellung nicht ändern. Robert musste unbedingt mit Mosier sprechen.

„Tja, ich muss den Jungs sagen, was los ist. Ich bin gleich wieder zurück." Nach einer vorsichtigen Unterhaltung im Partyraum, die weniger als eine Minute beanspruchte, einigten sie sich, dass Bob den verärgerten Kunden spielen sollte und dass er versuchen sollte, Kha und Victor doch zu überreden, ihre Meinung zu ändern.

„Was ist denn das hier für ein Laden?", fragte Bob, als er hinaus in den Flur trat. „Man hat uns gesagt, dass man unseren Freunde Mädchen ins Haus bringen würde, damit sie nicht hierherkommen müssten. Also könnt ihr denn nicht mit ihren Managern sprechen und dafür sorgen, dass sie ihre Meinung ändern?"

„Wir haben schon gesprochen. Es hat keinen Zweck. Mädchen können nicht weg. Freunde müssen hierherkommen. Sorry.“

Bob und Robert drehten sich um und gingen langsam zurück, wobei sie Frust und Ärger nicht einmal spielen mussten. Sie sprachen leise darüber, was als Nächstes geschehen sollte. Wegen der Verzögerung verließen einige der Mädchen, die extra gekommen waren, das Haus bereits wieder durch die Hintertür. Es war entmutigend, das zu beobachten. Keiner machte einen Versuch, sie aufzuhalten; sie konnten ja nicht einfach die Tür versperren und den Mädchen verweigern, zu gehen – noch nicht. Roberts Unbehagen wurde noch größer, als er sah, wie Lanah und Mychau ebenfalls zur Tür herausgingen.

Die beiden Schwestern, eine zehn und die andere sechs Jahre alt, waren von ihren eigenen Eltern an Sextouristen verkauft worden. Robert hatte sie einige Male in der Hütte besucht, in der sie mit ihren Eltern lebten. Jedes Mal hatte er ihnen Geschenke mitgebracht, und jedes Mal hatte er gefragt, ob sie noch Jungfrau waren. (Konkret hatte er gefragt, ob sie bisher nur zum Oralsex mit Kunden gezwungen worden waren oder ob sie seither jemand gekauft habe.) Sie hatten immer geantwortet, sie seien noch „Jungfrau“.

Als die beiden heute hereinkamen, spürte Robert Herzklopfen. Diese beiden kleinen Gesichter hatten ihn bis in seine Träume verfolgt und seine Gedanken gefangen genommen, seit er sie zum ersten Mal getroffen hatte.

Fast so, wie manche Kinder sich etwas von ihren Klassenkameraden absondern, um in der Nähe der Lehrerin zu sein, waren Lanahs und Mychaus Blicke Robert gefolgt. Er hatte sie begrüßt, und sie hatten gelächelt, anscheinend froh, ihn zu sehen. Er hatte gefragt: „Noch Jungfrau?“ Aber er hatte nicht die Antwort bekommen, die er erhofft und um die er gebetet hatte. Jedes der Mädchen hielt ihm Finger entgegen, allerdings nicht, um zu zeigen, wie alt sie seien, sondern um ihm die Anzahl der Männer mitzuteilen, mit denen sie seit seinem letzten

Besuch gezwungenermaßen Oralsex hatten. Als er die beiden nun durch die Hintertür verschwinden sah, brach ihm schier das Herz, weil er wusste, dass er sie vielleicht nie wieder sehen würde.

Bob und Robert entschlossen sich schnell, dass es Zeit sei, zu Plan B zu wechseln – einer einphasigen Operation, statt der bislang geplanten zweistufigen Aktion. Sie würden die Verhandlungen abbrechen, die Polizei herbeirufen und versuchen, so viele Mädchen wie möglich in den Raum hier zu bekommen, bis die Beamten eintreffen würden.

Als sie Kha und Victor erzählten, dass es auch o. k. sei, die Party im Dorf zu veranstalten, machte die Nachricht im Dorf die Runde, dass die Mädchen zurückkommen sollten.

„Wir müssen anrufen und die Jungs im Haus informieren, dass sie hierherkommen sollen", sagte Robert. Wie wahr diese Worte waren! Aber statt weiterer Kunden würden Jungs kommen, die Uniformen, Dienstabzeichen und Waffen trugen.

Bob rief Will Henry an, um ihm mitzuteilen, dass es Zeit sei, die Beamten einzusetzen.

„Also Jungs, die Party steigt", sagte Robert, als er das vordere Zimmer wieder betrat, wo die „Kunden" saßen. Viele der Mädchen, die weggegangen waren, kamen nun zurück in Haus C und gingen im Flur vor dem Partyzimmer hin und her. Einige hatten begonnen, die Geschenke auszupacken, und kicherten, während sie Seifenblasen machten.

„Die anderen Jungs müssen jetzt herkommen. Wir machen in den anderen Zimmern Platz für eure Freunde. Jeder nimmt ein paar Mädchen mit in ein Zimmer, und ihr könnt dort bleiben, bis die anderen eintreffen. Verstanden?"

Blicke und Nicken zeigten, dass die Männer verstanden hatten. Aus Plan A wurde Plan B, und jeder wusste, was zu tun war.

„Ted, du nimmst diese hier und diese und diese beiden in den Raum rechts. Mitchell, du nimmst diese drei; Bob, diese beiden hier; Rich, hier sind eins, zwei, drei für dich; und ich nehme diese vier hier für mich." Leider waren Lanah und My-chau nicht unter den Mädchen, die zurückgekommen waren. Viele der Mädchen wollten zu Robert, weil er kein Fremder für sie war und weil er immer nett zu ihnen gewesen war. Sie hatten ihn bei verschiedenen Gelegenheiten gesehen, und er hatte ihnen immer Süßigkeiten, Spielzeug, Puppen oder Kleidung mitgebracht. (Sogar die Kleidungsstücke hatten Beweischarakter, Robert hatte seine Initialen auf die Etiketten geschrieben.)

Jeder der Männer saß nun in einem geschlossenen Raum mit etlichen Mädchen um sich herum, und jeder versuchte, sie mit dem Spielzeug zu beschäftigen, das er mitgebracht hatte: Spielsachen, die Kinder in diesem Alter eigentlich bereits kennen sollten. Die Männer erwarteten jeden Augenblick die Ankunft der Polizei und machten sich innerlich dafür bereit, was zu tun war, wenn es so weit sein würde.

In der Zwischenzeit klingelte im Kontrollraum in Bravo Wills Handy. Nachdem er die Anweisung bestätigt hatte, die Polizisten vorrücken zu lassen, handelte er sofort. Sowie er aufgelegt hatte, ging er los, um mit dem Polizeikommandeur zu sprechen.

„Ich habe gerade mit meinem Vorgesetzten gesprochen. Er will, dass wir sofort nach Svay Pak fahren. Der erste Plan ist geplatzt, und wir müssen nun eingreifen", sagte Will und wartete auf die Übersetzung.

Der Kommandeur antwortete: „Nein, wir brauchen nicht einzugreifen. Es ist alles in Ordnung."

Ganz gefasst sagte Will: „Ja, wir tun das. Ich habe mit ihm gesprochen. Er will, dass wir sofort kommen und die Razzia durchführen. Auf geht's."

Wieder wartete er auf die Übersetzung.

„Nein. Wir haben es unter Kontrolle. Wir brauchen nicht zu gehen. Es ist alles in Ordnung."

„Was meinen Sie damit, dass alles in Ordnung ist? Wenn Sie jetzt nicht hineingehen, gehe ich ohne sie", antwortete Will. Sein Frust wuchs; er wusste, dass kostbare Zeit verstrich. Er ging hinaus, bestieg den Bus und sagte dem Fahrer, er solle abfahren.

„Warten Sie!", sagte der Übersetzer, der schnell zum Bus gelaufen kam. „Nur eine Minute. Ich kann erklären, warum er sagte, es sei alles in Ordnung. Er hat bereits etwa sechzig verdeckt operierende Beamte, alles Khmer, im Dorf. Ihre Leute sind nicht in Gefahr. Aber er gibt Ihnen nun seine uniformierten Beamten mit."

Als die Polizisten den Bus bestiegen, gab Will ihnen Informationsmaterial, das auch Karten des Dorfes enthielt, damit sie genau verstanden, wohin sie gehen und was sie tun sollten. Die Beschriftung der Karten war in Khmer übersetzt. Während der Fahrt zum Dorf gab Will den Beamten mithilfe des Übersetzers weitere Instruktionen.

Kapitel 40

Die Razzia

In Svay Pak versuchten währenddessen ein paar unserer Leute Zeit zu gewinnen, indem sie den Mädchen das englische Alphabet beibrachten. Andere versuchten es mit den englischen Zahlen, während sie warteten. Robert sah sich bald in einer Situation, die Ähnlichkeiten mit einem Kindergarten hatte. Ein Mädchen wollte Seifenblasen machen, dann wurde ein anderes wütend, weil es nicht drankam, und versuchte, dem ersten Mädchen die Seifenblasen wegzunehmen.

Etwa alle zehn Minuten kam Robert aus dem Zimmer und versicherte sich, dass die Zuhälter noch da waren. War das Haus noch immer verschlossen? Ja. Victor hatte das Vorhängeschloss an der Hintertür des Hauses abgeschlossen, was gängige Praxis war, während Kunden bei den Mädchen waren. Robert hatte die Vordertür mit einem hochfesten Plastikband verschlossen und Kha und Victor erzählt, er wolle nicht, „dass andere Kunden hereinkommen und unsere Mädchen mitnehmen".

Das Team hatte die Mädchen in den fünf Zimmern etwa 30 oder 40 Minuten lang beschäftigt, als Robert wieder aus seinem Zimmer kam. War es noch immer sicher – sechzehn Mädchen, zwei Täter, unsere Mitarbeiter und die beiden NBC-Leute? Er sah nach der Vordertür. Diesmal bekam er einen Schreck – Victors Mutter, der das Haus gehörte, kam mit einem Fleischerbeil in der Hand aus der Küche. Sie ging geradewegs zur Vordertür und durchtrennte das Band, murmelte etwas, dass dies ihr Haus sei und dass sie zur Tür hinauskönne, wann immer sie wolle.

Mit einem Gebet um ein schnelles Eingreifen der Polizei ging Robert wieder in sein Zimmer zurück. Nur Minuten später drang ein schauerliches Geräusch durch die Wände von Haus C. Es war das Geräusch gellender Schreie, als ob das ganze Dorf gleichzeitig in Panik ausbrechen würde. „Das Geräusch erinnerte mich an Sirenen wie bei einem Luftangriff oder so etwas Ähnliches, wenn eine ganze Stadt in Aufruhr gerät und jeder in Panik umherläuft", sagte Robert. Auch die Mädchen stimmten in diesen chaotischen Chor mit ein.

Weil unsere Leute die Landessprache nicht beherrschten, konnten sie nicht herausfinden, ob die Dorfbewohner – oder die Mädchen – wussten, wem das Geschrei galt. Alle blieben in den Zimmern und versuchten vor allem, die Mädchen zu beruhigen, damit sie nicht wegrannten. Alle, bis auf Robert. Der stürmte aus dem Zimmer, nahm die ihm zugewiesene Position ein und versperrte die Vordertür. Als er sich umdrehte und den langen Flur überblickte, sah er Victor, der aufgeregt mit einem Schlüssel das Schloss an der Hintertür zu öffnen versuchte. Weil er Bob nicht sah, rannte Robert quer durchs Gebäude den Flur entlang, während er bemerkte, dass Victor das Vorhängeschloss nun geöffnet hatte. Augenblicklich hatte Victor die Tür aufgerissen und war schon halb hindurch, als Robert ihn erreichte. Er schlug die Tür zu und klemmte Victor auf der Schwelle ein. Die beiden begannen zu ringen, Robert bekam den Arm um Victors Kopf und nahm ihn fest in den Schwitzkasten.

Robert bemerkte den Ausdruck in Victors Gesicht: Furcht verwandelte sich in Verwirrung. Er konnte nicht verstehen, warum dieser Kunde, sein Freund, ihn an der Flucht hindern wollte. Drehte Robert einfach durch, weil die Polizei kam und er vermutete, Victor habe ihn verraten? Im Verlauf der Ermittlungen hatte Robert Victor, Kha und anderen Personen Geschenke gemacht, um ihr Vertrauen zu gewinnen. Als Victor Robert erzählt hatte, dass er nicht genug Geld besäße, um seiner Verlobten einen Ring zu kaufen, hatte Robert auf dem Markt einen Zehn-Dollar-Ring gekauft und ihn Victor bei seinem Besuch in Svay Pak gegeben. Nun hielt er seinen Kopf umklammert und verhinderte seine Flucht. Robert war sich sicher, dass Victor viel verbissener gekämpft hätte, wenn er gewusst hätte, dass Robert ihm eine Falle gestellt hatte.

Dann gingen ohne Vorwarnung alle Lichter aus, und alles war dunkel. Nur wenig Licht fiel durch den Türspalt, in dem Victor noch immer eingeklemmt war, in das Haus. Aus dem Schatten trat Bob. Er sah, wie Robert mit Victor rang, eilte hinzu, Pfefferspray in der Hand. Als Bob Victors Gesicht mit dem Strahl traf, um ihn mattzusetzen, ließ Robert ihn los, damit er nicht auch in Mitleidenschaft gezogen würde, und rannte zurück, um wieder seine Position am Vordereingang des Bordells einzunehmen. Als er dort ankam, sah er vor der Tür einen uniformierten Polizisten. Er wusste, dass er dort nun nicht mehr gebraucht würde, und rannte zu Bob zurück, um ihm zu helfen.

Durch die offene Hintertür sah er, dass Bob mit irgendjemand anderem rang. Als Robert die Tür erreichte, hatte Bob den Verdächtigen gepackt und wieder ins Haus gehievt. Robert konnte Victor nirgends sehen, vermutete aber, dass er sich irgendwo im Haus verkrochen hatte. Das Pfefferspray sollte es ihm beinahe unmöglich machen, wegzulaufen oder überhaupt zu laufen. Aber es war keine Zeit, sich um ihn Gedanken zu machen. Jetzt war es Zeit, die Mädchen zu befreien.

Das wurde erschwert durch die Tatsache, dass das Licht noch immer nicht funktionierte, es war unerträglich heiß, die Mädchen schrien alle aus voller Kehle, die Ermittler waren schweißgebadet, und das Pfefferspray hing noch in der Luft. Zu diesem heillosen Durcheinander hinzu kam nun die Ankunft der bewaffneten Polizisten, die unsere Ermittler bisher noch nicht gesehen hatten, und Roberts Erinnerung an das große Fleischerbeil in der Hand von Victors Mutter. Das sah alles noch immer nicht danach aus, dass die Situation unter Kontrolle war.

Als Robert das Zimmer verlassen hatte, versteckten sich die Mädchen, für die er zuständig war, in Schränken und unter Betten. Ohne Zweifel hatte man ihnen Schauermärchen erzählt, was mit kleinen Prostituierten wie ihnen geschehen würde, wenn die Polizei sie zu fassen bekäme. Es war ja natürlich im Interesse ihrer Besitzer, dass sie sich niemals von der Polizei ergreifen lassen sollten.

Als das Geschrei anfing, waren etwa 16 Mädchen im Haus, aber einige waren im wilden Durcheinander und der Dunkelheit davongelaufen, während sich andere im Haus versteckt hielten. Sicher wären noch mehr weggerannt, hätte Mitchell, der Kameramann von *Dateline NBC*, das nicht geistesgegenwärtig verhindert. Er hatte mit Beginn der Schreierei seine Kamera aus der Tasche gezogen und zu drehen begonnen. Bob rang gerade mit einem der Täter, als Mitchell bemerkte, wie einige Mädchen zur Hintertür liefen. Bob rief Mitchell zu, er solle die Mädchen aufhalten, deshalb legte er seine Kamera ab, hielt zwei von ihnen fest und verhinderte ihre Flucht.

Unter unseren Mitarbeitern machte ihn dieser Augenblick zum Helden: Er ließ einen Teil der Geschichte sausen, um an der Befreiung der Mädchen mitzuwirken. Nach allem, was er in den Interviews gehört hatte, verstand er, wie wichtig die Befreiung war. Er verstand unmittelbar, dass diese kleinen Kinder wichtiger waren als die Dreharbeiten, und griff ein.

Kapitel 41

Ein Gesicht in der Menge

Die Polizei hatte das Gebäude gesichert; einige Verbrecher und einige Opfer befanden sich noch im Innern. Robert ging zum Kommandeur der Einheit und bat ihn um fünf Polizisten, die ihm helfen sollten, das Dorf schnell zu durchkämmen. Der Kommandeur erwiderte, er müsse dazu erst die Erlaubnis bei seinem Vorgesetzten einholen. Robert ging zu einem anderen Diensthabenden, der so aussah, als sei er verantwortlich, und stellte die gleiche Bitte, aber er bekam keine Antwort. Angesichts der Polizeipräsenz im Dorf war ihm klar, dass es nun eine Frage von wenigen Augenblicken war, bis die Mädchen für immer verschwunden sein würden. Und das war fast mehr, als er ertragen konnte.

In Haus C waren alle dort noch verbliebenen Mädchen in Sicherheit; sie saßen auf einem verwohnten roten Sofa im „Partyraum". Weil es innen noch immer dunkel war, hatten Bob und einige Polizisten das Haus mit Taschenlampen durchsucht und überall versteckte Mädchen gefunden. Als er in ein Hinterzimmer kam, schob Bob ein Sofa beiseite und fand Kha, der sich darunter versteckt hatte und so der Verhaftung zu entkommen hoffte. Bob übergab ihn der Polizei. Als sie das ganze Gebäude durchkämmt hatten, blieb aber eine Person unauffindbar – Victor. Irgendwie war es ihm gelungen, im chaotischen Durcheinander zu entkommen, und wir wissen bis heute nicht, wie. Wir können nur hoffen, dass diese Berührung mit der Justiz und die drohenden Jahre im Gefängnis ihn dazu bringen würden, sein Tun zu überdenken und einen Weg einzuschlagen, auf dem es keine unschuldigen Opfer gibt.

Robert suchte nun seinen Hauptinformanten, Ba, der ihn beinahe während der gesamten Ermittlung begleitet hatte. Er hatte mit Bas Diensten als Übersetzer für die Polizei und die Kinder gerechnet und damit, dass Ba weitere Mädchen finden und ihn durch das Dorf führen würde. Aber Ba war aus Angst, ins Netz der Polizei zu geraten und wegen Unterstützung dieser Pädophilen aus dem Westen ins Gefängnis zu kommen, geflüchtet.

Robert hoffte, dass Ba noch das Funkgerät bei sich trug, das er ihm gegeben hatte.

„Ba, kannst du mich empfangen?", fragte er und wartete auf Antwort.

„Ja, ich höre dich."

„Ba, du musst zurückkommen, ich brauche dich, du musst mir vertrauen, dass dir nichts geschehen wird. Alles geht in Ordnung. Du kennst mich doch. Du wirst keine Schwierigkeiten bekommen, wenn du zurückkommst. Vertraue mir."

Robert hatte keine Möglichkeit, um herauszufinden, was Ba tun würde. Ba war ein armer Motorrad-Taxifahrer, dessen Eltern von den Roten Khmer getötet worden waren. Das zusätzliche Geld, das er bekam, wenn er Kunden zu den Bordellen in Svay Pak brachte, hatte ihn gelockt. Während der letzten beiden Monate hatte er Vertrauen zu Robert entwickelt, und das, so stellte sich heraus, war groß genug, dass er zurückkam. Als Robert sah, dass Ba sich dem Haus näherte, ging er in den Flur und winkte ihm, ins Haus zu kommen. Er sah Ba direkt an und sagte: „Wir sind Polizisten. Ich brauche deine Hilfe, um weitere Mädchen zu finden. Bist du bereit, uns zu helfen?"

Damit stellte er Ba vor eine Entscheidung: War er für oder gegen uns?

„Ja, ich werde dir helfen", antwortete er.

Seine Rückkehr und die Bereitschaft, uns zu helfen, ebnete ihm den Weg in eine positive Zukunft. Wäre er weggerannt, hätte man ihn angeklagt, und wir besaßen eine Vielzahl von Beweisen gegen ihn.

* * *

Vor Haus C hatte sich eine Menschenmenge versammelt. Etwa dreihundert Leute aus dem ganzen Dorf waren gekommen, um zu sehen, was mit ihren Kumpanen geschehen würde. Sie konnten sicherlich die Mädchen im Haus hören, die noch immer schrien und um Gnade bettelten.

Um seine Identität zu verschleiern, setzte sich Robert eine Baseballkappe, eine Sonnenbrille und eine Mundschutzmaske auf, damit ihn niemand erkennen und angreifen würde. Er befand sich noch immer im Haus und schaute sich von dort in der Menge um, als er zwei weitere Straftäter erblickte. Er erkannte einen Mann, der vorgegeben hatte, Polizist zu sein, und der nun in Zivil gekleidet war; er hatte von Robert Geld angenommen, um ihm andere Polizisten „vom Hals zu halten". Eilig griff sich Robert einen der kambodschanischen Polizisten, deutete durch den Flur auf den Mann und sagte dem Polizisten, er solle ihn festnehmen.

„Ich brauche dazu die Anweisung meines Vorgesetzten", sagte er und ging weg.

Während Robert auf seine Rückkehr wartete, sah er hinaus auf die Menschenmenge in der Hoffnung, vielleicht einen weiteren Täter bei dieser Gelegenheit zu fangen. Seine Hoffnung schwand, als er den korrupten Polizisten in der Menge nicht mehr ausmachen konnte. Der Polizist kam mit einem Kollegen zurück und erklärte, er habe die Erlaubnis erhalten, die Verhaftung vorzunehmen. Robert schaute erneut auf die Menschenmenge. „Da ist er!", sagte Robert und wies in die Menge.

Der Mann hatte sich eine andere Stelle in der Menschenansammlung gesucht, aber Robert konnte leicht erkennen, dass es derselbe Mann war. Er trug eine Baseballkappe, und Robert fuhr fort, auf ihn zu zeigen und ihn zu beschreiben, aber die Beamten konnten nicht genau ausmachen, wer der Verbrecher war. „Kommt mit", sagte Robert und trat hinaus in die Sonne.

Die Schaulustigen starrten nun auf den Mann aus dem Westen, der mit Kappe, Sonnenbrille und Mundschutz langsam die Polizei in einen bestimmten Teil der Menge führte. Als Robert auf den korrupten Polizisten deutete, wurde dem Mann augenblicklich klar, dass er das Ziel der eigenartigen Aktion war, und er versuchte hektisch, zu entkommen. Er stieß gewaltsam Menschen beiseite, rannte sie um und wollte aus der Menge entkommen. Er sprang bei seiner Flucht buchstäblich über Bänke und Tische. Instinktiv schloss sich Robert der Verfolgungsjagd an; all das Adrenalin und der Stress des Tages schossen durch seine Adern, zusammen mit dem Wunsch, den Täter zu fassen.

Robert stürmte durch die Menge, gefolgt von den Polizisten. Er sprintete die entvölkerte Straße entlang. Als der Mann am anderen Ende der Straße um eine Ecke bog, verlor Robert ihn für einen Moment aus den Augen. Ein kambodschanischer Polizist, der die Verfolgung aus der Ferne beobachtet hatte, rannte los, um dem Mann den Weg abzuschneiden. Als Robert auch um die Ecke kam, sah er den Polizisten hinter einem Gebäude hervortreten, als der korrupte Polizist auf seiner Höhe war. Der Polizist versetzte ihm mit seinem Gewehrkolben einen Schlag gegen den Brustkorb, sodass der Täter auf dem Rücken im Straßenstaub landete.

Weitere Polizisten kamen kurz darauf, legten dem Verdächtigen Handschellen an und marschierten mit ihm zurück zu Haus C, wobei die Füße des Festgenommenen kaum den Boden berührten. Robert blieb dicht bei ihnen und folgte den Polizeikräften zurück durch die Menschenmenge. Er bemerkte ein Paar Zuhälter der niederen Chargen, die ihn beobachteten. Als er sie aber direkt ansah, tauchten sie schnell in der Menge unter.

Kapitel 42

Die Suche geht weiter

Wieder zurück im Haus C, war es Zeit, die Opfer in den einen Bus zu bringen, die Täter in einen anderen und sie aus dem Dorf herauszubringen. Wir hatten zehn der jüngeren Mädchen in Sicherheit gebracht, und wir wussten, dass die Polizei das Dorf nach weiteren Opfern durchsuchen wollte. Unsere Jungs waren sich immer noch nicht sicher, ob vielleicht jemand im Dorf verwegen genug war, eine Waffe zu ziehen; deshalb waren sie besonders vorsichtig, als sie die Mädchen hinaus zum wartenden Bus brachten. Einer nach dem anderen – und manchmal ein Mädchen unter jedem Arm – trugen unsere Männer die Opfer hinaus. Die Tatsache, dass sie von allem weggebracht wurden, das ihnen zuletzt vertraut war, ließ weitere Tränendämme brechen. Das Heulen begann erneut.

Erinnern Sie sich noch daran, was Sharon Cohn darüber gesagt hatte, wie es sei, mit einem kleinen Kind an der Hand ein Bordell zu verlassen – dass die Größe Gottes einen Menschen in solch einem Moment in anbetendem Staunen auf die Knie zwingen konnte? Unsere Ermittler hatten ganz ähnliche Gefühle, als sie an jenem Nachmittag die Mädchen aus dem Bordell trugen.

Robert Earle sagte: „Es war einer der großartigsten Augenblicke in meinem Leben, als ich ein sechsjähriges Mädchen namens Linh aus dem Bordell herausbrachte in den hell erleuchteten Bus, hinaus in Sicherheit, in die Freiheit und zu all dem, was wir so lange für sie zu erreichen versucht hatten."

Diese Mädchen wurden nicht nur aus einem Haus in einen Bus getragen; sie wurden aus dem Missbrauch in die Sicherheit gebracht, aus der Unterdrückung in die Freiheit, aus einer Welt voller Bosheit und Ungerechtigkeit, in der Kinder mit brutaler Gewalt gezwungen wurden, die Launen der Perversen zu ertragen, in eine Welt voller Hoffnung, in der fürsorgliche Menschen ihnen alles angedeihen lassen würden, was sie brauchten. Der Bus mit zehn jungen Mädchen, die aus den Bordellen in Svay Pak befreit worden waren, fuhr aus dem Dorf zur Polizeistation, wo ihre Fälle aufgenommen wurden. Danach sollten sie nach Standort Bravo gebracht werden, den wir als sichere Durchgangsstation vorbereitet hatten, wo die Mädchen bleiben konnten, bis sie in qualifizierten Betreuungseinrichtungen aufgenommen würden.

Die Polizei hatte insgesamt zwölf Leute verhaftet, die sexueller Straftaten gegen Kinder verdächtigt wurden. Sie waren in einen separaten Bus verbracht worden, der auch auf dem Weg zur Polizeistation war. Ein positives Ergebnis des Wechsels von Plan A zu B war gewesen, dass die Kinder nicht zusammen mit den Tätern in einem Bus unterwegs sein mussten. Meine Sorge im Blick auf Zuhälter mit Schusswaffen im Bus war dankenswerterweise gegenstandslos geworden.

* * *

Nun, mehr als eineinhalb Stunden nachdem sich die Unruhe durch die Straßen und Gassen in Svay Pak ausgebreitet hatte, war es im Dorf eigenartig still. Der Staub hatte sich gelegt; der Geruch von Pfefferspray hatte sich verflüchtigt. Viele waren wieder in ihre Behausungen zurückgekehrt. Andere bildeten kleine Gruppen und sprachen zweifellos darüber, was geschehen war und wie das ihre Zukunft beeinflussen könnte.

Irgendjemand erzählte Robert Earle, dass noch immer ein Bus bereitstand, um alle zurückzubringen, die er noch finden würde. Deshalb sammelte er mit Bas Hilfe fünf Polizisten und erklärte, wohin er gehen und was er tun wollte.

In der Zwischenzeit hatten andere Polizeigruppen ihre eigenen Razzien in Bordellen begonnen, in denen die etwas älteren Mädchen gefangen gehalten wurden. Als Robert beobachtete, wie Polizisten sich höchst umständlich an Schlössern und Türen zu schaffen machten, was fünf bis zehn Minuten in Anspruch nahm, anstatt Bolzenschneider zu benutzen, war ihm klar, dass sie nichts finden würden. Das tat ihm innerlich weh. Er versuchte, die Fassung zu wahren. Er dachte zurück an die erste Woche seiner Ermittlung, in der er mehr als vierzig Fälle von Mädchen im Alter unter fünfzehn Jahren dokumentiert hatte, und er wusste, dass die Mehrzahl von ihnen der Polizei durch die Finger geschlüpft war.

Dennoch nahm er alle Kraft, die noch in ihm war, zusammen

und führte seine kleine Gruppe Polizisten durch jeden Ort, den er mittlerweile so gut kannte. Alles war leer.

Als Robert die Beamten durch eine von genau den Gassen führte, durch die er in seiner ersten Nacht in Svay Pak gegangen war – und die nun bei Tag viel weniger einschüchternd war – sah er zufällig nach rechts in eine der dunklen, kleinen Hütten. Dort saß Vicana und blickte ihm genau in die Augen, ein vierzehnjähriges Mädchen, das man ihm angeboten hatte. Als sie merkte, dass Robert sie gesehen hatte, stand sie auf und rannte durch eine Seitentür hinaus. Robert spurtete ihr hinterher, quer durch den Wohnraum der Hütte aus Balsaholz, Blech und Sperrholz, hinaus durch die Türe, ihr hinterher. Er verfolgte Vicana eine kurze Strecke, holte sie ein und ergriff sie. Er sagte ihr auf Englisch, dass sie mit ihm kommen sollte, und sie tat es.

Näher an der Hauptstraße hatte die Polizei zwei Gruppen von Opfern in den Bordellen entdeckt, die sie gestürmt und durchsucht hatten. Diese siebenundzwanzig Mädchen wurden zur Polizeistation gebracht, damit ihre Personalien aufgenommen und sie zu unserem sicheren Haus gebracht werden konnten.

Als sie an einer anderen Hütte vorbeigingen, erblickte Robert eine der Haupttäterinnen, eine Frau, die zwei Mädchen aus Vietnam gekauft hatte, die sie ihm angeboten hatte. Robert besaß eine Videoaufnahme von seinen Verhandlungen mit dieser Frau. Es war ein Band, das noch reichlich für Spannung sorgen sollte, als der Fall verhandelt wurde. Aber für den Augenblick führte Robert die Polizisten direkt zu dieser Frau und ließ sie verhaften.

Bevor Robert an diesem Tag das Dorf verließ, ging er zum Haus, in dem Lanah und Mychau wohnten. Er hatte beide zuvor im Haus C gesehen, aber sie waren wieder gegangen und nicht zurückgekommen. Es war keine Überraschung, dass weder die Mädchen noch ihre Eltern zu Hause waren, dafür aber ein anderes jüngeres Paar. Nach der Durchsuchung der kleinen Hütte wandte sich Robert an das Pärchen und sagte: „Lanah und Mychau sind zu jung, um verkauft zu werden. Sagt ihren Eltern das! Es ist falsch! Ihr gebt das für mich weiter!" Dann drehte er sich um und ging hinaus.

Robert bestieg den Bus mit einem Mädchen und einem Täter und fuhr schweigend zur Polizeistation.

***

Insgesamt gingen der kambodschanischen Polizei oder IJM-Mitarbeitern an diesem Tag in Svay Pak dreizehn Täter ins Netz. Von denen, die man zusammen in den wartenden Bus gesteckt hatte, waren uns vier sofort bekannt. Wir besaßen Videobeweismaterial von ihrer Verstrickung in kriminelle Machenschaften zu früheren Zeitpunkten und am Tag der Razzia. Wir hatten auch Unterlagen über mehrere andere Straftäter, aber diese entkamen wie Victor während der Razzia.

Einer der Verhafteten war Kha, die erste Person, die Robert Earle bei seinem anfänglichen Besuch in Svay Pak zusammen mit Mark getroffen hatte. Kha, der mehr oder weniger dafür verantwortlich war, dass die Mädchen in Haus C gebracht wurden, konnte dort verhaftet werden, als die Polizei mit ihrer Razzia begann.

Nach der anfänglichen Razzia, während Robert zusammen mit der Polizei den Rest des Dorfes durchkämmte, fand er zwei Frauen, von deren Teilnahme an kriminellen Aktivitäten unsere verdeckten Ermittler ebenfalls Unterlagen hatten. Wir vermuteten bei einer der beiden Frauen, dass sie die Händlerin war, die Mädchen nach Svay Pak brachte und sie an die Bordelle verkaufte. Die andere Frau hatte ihr Haus für die Ausbeutung der Mädchen zur Verfügung gestellt. Um gegen sie Beweise in die Hand zu bekommen, hatten wir zwei sehr kleine Mädchen im Alter von fünf und sechs zu ihr mitgenommen und sie gefragt, ob wir ihr Haus benutzen könnten, um mit ihnen Sex zu haben, und sie hatte bereitwillig zugestimmt.

Der vierte Täter, den wir kannten, war der Mann, den Robert

durch die Menge verfolgt hatte. Er hatte vorgegeben, Polizist zu sein, und wollte Robert und seine Freunde beschützen, während sie ihre geplante Sexparty veranstalteten.

Die anderen neun Verdächtigen wurden aufgrund eigener Ermittlungen der kambodschanischen Polizei und Staatsanwaltschaft vor Ort verhaftet. Während der Razzia wurden sie ergriffen, offiziell verhaftet und im Gefängnis eingeliefert.

Als Teil ihrer Gesamtverantwortung für die Mission musste Sharon nun dafür sorgen, dass die Kinder in Sicherheit waren, IJM übergeben wurden und zusammen – aber getrennt von den Tätern – untergebracht waren. Diese Aktionen sorgten etwas für Theater und auch Unordnung, als die Verdächtigen nur kurz nach den Mädchen in die Polizeistation gebracht wurden.

Die Mädchen, verwirrt von all dem, was an diesem Tag geschehen war, saßen alle in der Polizeistation. Sie beruhigten sich allmählich, als ihnen klar wurde, dass sie weder in Schwierigkeiten waren noch ins Gefängnis kommen würden. Dann zeigten plötzlich ein paar Mädchen aus dem Fenster und begannen laut zu reden. Andere fingen erneut zu weinen an. Der Bus mit den Tätern war angekommen, und die Verdächtigen mussten sich in einer Linie vor der Station aufstellen, direkt vor dem Fenster des Zimmers, in dem die Mädchen erkennungsdienstlich erfasst wurden. Die Täter standen draußen, und einige von ihnen sahen durch das Fenster genau auf die Opfer.

Obwohl Karyn die Worte nicht verstand, erkannte sie, was geschah und handelte sofort. Jemand von uns verdunkelte das Fenster mit einer Decke, damit niemand mehr hindurchsehen konnte und die Mädchen ihre ehemaligen Bewacher in diesen empfindlichen Augenblicken und Stunden nach ihrer Befreiung nicht sehen mussten. Die Mädchen beruhigten sich schnell.

Aber die Energie des Bösen war noch nicht gänzlich besiegt; zumindest eine der Verdächtigen, die sich nun in Gewahrsam befanden, würde alles daransetzen, die Freiheit wiederzuerlangen.

Kapitel 43

In Sicherheit

Den ganzen Vormittag hindurch hatte ich die Ereignisse in Bravo beobachtet. Wir hatten dieses große, mehrstöckige Haus auf einem umzäunten Gelände angemietet, damit wir es als Schauplatz der angeblichen Sexparty ausgeben konnten. Wir hatten außerdem vor, es zur Verhaftung der Verdächtigen und als sicheren Durchgangsort für die Opfer zu nutzen, bis die Langzeitbetreuung endgültig unter Dach und Fach gebracht war. Während der Razzia war Bravo auch unsere Kommunikationszentrale und unser Einsatzzentrum. Sharon, ich und weitere IJM-Mitarbeiter verfolgten von dort aus den ganzen Morgen die Entwicklung in Svay Pak über Funk und Handy.

Für mich war dieser Morgen beinah unerträglich. Kurz vor elf Uhr wusste ich, dass die Mitarbeiter auf dem Weg nach Svay Pak waren. Elf Uhr ging vorbei, und ich hatte den Eindruck, alle zeitlichen Grenzen, Bezugspunkte und Verhältnisse verloren zu haben; nur noch der Herzschlag zählte. Das fühlt sich etwa so an, als wenn man sein vierjähriges Kind auf einem großen Platz verliert und vor lauter Aufregung nicht mehr sagen kann, ob man es vor fünf Sekunden oder vor fünfzehn Minuten aus den Augen verloren hat. Man nimmt nur noch wahr, dass man schwitzt und vor lauter Verzweiflung gelähmt ist. Man weiß nur, dass irgendwo – auch wenn man nicht genau sagen kann, wo – genau jetzt etwas wirklich Wichtiges geschieht. Ich fühlte mich, als ob ich nicht nur ein einzelnes Kind, sondern ganze Scharen kleiner Mädchen aus den Augen verloren hatte, die unbedingt gefunden werden mussten, und alles, was ich augenblicklich tun konnte, war Warten. Also wartete ich. Wir sprachen während dieser Zeit nur sehr wenig, liefen viel hin und her und beteten unablässig.

Dann plötzlich meldete sich Will zum ersten Mal. Und dieser anfängliche Bericht war erschütternd. Es sah so aus, als ob die

Zuhälter verschreckt und nicht bereit waren, auch nur eines der Kinder in den Bus nach Bravo zu setzen. Nicht eines. Null.

„In Ordnung", sagte ich zu mir und drückte auf den inneren Knopf für analytisches Denken, der die überwältigenden, aber hinderlichen Gefühle von Verzweiflung, Schmerz und Herzstechen in diesem abgeschlossenen Raum abseits des Geschehens ausschalten sollte. „Was mache ich bei einem kompletten Fehlschlag? Was soll ich dem Team raten? Was ist dann noch zu reparieren? Welche Lawine von Problemen löst das aus? Was muss ich jetzt gleich wissen, um zu erkennen, was noch zu retten ist?"

Der Drang, sofort vor Ort einzuschreiten, war überwältigend, aber ich wusste, dass Mosier dort war und genau dieselben Fragen mit zugeschaltetem Turbo durchging und jede mögliche taktische Reparaturmaßnahme ergreifen würde. Mein Vertrauen in sein Urteilsvermögen und seine Geschwindigkeit war so absolut, dass es für mich sogar zu ertragen war, hier festzusitzen.

Dann kam die Nachricht recht schnell, dass etwa ein Dutzend sehr junger Opfer in Sicherheit wären und im Bus säßen.

„Oh danke, Herr. Danke, Herr", rief ich innerlich. „Danke, Jesus." Eine Woge aus Lob und Dank durchflutete und überwältigte mich innerlich. „Wer sind wir denn, dass wir bei so etwas dabei sein dürfen?"

Ich hatte seit Tagen immer wieder über einem zusammengefalteten Blatt Papier gebetet, das die Gesichter von vierzig kleinen Mädchen aus Svay Pak zeigte, die aus den Ermittlungsvideos herauskopiert worden waren. Sie waren nach den Namen aufgeführt, die sie uns gesagt hatten. Und nun hatte Gott uns ein Dutzend davon geschenkt. „Das ist genug. Das ist so gut", rief mein Herz aus.

„Aber wo sind die anderen, Herr?", betete ich. Und es tat mir im Herzen weh.

Sharon und die anderen Mitarbeiter machten sich auf den Weg zur Polizeistation, wo ein Dutzend kleiner Opfer und einige verhaftete Täter von den Beamten erfasst wurden. Sie wollte zusammen mit dem Team sicherstellen, dass mit beiden Gruppen angemessen und so effektiv wie möglich umgegangen wurde. Ich blieb im Einsatzzentrum, um zu warten und für die weitere Entwicklung zu beten. Dann folgte, beinahe genauso schnell, die Meldung, dass weitere zwei Dutzend Mädchen befreit worden waren und ebenfalls im Bus Richtung Polizeistation unterwegs waren.

Meine Begeisterung war unbeschreiblich. Wieder war ich nur imstande, Gott, der solch ein Wunder möglich gemacht hatte, Danke zu sagen. Ich fühlte mich so gering, bei einer solch gewaltigen Tat der Güte Gottes dabei zu sein, die in Phnom Penh geschehen war.

Ich bekam schon bald Mosier ans Handy. „Gut gemacht, Bruder. Ich bin so dankbar. Weiter geht's. Ich nehme mal an, das war ein harter Vormittag, aber ich höre, dass wir Kinder in den Bussen haben. Wie sieht es vor Ort aus, Bob?", fragte ich.

„Es ging nicht reibungslos, Gary, aber wir haben etwa drei Dutzend Mädchen herausgeholt." Er atmete schwerer als gewöhnlich. „Die Polizei hat etwa ein Dutzend Verdächtige festgenommen."

Er gab mir eine kurze Einschätzung der Durchsuchungsaktionen, die in den Bordellen von Svay Pak noch fortdauerten und weitere Mädchen und Täter ausfindig machen sollten. Wir entschieden, dass ich hinzukommen, mit dem Einsatzteam Kontakt aufnehmen und einen Eindruck gewinnen sollte. Will Henry war kurz nach der anfänglichen Razzia nach Phnom Penh zurückgekehrt, sodass ich auf mein Motorrad sprang und er mich zum Dorf begleitete. Als wir eintrafen, waren die Straßen voller Fahrzeuge, Schaulustiger und einer Unmenge von Polizisten. Mosier setzte mich kurz ins Bild und ich warf einen Blick auf einige der verhafteten Verdächtigen. Dann begleitete ich Mosier, Henry und unsere Kollegen von der kambodschanischen Polizei, die sich durch die verbleibenden Bordelle arbeiteten. Jedes Mal bestätigte sich unsere ursprüngliche Planungsannahme über die Geschwindigkeit und Gewandtheit, mit der die Bordelle geschlossen und evakuiert werden konnten, wenn Polizei auftauchte. Die Opfer und die Verdächtigen, die man nicht in den ersten paar Minuten fasst, fasst man im Allgemeinen überhaupt nicht. Diese Bordelle waren leer. Nur die Überbleibsel ihres Geschäftes und der eiligen Flucht waren zurückgeblieben.

Aufgrund der verstrichenen Zeit und der überaus hohen Wahrscheinlichkeit, mit der sich die Kunde von der Razzia auch in den Bordellen in Phnom Penh ausgebreitet haben würde, sagten wir die Razzia in „Whiskey" ab, die ursprünglich Teil des Plans gewesen war. Wir mussten wegen Mamasan Lang zu einem späteren Zeitpunkt zurückkommen oder sie der kambodschanischen Polizei überlassen.

Ich fuhr mit Ted zurück nach Bravo und erkundigte mich über Handy bei Sharon, die im Polizeihauptquartier ein unbeschreibliches Chaos ordnete. Etwa drei Dutzend erschöpfte und traumatisierte Kinder warteten auf die verschiedensten verwirrenden Prozeduren zur erkennungsdienstlichen Erfassung. Alles fand in engen Räumen statt, unweit von mehr als einem Dutzend der Verdächtigen, die auch auf ihre Erfassung warteten. Sie versuchten zusammen mit einigen ihrer ungebeten herumlungernden Gefolgsleute schamlos, die Kinder zu beeinflussen. Sharon, Karyn, Shannon und einige Partner von Nichtregierungsorganisationen taten alles, damit die Mädchen möglichst schnell erfasst und wieder zurück in die Busse Richtung Bravo gebracht werden konnten. Dort sollten sie ihre erste Nacht und die nächsten paar Tage verbringen, bis zur endgültigen Verteilung auf die Nachsorgehäuser.

Wir sahen uns einem Heer einschüchternder Herausforderungen gegenüber, um nur allein schon die erste Nacht zu überstehen. Die erste und offensichtlichste bestand darin, die fast vierzig traumatisierten, vietnamesischsprachigen Kinder, die Opfer schwerer sexueller Ausbeutung waren, gut zu versorgen. Zweitens gab es sehr ernste Sicherheitsfragen. Wir erwarteten, dass Zuhälter, Bordellbetreiber und an der Ausbeutung beteiligte Familienmitglieder, die aus dem Arrest freigekommen waren, beim Haus auftauchen und mit den Kindern Kontakt aufnehmen würden. Vielleicht würden sie versuchen, die Mädchen gewaltsam herauszubekommen oder versuchen, uns durch Gewaltdemonstrationen einzuschüchtern. Es ist ganz erstaunlich, wie etwas so Einfaches wie eine Pistolenkugel, die durch ein Fenster fliegt, bei jedem die Begeisterung für ein Projekt wie dieses dämpfen kann.

Es gab eine ganze Reihe von entscheidend wichtigen Dingen, die man im Blick auf die Fürsorge und Sicherheit dieser Mädchen bedenken musste. Glücklicherweise hatten wir seit Monaten mit vielen erfahrenen Freunden und Beratern über ein Ereignis wie dieses diskutiert und es geplant. Dennoch schien uns das weite Feld der Herausforderungen und möglicher Notfälle ziemlich überwältigend, als wir die Nachricht erhielten, dass der erste Bus mit den Mädchen auf dem Weg zu uns war.

Es wirkt fast komisch, aber die erste Schwierigkeit war es, die kambodschanische Polizei dazu zu bewegen, alle Sirenen abzuschalten und auf die auffällige Polizeieskorte zu verzichten, die den Bus begleitete und die jedes bisschen Diskretion im Blick darauf, wohin diese Mädchen gebracht wurden, unmöglich machte. Glücklicherweise konnten wir mit ein paar gut gewählten Telefonanrufen diese Parade beenden.

Shannon Sedgwick Davis war im ersten Bus mit den kleinsten Kindern, von denen fast alle im Alter zwischen fünf und zehn waren. Als sie sich Bravo näherten, bekam ich von ihr einen ermutigenden Anruf über Handy. Ich schloss das massive Vordertor in der Mauer, die das Anwesen umgab, auf und ließ den Bus und die unauffällig gekleidete Motorradeskorte auf das Grundstück.

Die Dämmerung tauchte das Gelände in kühlenden Schatten. Ein friedlicher Abend von erstaunlicher Ruhe hatte sich über den Hof gebreitet, als der Bus gemächlich hereinrollte, sich seine große Tür mit dem typischen Geräusch der Hydraulik öffnete und er seine wertvolle Ladung freigab. Heraus kam eine

Reihe kleiner Mädchen, die zumeist nicht größer waren als die Kindergartenkinder, die den Bus zur Grundschule meines Sohnes benutzen. Sie sprachen leise miteinander und hielten sich vorsichtig gegenseitig an den Händen, als ihre kleinen bloßen Füße zum ersten Mal den Boden berührten und sie dieses unbekannte große Haus sahen. Nach ein paar Augenblicken erblickten sie auf dem Hof die bunt verpackten Körbe mit Teddybären und Toilettenartikeln. Nachdem die Übersetzerin sie überzeugt hatte, dass die Teddys und die anderen Geschenke tatsächlich für sie waren, erfüllte ein wunderbares Durcheinander von lachenden kleinen Mädchen den Hof. Das sanfteste Licht des Tages warf einen schwachen Schein auf diese Mädchen, als sie für einen Augenblick alles andere vergaßen und gemeinsam unbeschwert fröhlich waren über die kuscheligen und hübschen Dinge, die jemand nur für sie vorbereitet hatte.

Dieser Augenblick bedeutete nicht, dass sie nun auf wunderbare Weise wieder heil waren oder dass der lange und schwierige Weg zurück ins Leben, der vor ihnen lag, sich erübrigt hätte. Nichts davon traf zu. Aber dieser Augenblick war wirklich, und er war wunderbar, und auch ich war dort im Hof, um ihn mitzuerleben. Da stand ein Dutzend kleiner vietnamesischer Mädchen, die man in Kerkern der sexuellen Belästigung, sadistischer Quälerei und unaussprechlicher Grausamkeiten eingesperrt hatte, ohne Hoffnung auf ein Entkommen oder die Möglichkeit, das alles zu beenden. Und nun waren sie an diesem Ort – den ich auch meinen Kindern wünschte – an diesem sicheren Ort, an dem man sie liebte, schätzte und umsorgte.

Während wir darauf warteten, dass medizinische und andere Fachkräfte und geschulte Freiwillige aus befreundeten Nichtregierungsorganisationen ebenfalls nach Bravo kamen, halfen Shannon und eine Übersetzerin den Mädchen, sich an diesem neuen Platz einzurichten und zurechtzufinden. Als Männer hielten wir in dieser Situation jederzeit einen angemessenen Abstand von den Mädchen, und ich war Shannon so dankbar dafür, wie sie ihre Erschöpfung überwand und sich in diesen Stunden ihrer unvorstellbaren Entwurzelung und Orientierungslosigkeit voll und ganz in das Spiel mit den Kindern hineingab, als einfach kein anderer da war, der das hätte tun können. Sharon, Bob und all die anderen IJM-Mitarbeiter waren noch auf der Polizeistation. Das Personal aus Partnerorganisationen brauchte eine gewisse Zeit, bis es in Bravo sein konnte, und vorerst war es eben unsere Aufgabe, uns um die zwölf Mädchen mit ihren Nöten zu kümmern; und zwei weitere Dutzend waren auf dem Weg zu uns.

Als sich die Dunkelheit der Nacht schließlich über alles legte, kam auch der zweite Bus mit fünfundzwanzig weiteren, aus Svay Pak befreiten Mädchen auf dem Gelände an. Die meisten von ihnen waren junge Teenager zwischen zwölf und siebzehn, die man wehrlos dem Albtraum der sexuellen Ausbeutung ausgesetzt hatte; bei einigen war das über einen sehr langen Zeitraum geschehen. Sharon und Karyn kamen zusammen mit einem Berater und einer oder zwei Sozialarbeiterinnen mit diesen Mädchen an. Wir waren wirklich ausgesprochen dankbar für diese Freunde, die alles stehen und liegen gelassen hatten, um den Kindern schnell zu helfen. Aber allmählich machte sich bemerkbar, wie zermürbend die ganze Aktion gewesen war.

Wir waren alle vollkommen erschöpft – körperlich und seelisch – nachdem uns tagelang Adrenalin, Verzweiflung und Leidenschaft vorangetrieben hatten. Nun waren wir in einem Haus mit siebenunddreißig missbrauchten und traumatisierten Kindern, von denen die Jüngsten anfingen, vor lauter Müdigkeit, seelischem Schmerz und innerer Verwundung förmlich zu zerfließen (genauer gesagt, sich in Heulen aufzulösen), und wo die Älteren ihren Schmerz durch beträchtliche Ungezogenheiten ausdrückten. Wie in aller Welt sollten unser kleiner IJM-Stab und die überlasteten Freunde aus anderen Organisationen mit all diesen Kindern zurechtkommen? Wie sollten wir uns um sie kümmern, für ihre Sicherheit sorgen und sie alle durch den reichlich schwierigen Ablauf der Strafprozesse begleiten, damit die Schuldigen an ihrem traurigen Schicksal auch ihre Bestrafung erhielten?

In der ersten Nacht waren schließlich gegen 23 Uhr die meisten Mädchen erschöpft und schnell eingeschlafen. In jedem der Räume, in dem je etwa ein Dutzend der Mädchen ruhte, schlief auch entweder eine Übersetzerin oder eine Sozialarbeiterin. Im Einsatzzentrum im ersten Stock sorgte Mathew für die Sicherheit in Bravo. Wir hatten für bewaffnete Polizeiposten innerhalb und außerhalb des Geländes gesorgt, und eine örtliche Menschenrechtsorganisation half uns mit zwei zusätzlichen, unbewaffneten Sicherheitsleuten.

Einer unserer erfahrenen Mitarbeiter musste in der sensiblen Situation dieser ersten kritischen Nacht in Bravo bleiben, und ich bot an, die erste Wache zu übernehmen. Ich wusste, dass Cohn und Mosier übermüdet waren. Obwohl sie die Ausdauer aufbringen würden, auf dem Gelände zu bleiben, wusste ich, dass die nächsten beiden Tage ihnen weit mehr abverlangen würden als mir. Ich war sehr darauf bedacht, dass sie zumindest eine wirklich erholsame Nacht in ihren Hotelzimmern verbringen sollten. Ich war auch nervös im Blick auf diese erste kritische Nacht. Ich war sehr wohl vertraut mit der Rund-um-die-Uhr-Entschlossenheit der Bordellbesitzer, ihr Eigentum zurückzuholen. Ich wollte selbst anwesend sein, um zu sehen, wer durch das Tor hereinwollte, und sicherzustellen, dass die Wächter wach blieben. Auch sollte keines der älteren Mädchen die Befreiung aus Svay Pak als Gelegenheit nutzen, um wegzulaufen, noch bevor ihnen richtig klar geworden war, was mit ihnen geschah. Ich wollte da sein, um die Kollegen der Polizei zu ermutigen, falls jemand von den Tätern oder deren Gefolgsleuten versuchen sollte, die Mädchen oder diejenigen, die mit der Befreiungsaktion zu tun gehabt hatten, einzuschüchtern oder zu bedrohen.

So kampierte ich im vorderen Wohnzimmer, von dem aus ich das Tor sehen konnte, die Wachen im Blick hatte und das Treppenhaus hinauf zu den Räumen der Mädchen im Auge behielt. Ich bekam guten Kontakt zu den Wachen und den beiden Sicherheitsleuten, indem ich ihnen Wasser und etwas zu essen brachte (was sie beides nicht selbst dabeihatten), und ich machte etwa alle dreißig Minuten einen Rundgang und schaute nach dem Polizisten, den ich im Hintergrund postiert hatte, um sicherzustellen, dass er noch wach war und auch genau dort stand, wo ich ihn haben wollte.

Ich stellte den Wecker auf meiner Uhr so, dass er alle zehn Minuten losging, um sicher zu sein, dass ich nicht einschlafen würde. Aber das Adrenalin und die tief sitzenden Ereignisse des Tages ließen mich über vieles nachgrübeln. Die lange Nacht ging ohne Zwischenfälle vorüber, und das Morgenlicht bahnte sich langsam seinen Weg, ließ den Hof wieder erkennbar werden und flüsterte vernehmlich von Gottes großer Liebe.

Dies war wirklich ein neuer Tag. Ein neuer Tag für die Opfer von Svay Pak, aber auch ein neuer Tag für die, die darauf hofften, ihr Geschäft mit der Vergewaltigung weiterzuführen. Wir hatten die Befreiung dieser Mädchen bewerkstelligt. Nun mussten wir versuchen, die Kosten, die die in Svay Pak aktiven Bordellbetreiber für ihr brutales Vorgehen bezahlen sollten, drastisch zu erhöhen. Mit dem Preis, den die Opfer bezahlen mussten, waren wir bereits nur zu gut vertraut.

Kapitel 44
Jeder Tag zählt

Manchmal sehen Menschen die weinenden Kinder und die dramatischen, chaotischen Augenblicke bei einer Befreiung und fragen sich, ob es das denn alles wert ist. Ich bin zur Überzeugung gekommen, dass diese Lähmung und der Mangel an Bewusstsein für die Dringlichkeit unseres Tuns zum großen Teil daher kommen, dass Menschen nur schwer erfassen können, was diesen Kindern wirklich innerhalb dieser Häuser angetan wird.

In den Tagen und Monaten nach der Razzia in Svay Pak sollten wir viel über die grausamen Einzelheiten erfahren, wie brutal diese Mädchen nicht nur von den Sextouristen behandelt wurden und wie sadistisch sie von ihren Besitzern bestraft wurden, wenn sie nicht lächelten oder nicht begeistert genug mitwirkten, wenn sie missbraucht wurden. Darüber hinaus wurden sie auch an international gesuchte Sadisten vermietet, die sich darauf spezialisiert hatten, ihre Opfer zu quälen und zu erniedrigen. In den meisten Fällen geschah das unter Beihilfe engster oder entfernter Familienangehöriger. Manche Leute sehen nur die Härte der Eingreifaktion und verlieren weitgehend den Mut, weil sie nicht auch die Qualen mit ansehen mussten, die die Kinder hinter verschlossenen Türen täglich erduldeten. Ich denke, wer auch das sehen muss, kann nicht anders, als einzugreifen.

Fachleute aus dem Bereich des Jugendschutzes oder der Jugendfürsorge wissen, dass es nie einfach ist, wenn man ein Kind aus einer Familie holen muss, in der es sexuell missbraucht wird. Natürlich gibt es wichtige Maßnahmen, die unternommen werden können, um das Trauma der Kinder zu reduzieren. Aber Verwirrung und innere Verletzung der Kinder kann kaum vermieden werden, besonders dann nicht, wenn jene Familienmitglieder, denen der Missbrauch angelastet wird, mit aller Gewalt versuchen, das Kind bei sich zu behalten. Umso wichtiger ist es, dass die Fachleute, die mit solch extrem schwierigen Aufgaben betraut sind, einen klaren Blick behalten und die Kinder in Sicherheit bringen.

Ein weiterer Aspekt des oftmals versteckten (und deshalb auch unbeachteten) Leidens, das diese Kinder aushalten, hängt zusammen mit der tückischen Wirklichkeit von Aids. Wäre den Menschen bewusster, dass diese Kinder nicht nur sexuell missbraucht, sondern auch gewaltsam mit dem tödlichen HIV-Erreger infiziert werden, wäre ihnen vielleicht deutlicher, wie dringend diese Kinder dort herausgeholt werden müssen – und zwar eher heute als morgen.

Leider ist es traurige Wirklichkeit für meine Kollegen überall in der Welt, die fieberhaft daran arbeiten, diese Mädchen aus ihrer Lage zu befreien, dass sie manchmal erkennen müssen, dass sie zu spät eintreffen. Ich erinnere mich an die Situation, die indische Kollegen mit Nandi erlebten, einem befreiten Mädchen im Teenageralter.

Nandi hielt sich ihr seidenes Kopftuch vor den Mund. Ihr Körper war derart wund und empfindlich, dass selbst die leichte Brise des Deckenventilators auf ihren Lippen brannte. Die HIV-Infektion hatte dazu geführt, dass sich großflächige Wunden auf den Beinen gebildet hatten, die so schmerzhaft waren, dass sie nachts nicht schlafen konnte; mit jedem Tag, der verging, wurde sie schwächer. Sie kämpfte gegen die überwältigende Flut aus Depression, Verzweiflung und Einsamkeit. Zu ihrem körperlichen Leiden kam der emotionale Schmerz durch das Wissen, wie sie in diese Situation gekommen war. Ihr Vater und seine Geliebte hatten sie dreimal an Bordelle verkauft.

Obwohl IJM-Mitarbeiter Nandi aus dem Albtraum der Zwangsprostitution befreit hatten, erinnert sie uns daran, dass damit die Arbeit nicht erledigt ist. Selbst wenn diese Mädchen im Anschluss an die Befreiung gut versorgt werden können, sind ihre Chancen auf ein langes Leben in Gesundheit bereits stark gesunken. Viele der Mädchen, die wir befreit haben, müssen wie Nandi den Kampf gegen Aids aufnehmen. Nach sechs Monaten mit zehn Kunden pro Tag hatten sie 1800 Sexualkontakte mit Männern gehabt, die sich weder um die Gesundheit noch um die Zukunft der Kinder scherten.

Als IJM-Mitarbeiter Nandi im Dezember 2003 trafen, hatte sie solch starke Schmerzen und war derart verzweifelt, dass sie sterben wollte. Einer unserer Sozialarbeiter versicherte ihr, dass wir ihr beistehen würden, was auch geschehen würde. Nach einigen Stunden sagte Nandi, dass sie leben wolle, und fasste Hoffnung, dass sich ihre Lage und ihr Befinden bessern könnten. Dann sorgten Sozialarbeiter von IJM und Nachsorgepartner dafür, dass Nandi die Zuwendung und Unterstützung und die Medikamente bekam, die sie brauchte.

Im Rückblick auf ihre Befreiung fragte Nandi nur: „Warum seid ihr nicht früher gekommen?" Ihr niedergeschlagener Blick sprach Bände davon, warum jeder einzelne Tag zählt, denn jeden Tag hatten ihre Unterdrücker Attentate auf ihr Leben verübt, um ihre Gesundheit russisches Roulette gespielt, ihre Seele mit Lügen geprügelt und nicht zuletzt wütend die Faust gegen ihren Schöpfer erhoben.

Nandi starb im März 2004 an den Folgen der Aidserkrankung. IJM-Mitarbeiter waren in ihren letzten Stunden bei ihr und boten Nandi und ihrer Schwester Liebe und Unterstützung. Besonders einer unserer Mitarbeiter, Ted Haddock, war ein enger Freund von Nandi geworden. Wenn jemand Teds Namen erwähnte, lächelte sie und umfasste das kleine Kettchen mit einem Kreuz, das er ihr gegeben hatte.

Noch einmal: Auch dies ist der Grund, warum wir uns so dringend bemühen, die Kinder herauszuholen. Und genau deshalb waren wir nun auch so darauf bedacht, sicherzustellen, dass die in Svay Pak verhafteten Verdächtigen für ihre Verbrechen angemessen bestraft würden. Sie sollten nicht länger verletzlichen Kindern Schaden zufügen können. Auch anderen brutalen Tätern im Geschäft mit der Folterung von Kindern sollte das Risiko zu hoch werden. Wir wissen zwar, dass Nandi nun in den Armen ihres liebenden Schöpfers geborgen ist. Aber für die Millionen anderer Kinder und junger Frauen in aller Welt zählt jeder Tag, den sie in Bordellen gefangen sind – und auch für jene, die noch nicht ausgebeutet wurden. Deshalb liegt eine so besondere Freude darin, wenn wir den Eindruck haben, dass wir rechtzeitig gekommen sind.

Kapitel 45

Ein erstaunlicher Kontrast

Am Morgen nach der Razzia hatte sich im sicheren Haus in Phnom Penh die Stimmung vollkommen geändert, zum Teil dank der Operation Teddybär. Jedes der Mädchen schien sich sehr über das Päckchen mit persönlichen Gegenständen, neuer Kleidung, einem Spielzeug und dem symbolträchtigen Teddy gefreut zu haben. Was für eine wundersame und bewegende Veränderung war über Nacht mit diesen wertvollen kleinen Menschen geschehen. Sie draußen auf dem Hof des sicheren Hauses zu sehen, in neuer Kleidung (ein Mädchen hatte ein fröhliches Bild des Cartoon-Vögelchens Tweety auf dem T-Shirt), wie sie lachten und ausprobierten, wer die Hula-Hoop-Reifen am längsten kreisen lassen konnte – das sah alles aus wie eine kambodschanische Mädchenschule an einem Feiertag.

Das Lachen im Hof und das Lächeln auf den Gesichtern boten einen dramatischen Kontrast zu dem Geschrei und den Tränen vom Vortag. Die Frauen unter unseren Mitarbeitern, die Beraterinnen und Sozialarbeiterinnen der Partnerorganisationen hatten Stunden mit den Mädchen verbracht, sie im Arm gehalten und getröstet. Mehr durch Taten als durch Worte hatten sie ihnen verdeutlicht, dass sie sich nun an einem sicheren Ort befanden, an dem ihnen niemand etwas antun würde. Leute sprechen manchmal darüber, wie man Kinder beruhigen kann; ich habe persönlich miterlebt, wie immer wieder die größte Verzweiflung überwunden wurde. Natürlich war ich auch überall auf der Welt Zeuge der schwierigen Monate und Jahre der Heilung, die vor Mädchen wie diesen lagen. Aber der Prozess der Wiederherstellung hatte einen guten ersten Tag gesehen – hier an einem guten Ort –, und dafür war ich dankbar.

Natürlich war auch ich völlig erschöpft. Während die Kinder sich vom vorangegangenen Tag offensichtlich erholten, schwanden meine Kräfte zusehends. Meine Kollegen kamen am Vormittag, um mich zu entlasten. Sie stürzten sich in einen Tag, der viel von ihnen fordern sollte, kümmerten sich um die Mädchen und begleiteten sie durch die schwierigen Interviews, die vonseiten der Polizei nötig waren, um die angestrebten Verurteilungen sicherzustellen. Aber bevor ich meine erste Pause von Bravo nahm und mich auf den Weg ins Hotel machte, um eine dringend nötige, heiße Dusche zu nehmen, erwartete mich noch eine weitere wunderbare Überraschung.

Ich saß etwas abseits im Hof und beobachtete die kleinen Zwerge, die herumalberten. Zu Hause hatte ich selbst vier Kinder etwa in ihrem Alter, und ich erkannte Grundverhaltensweisen spielender Kinder wieder, die sich weltweit ähneln. Es gab couragierte Kinder, die mit Späßen und großem Theater dafür sorgten, dass jeder sie sah und hörte, und es gab die Stillen, die sich mit Buntstiften und Papier und eigenen kleinen Projekten selbst beschäftigten. Eine der feurigsten Theaterdiven war ein winzig kleines Mädchen namens Linh. Sie hatte ein großartiges, gewinnendes Lächeln und ein verschmitztes Funkeln in den Augen. Sie steckte voller Schabernack, Tanz und verrückter Ideen.

„Erinnerst du dich an sie, Gary?" Will Henry legte mir seinen enormen Arm auf die Schulter und deutet auf Linh. „Das ist das Mädchen auf dem Video. Die, die du im vergangenen Jahr jedem gezeigt hast."

Natürlich erinnerte ich mich. Er sprach von den erschreckenden Bildern, die er bei seiner ersten verdeckten Ermittlung in Svay Pak im vergangenen Jahr gemacht hatte. Es war die kleine Fünfjährige, die von einem anderen Mädchen getragen wurde und die für sexuelle Dienste angeboten worden war – ein Bild, das ich unzählige Male gezeigt hatte: Kongressmitgliedern, Botschaftern, Fernsehproduzenten und jedem, von dem ich dachte, er könnte irgendetwas bewegen, und den ich mit der Geschichte von der Sexsklaverei in Kambodscha erreichen konnte. Die kleine Linh war es, deren Leiden weltweit so viele Kräfte mobilisiert hatte, und nun war sie hier, vor meinen Augen, in Sicherheit und Freiheit.

Aber das war nun ein Jahr her, und was hatte es nicht alles für Schwierigkeiten gegeben, sie wiederzufinden und sie als eines der 37 Mädchen hier zu befreien! Ich konnte es kaum glauben. Es schien einfach zu schön, um wahr zu sein. Aber manchmal geschieht es tatsächlich, dass die allerbesten Dinge wirklich wahr werden. Ich verglich innerlich die Bilder: Sie war es wirklich. „Oh, was für eine Belohnung", dachte ich. „Was für ein freundliches Geschenk unseres himmlischen Vaters, dass er uns damit solch eine Ermutigung zukommen lässt." Ich kämpfte wie die meisten der Mitarbeiter bereits mit den Gedanken an die Mädchen, die bei dieser Razzia nicht befreit worden waren. Aber die kleine Linh war wie eine Stimme, die fragte: „Reicht es nicht, dass ich gerettet wurde? Ist das Wunder meiner Bewahrung und Befreiung nicht Anlass zu großer Freude und einem Fest?"

Ja, das war es wirklich. Es war gut; es war genug. Und Ehrfurcht und Staunen ergriffen mich wieder. Wir würden aus diesem Einsatz in Svay Pak viel an Kummer und Sorge im Blick auf die Mädchen, die für uns unerreichbar blieben, mitnehmen, aber wir nahmen auch die erfahrene Freude und Güte mit, die uns sagte: „Jede von ihnen war es wert. Jede von ihnen ist als Gottes Ebenbild geschaffen, und in dem Maß, in dem wir solche Liebe einer dieser Geringsten entgegengebracht haben, haben wir sie dem Schöpfer des Universums selbst entgegengebracht. Es war, als hörten wir für einen Augenblick einen Nachhall aus der Ewigkeit, der uns sagte, warum wir überhaupt auf Erden existierten."

In den kommenden Tagen begannen die lokale und die Weltpresse über die Bedeutung der ganzen Aktion zu berichten.

Cambodia Daily vom 31. März 2003: „13 Verhaftungen bei Bordellrazzia" – Die Polizei nahm am Samstag 13 verdächtige Menschenhändler fest und befreite 37 Opfer – einige nur 5

Jahre alt – in einer Aktion, die als die umfangreichste Bordellrazzia in den letzten Jahren betrachtet werden kann. Sie handelte aufgrund von Informationen, die eine in den USA ansässige Nichtregierungsorganisation gesammelt hatte, und unter Druck des US-Außenministeriums. Um Kambodschas Status im US-Bericht über Menschenhandel zu verbessern, schloss das Innenministerium mindestens acht Bordelle in Svay Pak und verhaftete 13 Bordellangestellte aus Vietnam, die verdächtigt werden, in den internationalen Menschenhandel verwickelt zu sein.

New York Times vom 2. April 2003: „Sex-Verhaftungen in Kambodscha" – Ein kambodschanisches Gericht hat heute 13 Vietnamesen des Menschenhandels und der Verschwörung zur sexuellen Ausbeutung angeklagt, nachdem am Wochenende 37 Mädchen aus einem Bordell-Dorf befreit worden waren. Die Verdächtigen waren in einer Operation am Wochenende im Dorf Svay Pak, sieben Meilen nördlich der Hauptstadt Phnom Penh, verhaftet und die Mädchen befreit worden …

BBC News vom 7. Mai 2003: „Kambodschanische Bordelle unter Druck" – Kambodschas berüchtigter Rotlichtbezirk, bekannt als Svay Pak, war über ein Jahrzehnt lang geradezu eine Spielwiese für Sextouristen und Pädophile aus dem Ausland … Aber eine Woche nach einer Polizeirazzia in den Bordellen ähnelt die Gegend dort eher einer demolierten Theaterkulisse nach einer Vorstellung und nicht mehr dem dort früher üblichen florierenden Bordellbetrieb. In der Razzia verhafteten die Behörden 13 Verdächtige und befreiten beinahe 40 Opfer des Menschenhandels, von denen einige nicht älter als fünf Jahre sind.

Kapitel 46

Gemischte Gefühle

Diese kleinen Mädchen im Haus Bravo hatten Spaß daran, einfach nur Kinder zu sein. Eines kam etwas näher zu dem Platz, an dem ich auf einem Sofa saß, und begann, mit Ted Haddock eine weiße Papprolle hin- und herzurollen. Sie ließ sie auf ihn zurollen, und er gab ihr mit dem Fuß einen Stups, damit sie wieder zu ihr zurückkam. Das war so einfach, so alltäglich.

Ich beobachtete, wie unsere Mitarbeiter und die Berater und Sozialarbeiter der anderen Organisationen mit den Mädchen spielten, malten, sangen und, was am wichtigsten war, wie sie die Kinder anlächelten – ihnen einfach in die Augen sahen und sie aus ehrlicher Liebe und Freundlichkeit anlächelten. Ich fragte mich, wie oft ihnen in den Bordellen jemand in die Augen gesehen und ihnen ein freundliches Lächeln zugeworfen hatte. Und der Gedanke tat mir innerlich weh.

Robert Earle hatte mehr Zeit als irgendjemand sonst in den Bordellen in Svay Pak verbracht und die Mädchen dokumentiert, die nun frei an diesem sicheren Ort spielten. Er bemerkte in Bravo nach der Befreiungsaktion, dass ein paar der Mädchen in seiner Nähe ziemlich nervös waren. Durch eine Übersetzerin erfuhren wir, dass einige der Mädchen Robert als Kunden kannten; sie erinnerten sich daran, dass er gekommen war, um sie zu kaufen. Nun konnten sie sich nicht erklären, was er hier tat.

Wir hatten diesen wichtigen Punkt wirklich übersehen, und wir handelten sofort, um das in Ordnung zu bringen.

Als die Übersetzerin den Mädchen erklärte, dass Robert nur vorgegeben habe, er sei ein Kunde, um dabei zu helfen, sie aus den Bordellen herauszubekommen, legte sich ihre Spannung sichtbar. Eines der Mädchen stand auf, ging quer durch den Raum und gab Robert ihren Teddy, den einzigen wirklichen Besitz in ihrem Leben.

An diesem Tag traf uns ein anderer Schmerz, der an die Freude heranreichte, die wir über die Freiheit der 37 Mädchen empfanden.

Wir wussten, dass es andere Mädchen gab, die wir in den Bordellen von Svay Pak zurückgelassen hatten. Wir hatten bei unseren Ermittlungen vierzig Mädchen dokumentiert. Wir kannten ihre Namen und Gesichter. Wir hatten Fotos aus den Videoaufnahmen herauskopiert und eine Art Personalausweis ausgedruckt, damit wir Namen und Gesichter vergleichen konnten, sowie wir die Mädchen herausgeholt haben würden. Ich beobachtete einen von den Mitarbeitern, wie er durch diese Papiere blätterte; um einige der Fotos waren Kreise gezogen. Dies waren die Mädchen, die wir nicht hatten finden können, jene, die zurückgelassen wurden, Mädchen, die uns schwer auf dem Herzen lagen, auch wenn wir uns über die anderen freuten, die befreit waren.

***

Der Tag nach der Razzia war für Sharon auf eine andere Art herausfordernd. Sie war bei jeder Befragung der Mädchen durch die Polizei in Bravo dabei gewesen. Etwa zehn von ihnen waren jünger als zehn Jahre. Einer der Polizisten war ein gütiger Mann, der den Mädchen mit Einfühlungsvermögen begegnete. Ein anderer versuchte, die Kinder wie Verdächtige in einer Straftat zu behandeln. Er war ziemlich unfreundlich und kurz angebunden. Zu einem der jüngsten Mädchen sagte er: „Wenn du mir nicht die Wahrheit erzählst, kommen deine Eltern ins Gefängnis!"

Es war anstrengend, bei diesen Interviews zu sitzen; zum einen war es drückend heiß und schwül, zum anderen lag es an der zweistufigen Übersetzung, die notwendig war, damit Sharon die Fragen der Polizisten und die Antworten der Mädchen verstehen konnte. Der Beamte stellte eine Frage in Khmer, dann wurde sie für das Opfer in Vietnamesisch übersetzt und für

Sharon in Englisch. Die Eintönigkeit dieser Prozedur ist leicht vorstellbar, besonders nach dem Druck und dem erhöhten Adrenalinpegel der vorangegangenen 36 Stunden.

Sharons Enttäuschung wuchs, als viele der Mädchen schlicht nicht in der Lage waren, klar auszudrücken, was sie in den Bordellen erlebt hatten. Es war einfach zu beschämend und peinlich für viele der Mädchen, als dass sie benennen konnten, was sie hinter verschlossenen Türen in den Bordellen gesehen und erlebt hatten. Natürlich war es wichtig, dass einige Mädchen in der Lage waren, konkrete Teile des sadistischen Schreckens zu beschreiben, durch den sie gegangen waren, doch während sie das taten, war der Schmerz, das mit anhören zu müssen, für Sharon beinahe unerträglich.

Stellen Sie sich zusätzlich zur Hitze, der doppelten Übersetzung und dem Mangel an Informationen vonseiten vieler Mädchen noch vor, dass Sharons Handy andauernd klingelte. Mitarbeiter in Kambodscha brauchten von ihr Anweisungen oder Antworten, kambodschanische Regierungsstellen riefen sie an, die amerikanische Botschaft und NGOs benötigten Auskünfte. Auch wenn jeder der Anrufer einen wichtigen Grund für den Anruf hatte, hatte Sharon keine Zeit, sich auf jedes einzelne Anliegen zu konzentrieren. Sie musste den aufreibenden Prozess der Opferbefragung begleiten.

Nach Abschluss der Befragungen brauchte Sharon eine Pause.

„Ich wollte nur, dass man mich ein paar Minuten allein lässt", sagte sie. „Ich brauchte dringend eine stille Ecke, wo ich mal abschalten konnte. Ich wurde die Gedanken daran nicht los, was diesen Kindern angetan worden war. Will beharrte unnachgiebig darauf, mich nicht vom Gelände zu lassen, weil ich außerhalb zufällig über jemanden aus der Bordellszene gestolpert war. Ich war sehr aggressiv ihr gegenüber geworden, weil ich den Eindruck gehabt hatte, sie sei gekommen, um einige der Kinder zurückzuholen. Ich hatte sie angeschrien, obwohl wir nicht die gleiche Sprache sprechen. Aber ich denke, ich hatte ihr ziemlich deutlich gemacht, dass sie keinerlei Kontakt mit den Mädchen haben würde. Will war besorgt, dass ich Schwierigkeiten bekommen könnte, wenn ich sie wieder treffen würde."

Das hätte sehr gefährlich sein können. Weil sie nun nicht weg konnte, ging Sharon draußen in der Nähe der Mauer spazieren. „Ich stand dort am Rand des Geländes und versuchte, meine Gedanken zu ordnen, mich zu beruhigen und wieder zu Atem zu kommen. Innerhalb weniger Minuten kam ein Mädchen nach dem anderen still heraus und stellte sich einfach nur zu mir. Als ich mich umdrehte, sah ich, wie sie mich mit ihren großen Augen ansahen. Und dann fing eines zu weinen an. Ein anderes Mädchen kam mit einem Taschentuch heraus und trocknete die Tränen. Aber diese Mädchen waren so winzig; die Tränen sprangen förmlich aus ihren Augen, statt dass sie über ihre Gesichter liefen.

Dann fingen sie an zu sagen: ‚Bitte nach Hause. Jetzt nach Hause gehen. Jetzt nach Hause gehen.'

Ich wusste, dass sie nach Hause wollten, aber ich wusste auch, dass sie nicht nach Hause konnten, dass sie nur sehr wenige Möglichkeiten hatten. Und nach allem, was ich gehört hatte, das man ihnen angetan hatte, wusste ich nicht, was ich machen sollte.

Ich konnte mich nicht verständlich machen, weil sie meine Sprache nicht verstanden und ich nicht die ihre. Ich begann dennoch zu ihnen zu reden, in meiner Sprache: ‚Ihr müsst mir vertrauen. Es gibt überall auf der Welt Menschen, die in diesem Augenblick für euch beten. Wir werden mit all dem fertig; ihr müsst noch etwas mehr Vertrauen haben.'

Ich bat sie um ihr Vertrauen, und ich weinte mit ihnen; es war wirklich eine aufwühlende Szene."

Sharon griff schließlich zu ihrem Handy und bat jemanden heraus, der die Mädchen wieder ins Haus bringen sollte. Und ein weiterer schmerzlicher Augenblick ging vorbei.

„Ich war in diesem Moment ziemlich verwirrt", sagte Sharon. „Das war für mich wohl die schwierigste Situation während der ganzen Mission."

Kapitel 47

Kein bloßer Zufall

Nach ihrer Rückkehr nach Washington war Sharon Cohn verantwortlich dafür, dass die Verhandlungen gegen die Ausbeuter Fortschritte machten. Wir hatten eine Partnerschaft mit einer kambodschanischen Nichtregierungsorganisation eingerichtet, die die Verhandlungen beobachtete und uns in Washington mit Informationen versorgte, wie alles seinen juristischen Gang ging.

Im Mai flogen Sharon und Rebecca Kipe, eine weitere Bereichsleiterin aus unserem Büro in Washington, zurück nach Kambodscha, um nach den Mädchen zu sehen, sich über den Stand der Verhandlung zu informieren und den Ermittlungsrichter zu treffen. Im kambodschanischen Rechtssystem gibt es einen untersuchenden Richter und einen verhandelnden Richter. (Man verfolgt dort den untersuchungsorientierten französischen und nicht den anklageorientierten britischen Ansatz, der auch in den USA Anwendung findet.) Der Fall liegt bis zu sechs Monate beim Ermittlungsrichter, bevor es zur Hauptverhandlung kommt; er ist dafür zuständig, alle Beweise zu sammeln, die in der Verhandlung einfließen.

Während Sharon und Rebecca in Phnom Penh waren, wollten sie dem Ermittlungsrichter ein bestimmtes Videoband in der Hoffnung übergeben, dass es den Beweis erbringen würde, den er benötigte, um jene vier Verdächtigen festzuhalten und anzuklagen, die am Tag der Razzia in Svay Pak festgenommen worden waren. Gott hatte wohl den Zeitpunkt so bestimmt, dass gerade an dem Tag, an dem Sharon und Rebecca den Richter trafen, fünf falsche Zeugen beigebracht wurden, die zugunsten der Menschenhändlerin Hay Kamlim aussagen sollten. Diese falschen Zeugen waren anwesend, um die Geschichte zu untermauern, dass die Frau lediglich ein Kosmetikgeschäft im Dorf betreibe und keinerlei Verbindungen zu sexueller Ausbeutung und Menschenhandel habe.

„Das Beweismaterial der Polizei ist nicht sehr aussagekräftig. Es ist alles ziemlich verwirrend", sagte der Richter gegenüber Sharon und Rebecca. „Es sieht nicht so aus, als ob alle diese Leute in Menschenhandel verwickelt waren. Gerade heute sind fünf Personen hier, um zugunsten einer Beschuldigten auszusagen und zu belegen, dass diese Person unschuldig ist. Möchten Sie eine Gelegenheit erhalten, diese Zeugen zu befragen?"

Sharon erkannte den Namen der Verdächtigen nicht sofort und wurde vom Angebot des Richters überrumpelt. Zu seiner Freude nahm sie das Angebot an. Ein Mann und vier Frauen traten vor, um für die Verteidigung auszusagen.

Ein Zeuge nach dem anderen sagte zugunsten der Beschuldigten aus, von der Sharon in der Zwischenzeit festgestellt hatte, dass sie eine der Straftäterinnen war, die die IJM-Ermittler auf einem verdeckt aufgenommenen Videoband hatten – einem Band, das zum Bericht gehörte, der auf dem Richtertisch lag.

„Wir haben die Verdächtige auf Video aufgenommen, unzweifelhaft, wie jeden anderen auch", sagte Sharon. „Man sieht, wie sie dabei ist, Mädchen Kunden zum Zwecke sexueller Handlungen mit ihnen anzubieten. In der Tat hatte sie die Mädchen erst wenige Tage zuvor in Vietnam gekauft. Es war ihr völlig klar, wofür sie angeboten werden sollten."

So hörten unsere Mitarbeiterinnen die Zeugen, und es wurde ihnen erlaubt, diese zu befragen. „Ihre Antworten enthielten deutliche Ungereimtheiten, die zeigten, dass es sich um konstruierte Geschichten handelte", sagte Sharon.

Dann zeigte Sharon jedem Zeugen ein Bild der Täterin aus dem IJM-Untersuchungsbericht, um klarzumachen, dass sie belegen konnte, was Hay Kamlim tatsächlich getan hatte. Sie und

Rebecca machten außerdem Fotos der Zeugen, damit sie diese den Mädchen zeigen konnten, um herauszufinden, ob jemand von diesen falschen Zeugen selbst in den Menschenhandel verwickelt war.

Als alle fünf Zeugen gegangen waren, sagte der Richter: „Sie sehen also, ich kann die Verdächtige keinesfalls festhalten. Es ist deutlich, dass sie nichts damit zu tun hatte." Er hatte das Video noch nicht gesehen, das auch die Angeklagte zeigte. Sharon zeigte dem Richter unverzüglich einen Teil der Videoaufnahme mit der Frau, die er freilassen wollte. Es war wichtig, dass sie sich das Band gemeinsam ansahen, sodass sowohl die IJM-Mitarbeiterinnen als auch der Richter gegenseitig voneinander wussten, dass man den Inhalt des Bandes kannte. Der Beweis lag nun auf dem Tisch: Hay Kamlim bot ganz deutlich einem IJM-Mitarbeiter ein Opfer des Menschenhandels gegen Bezahlung an.

„Das war offensichtlich Gottes Timing", sagte Sharon später. „Diese Zeugen hätten auch an jedem anderen Tag kommen können, und die Täterin wäre freigelassen worden. Aber wir waren gerade in Kambodscha, am entgegengesetzten Ende der Welt, um nach den Mädchen zu sehen; und zufällig an diesem Tag kamen wir mit einem Beweispaket für den Richter vorbei, das auch das Band mit genau dieser Verdächtigen enthielt."

Der Richter hatte nach der Betrachtung des Videos keinerlei Stellungnahme abgegeben, aber man hatte doch den Eindruck, dass er die Beweise für ausreichend hielt, um die Verdächtige bis zur zweiten Phase vor dem Hauptverhandlungsrichter festzuhalten.

Manchmal erhalten unsere Mitarbeiter eine „emotionale Entlohnung" – einen gewaltigen Bonus – von den Opfern, für die wir da sind. Diese Geschenke sind viel nachhaltiger als jede finanzielle Entlohnung und erinnern uns immer wieder daran, warum wir tun, was wir tun. Nachdem Sharon und Rebecca von dieser Reise zurück waren, erhielten sie solch ein Geschenk, die nachstehende Mitteilung eines kleinen Mädchens aus Svay Pak:

Hallo Sharon und Rebecca, unsere Schwestern,

wie geht es euch? Uns geht es gut hier, und wir haben viel zu lernen: Englisch, Khmer und Vietnamesisch und vieles andere.

Alle hier im Zentrum, der Vater, die Mutter und die Schwestern lieben uns und sorgen für uns. Aber wir möchten auch nach Hause.

Wir vermissen euch sehr. Vermisst ihr uns auch?

Grüße auch die andere Schwester. Also, wir hören jetzt auf; wir vermissen euch.

10 von uns.

Kapitel 48

Die Verhandlung

Im Oktober 2003 flog Sharon erneut zurück, um sich über den Verlauf des Falles zu informieren, nach den Kindern zu sehen und einen Einblick in den Stand der Arbeit von IJM in Kambodscha zu gewinnen. Wir planten, ein Büro in Kambodscha zu eröffnen, und sie wollte sich mit Nichtregierungsorganisationen treffen und weitere Einzelheiten für diese Eröffnung prüfen. Bei einem Treffen erfuhr Sharon, dass die Hauptverhandlung für die Verdächtigen von Svay Pak für die kommende Woche angesetzt war. IJM war zu keinem Zeitpunkt über diesen Verhandlungstermin unterrichtet worden.

Sharon hatte eigentlich geplant, nach Vietnam weiterzureisen und dann nach Indien zu einem Treffen in der Botschaft in Mumbai, dem früheren Bombay, zu fliegen. Aber diese Pläne änderten sich schnell. Sie musste an der Verhandlung teilnehmen, genau wie auch Robert Earle, unser leitender Ermittler in Svay Pak, der darauf vorbereitet sein musste, als Zeuge auszusagen. So blieb Sharon in Kambodscha und vereinbarte ein Treffen mit dem Richter der Hauptverhandlung.

Ein gewisses Maß an Zurückhaltung und Etikette ist zwischen Anwälten und Richtern unverzichtbar, deshalb wandte sich Sharon offiziell über dessen Assistenten an den Richter der Hauptverhandlung: „Ihre Exzellenz, können wir Ihnen in der Hauptverhandlung irgendwie von Nutzen sein? Wäre es Ihnen eine Hilfe, wenn Ihnen unser Ermittler zur Verfügung stehen würde? Wäre es hilfreich für Sie, die Videobänder der verdeckten Ermittlungen einsehen zu können, die wir in den Fällen von vier der Angeklagten gesammelt haben?"

„Ja, wir hätten in der Verhandlung gern Ihren Ermittler zu unserer Verfügung", antwortete der Richter.

„Nun, ich werde ihn vom anderen Ende der Welt hierher bringen, damit er in dieser Verhandlung aussagen kann", erwiderte Sharon und hoffte, damit der Aussage, die Robert machen würde, ein wenig mehr Gewicht zu geben.

Der Hauptverhandlungsrichter teilte Sharon mit, dass er bereits alle Videobänder vom Untersuchungsrichter erhalten habe und von uns kein weiteres Beweismaterial mehr benötige.

Das kambodschanische Verfahren hat eine positive Seite. Verhandlungen dauern nicht länger als einige Stunden, weil der Untersuchungsrichter bereits alle Beweise durchgearbeitet hat, die im Fall eingebracht werden. Es sind deshalb keine langwierigen Schlachten im Gerichtssaal mehr nötig. Außerdem verschieben sich Verhandlungstermine nicht, wenn sie einmal festgelegt sind, wie das in so vielen Teilen der Erde geschieht, wo Verdächtige erleben müssen, wie ihr Prozess immer und immer wieder vertagt wird.

In der kurzen Zeit, die Sharon und Robert hatten, um sich vorzubereiten, gingen die beiden alle Fälle in allen Einzelheiten sorgfältig durch, welche kambodschanischen Gesetze genau verletzt worden waren und wie angemessene Antworten auf Fragen, die die Verteidigung stellen würde, aussehen könnten. Sharon spielte mit Robert zu erwartende Angriffe und das Kreuzverhör durch, damit er für die Verhandlung gut gerüstet war.

Der Fall kam am 15. Oktober 2003 zur Verhandlung, und Robert Earle war der einzige Zeuge, der von beiden Seiten aufgerufen wurde, obwohl die zuvor gehörten falschen Zeugen im Saal anwesend waren. Der Gerichtssaal war voll besetzt mit interessierten Parteien aus allen Bereichen. Robert erkannte einige Zuhälter wieder, die er während seiner Ermittlung getroffen hatte und die sicherlich ein persönliches Interesse am Ausgang dieses Prozesses hatten. Es schien so, als sei die Mehrzahl der Zuschauer Einwohner von Svay Pak. Sie hatten die Verdächtigen jeden Tag gesehen, ihnen die Haare geschnitten, Lebensmittel verkauft und hatten sie kennengelernt, wie man sich bei ganz normalen Geschäften eben kennenlernt. Wir wussten allerdings, dass jeder, der in oder um Svay Pak arbeitete, genau wusste, welche Art von Geschäft diese Leute betrieben.

In der Verhandlung wurden nun lediglich sieben der ursprünglich dreizehn Verhafteten angeklagt. Ein Verdächtiger war in der Haft verstorben, und die Behörden hatten die anderen fünf aus Mangel an Beweisen für eine Anklageerhebung freigelassen. Wir hatten im Blick auf diese fünf Personen mit Sicherheit kein zusätzliches Beweismaterial, deshalb wussten wir nicht, ob es günstig oder ungünstig war, dass am 15. Oktober über sie nicht mitverhandelt wurde.

Der Prozess sollte sich als Meilenstein für junge Opfer sexueller Straftaten erweisen. Üblicherweise mussten die Opfer vor Gericht erscheinen und gegen die Beschuldigten aussagen. Das ist in Kambodscha sehr schwierig, wenn es sich um Opfer im Kindesalter handelt, denn sowohl die Korruption wie auch die Anstrengungen der Verteidigung führen dazu, dass die Opfer erneut traumatisiert werden. Wir haben schauerliche Geschichten darüber gehört, dass Mädchen in der Verhandlung vor ihre Vergewaltiger gestellt wurden und fragen mussten: „Hast du mich vergewaltigt?"

Natürlich antwortet der Vergewaltiger: „Nein, ich habe dich nicht vergewaltigt."

Dann fuhr der Richter damit fort, das Mädchen anzubrüllen.

„Du lügst! Siehst du das nicht? Er hat gerade ausgesagt, dass er dich nicht vergewaltigt hat. Also bist du es, die lügt!"

Die Nachsorgebetreuer der zehn jüngsten Mädchen aus Svay Pak waren sehr besorgt, dass die Mädchen in solcher Weise erneut traumatisiert werden würden. Dennoch waren sie bereit, in jeder Weise mitzuwirken, die nötig war, um die Verurteilung der Täter sicherzustellen. Falls die Mädchen vor Gericht erscheinen müssten, würden diese aber Beistand benötigen. Sie waren bisher noch nicht vorgeladen worden, um eine Aussage zu machen. Die 27 älteren, in einer anderen Nachsorgeeinrichtung untergebrachten Mädchen waren zu Vernehmungen vorgeladen worden, auch wenn uns niemand darüber informiert hatte. Diese 27 Mädchen standen aber in keiner Verbindung zu den vier Straftätern, deshalb konnten sie in diesem Fall keine sachdienlichen Aussagen machen. Es waren die zehn jüngeren Mädchen, die diesen Tätern hier zum Opfer gefallen waren.

Am Morgen des Verhandlungstages wollte Sharon gerade den Gerichtssaal betreten, als sie eine größere Gruppe von Mädchen sah, die aus einem Transporter geholt wurden – es waren die Mädchen, die im März befreit worden waren. Sie führte gerade ein Telefonat mit der kambodschanischen Ministerin für Frauenangelegenheiten, die angerufen hatte, um IJM Erfolg für den Prozess zu wünschen und um ihre Unterstützung anzubieten. Plötzlich strömten die Mädchen in den Saal, jauchzten und schrien, weil sie Sharon erkannten und weil sie froh waren, einen „Ausflug" zu machen.

„Was machen die denn hier?", fragte sich Sharon bestürzt. Sie sprach mit dem Assistenten des Richters und erklärte, dass diese Mädchen nichts mit dem Fall gegen diese Beschuldigten zu tun hätten; sie konnten also gar keine Hilfe sein und würden im Gerichtssaal nur für Unruhe sorgen. Kurz gesagt, diese Mädchen sollten einfach nicht anwesend sein.

„Wo sind die Mädchen, die in diesem Fall eine Zeugenaussage beisteuern könnten?", fragte der Assistent.

„Sie leben in einer anderen Nachsorgeeinrichtung als diese

Mädchen hier. Sie sind nicht vorgeladen worden. Ich denke, dass etwas verwechselt worden ist. Außerdem haben jene jüngeren Mädchen, weil sie keine Vorladung erhalten haben, auch keinen Rechtsbeistand, der nötig wäre, damit sie hier erscheinen."

Es gab eine Verzögerung, während der Sharon und Robert die Möglichkeit besprachen, die jüngeren Mädchen noch an diesem Tag zur Verhandlung zu bringen. Es gab einen vernünftigen Grund dafür: Sie konnten dabei helfen, eine Verurteilung der Täter zu erreichen. Aber es gab zu viele Gründe, sie nicht herzuholen, nicht zuletzt den, dass eine solche Vorladung erneut ein Trauma auslösen könnte, und dass die Mädchen auf eine Aussage überhaupt nicht vorbereitet waren. Am Ende entschied Sharon für sich, dass sie die Kinder an diesem Tag nicht zur Verhandlung bringen konnte.

Der Assistent informierte den Richter, der zunächst wollte, dass jemand die Mädchen holen sollte, die in diesem Fall von Bedeutung waren.

Dann sprach Sharon mit dem Assistenten. „Die Mädchen sind zu klein, um eine Aussage zu machen. Es sind ja wirklich kleine Kinder. Sie sind einfach nicht fähig, vor Gericht auszusagen. Sie haben keinen Rechtsbeistand. Ich kann sie nicht vertreten, und sie können heute nicht aufgerufen werden. Die Verhandlung muss vertagt werden."

Niemand wollte das, am wenigsten der Richter – nicht mit einem überfüllten Gerichtssaal und all der Aufmerksamkeit, die der Fall erweckt hatte. Als der Assistent mit dem Richter Rücksprache hielt und Sharons Standpunkt im Blick auf die Beibringung der Kinder erklärte, stimmte der Richter zu, dass die jungen Opfer nicht notwendigerweise aussagen müssten.

Mitarbeiter der Nichtregierungsorganisation begleiteten die 27 älteren Mädchen zurück zum Transporter und schickten sie vor Prozessbeginn nach Hause.

„Das war ein weiteres Eingreifen Gottes in diesem Fall", sagte Sharon. „Ja, es war wichtig, dass die Mädchen nicht erneut durch die Verdächtigen traumatisiert wurden. Aber es war ebenfalls von Bedeutung, dass dadurch ein neuer Standard eingeführt wurde. Diese Entscheidung des Richters konnte zum Wendepunkt in Prozessen wegen sexueller Ausbeutung in Kambodscha werden, da es nicht mehr nötig war, dass die Opfer vor Gericht erscheinen mussten, wenn es genügend anderes überzeugendes Beweismaterial gab. Es war ein fantastischer Präzedenzfall zugunsten der Mädchen."

* * *

Robert und Sharon brachten einen großen Fernsehmonitor und einen Videorekorder in den Gerichtssaal, damit die Bänder gezeigt werden konnten, die Beweise gegen die vier Verdächtigen enthielten, die wir identifiziert hatten.

Die Spannung im Gerichtssaal war ziemlich groß, als Robert in den Zeugenstand trat. Seine Aussage war hervorragend. Zunächst leugnete einer der Beklagten, dann ein weiterer jegliche Vergehen. Dann wurde ein Videoband abgespielt, und alle Anwesenden sahen die Angeklagten, wie sie genau das taten, was sie noch Augenblicke zuvor abgestritten hatten – die Beteiligung am Verkauf von Kindern zur sexuellen Ausbeutung.

Um die Mittagszeit drohte eine weitere Überraschung, die Anklage zunichtezumachen, die gegen die Menschenhändlerin Hay Kamlim erhoben wurde. Diese Frau hatte schon zuvor versucht, fünf falsche Zeugen zu ihren Gunsten beizubringen. Der Assistent des Richters kam zu Sharon und sagte: „Das Band über Hay Kamlim ist nicht auffindbar. Es ist aus dem Gerichtsgebäude entfernt worden."

Zunächst war die Nachricht niederschmetternd, denn ohne das Band gab es keine Anklage gegen die Menschenhändlerin. Roberts Aussage allein würde nicht für eine Verurteilung genügen. Allein das Band, das sie betraf, war bei Gericht verschwunden. Diese Frau setzte alles daran, um der Justiz zu entkommen. Sie wusste, dass sie schuldig war, und sie ließ nichts unversucht in der Hoffnung, den Fortgang des Verfahrens zu stoppen.

Als Sharon die Nachricht über das verschwundene Band hörte, erinnerte sie sich an das digitale Miniband, das sie in ihrem Hotelzimmer gelassen hatte, mit „einem Zusammenschnitt der überzeugendsten Berichte von Opfern aus Svay Pak", sagte Sharon. „Am Beginn der Zusammenstellung befinden sich, obwohl wir sie bisher noch nicht benutzt haben, die – wie wir glauben – stärksten Beweise gegen die Täter. Zu ihnen gehört zufällig auch die Aufnahme mit Hay Kamlim, und der Ausschnitt ist so überzeugend, weil es so eindeutig ist. Die Frau war ganz offensichtlich in den Menschenhandel verwickelt, und man sieht, dass die kleinen Opfer so ängstlich sind, dass sie zittern."

Noch in der Mittagspause gingen Sharon und Robert zurück ins Hotel und holten das Band und eine kleine Videokamera, die notwendig war, um es für die Verhandlung abzuspielen.

Der Video-Ausschnitt, der zuvor noch nie benutzt worden war, wurde – „fast wie ein Störfaktor" so drückte Sharon es aus – zu genau dem Beweisstück, das benötigt wurde, um eine Person zur Verantwortung zu ziehen, die Kinder wie Nutzvieh kaufte und verkaufte. Wären die Bänder eines der anderen drei Angeklagten gestohlen worden, so hätten wir keine weiteren Beweise gegen sie zur Hand gehabt, weil wir zu diesem Zeitpunkt nicht darauf vorbereitet gewesen wären, vor Gericht zu gehen.

Sechs der sieben Angeklagten wurden an diesem Tag verurteilt, einschließlich aller vier, gegen die IJM Beweise erbracht hatte. Der selbst ernannte Dorfchef Sok Chantha, den wir als „Kha" kannten, erhielt eine Haftstrafe von fünfzehn Jahren; Hay Kamlim, die Händlerin, erhielt fünfzehn Jahre; Nguyen Chang Chouck, der Mann, der sich als Polizist ausgegeben hatte und Schutz für die angebliche Sexparty angeboten hatte, erhielt fünf Jahre, und Nguyen Thi Viet, die Frau, die ihr Haus Sextouristen angeboten hatte, erhielt fünf Jahre Haft.

Die Mitarbeiter der Nachsorgeeinrichtung waren froh über die Urteile; sie waren ebenfalls froh, dass die Mädchen nicht der Tortur ausgesetzt wurden, den Angeklagten gegenübertreten zu müssen. Sie hofften, dass damit ein Präzedenzfall für das zukünftige Vorgehen in Verhandlungen über sexuelle Ausbeutung geschaffen sei. Wir erwarteten, dass wir im Lauf der Zeit durch den angemessenen Respekt in der Zusammenarbeit mit den Gerichten dabei würden helfen können, ein System zu etablieren, durch das Mädchen ihre Aussagen auch ohne die Konfrontation mit den Angeklagten vor Gericht machen könnten – sei es nun hinter einem Vorhang oder mithilfe einer anderen Technik, die das Opfer schützt.

Kapitel 49

Der Ertrag

Es war uns klar, dass es ohne Präsenz vor Ort in Kambodscha sehr schwer sein würde, zurückzukommen und die Mädchen zu finden und zu befreien, die wir zurücklassen mussten. Wir hatten gesehen, dass enorme Anstrengungen nötig waren, um eine einzige Razzia mit einer Befreiungsaktion durchzuführen. Wir konnten nicht immer wieder die benötigte Anzahl von Mitarbeitern aussenden und die Ressourcen bereitstellen, die jedes Mal nötig wären, wenn wir uns entschieden, ein weiteres Bordell in Angriff zu nehmen.

Deshalb bemühten wir uns um einen Zuschuss der US-Entwicklungshilfebehörde (USAID), den wir mit Gottes Hilfe auch erhielten. Die beinahe 995 000 Dollar ermöglichten es, ein Büro in Kambodscha einzurichten, um weiterhin gegen Menschenhandel und sexuelle Ausbeutung vorzugehen. Der neue Büroleiter dort wird die Arbeit vorantreiben, die wir begonnen haben, die Ermittlungen und Interventionen fortführen, Informanten und

Hilfskräfte leiten, die Beziehungen zur Polizei ausbauen und so für eine langfristige Veränderung der Bedingungen für die kriminelle Szene sorgen. Mit diesem Startkapital der USAID werden wir den Druck auf die Menschenhändler unerbittlich rund um die Uhr aufrechterhalten. Da uns nun die Mittel zur Verfügung stehen, können wir fortfahren, in den nächsten Jahren nicht weniger als 250 Polizeibeamte in Kambodscha im Kampf gegen den Menschenhandel zu schulen. Das ermöglicht die dauerhafte Veränderung, die die Kinder in Kambodscha verdienen. Dazu werden Ausdauer, ermittlungstechnische und juristische Gutachten benötigt, und ebenso die Fortsetzung der Zusammenarbeit mit unseren Freunden in Kambodscha, die Unterstützung durch neue Freunde und eine Menge harter Arbeit. Aber der Ertrag ist wunderbar, wenn man in die Augen eines Mädchens schaut, das aus der Hölle der Bordelle befreit wurde.

Kapitel 50

Ein Weckruf

Wie Sie im Verlauf dieser Schilderung gesehen haben, war die Geschichte von Svay Pak voller unerwarteter Wendungen, es gab Schufte und Helden. Als Will Henry und Sharon Cohn im Mai 2002 nach Kambodscha kamen, ging Will eine der schmutzigen Straßen Svay Paks entlang, als er einen Mann auf sich zukommen sah, der aus dem Westen stammte.

Sie begrüßten sich kurz, und Will fragte ihn, ob dies sein erster Besuch hier sei.

„Ja, ist es."

„Komm, wir gehen mal einen Augenblick beiseite."

In einer kurzen mitgeschnittenen Unterhaltung erfuhr Will, dass der Mann Jerry Alton war, ein Radiologe aus Oklahoma. Er erzählte, dass er häufig geschäftlich in Asien zu tun habe, aber in Kambodscha einen Halt eingelegt habe, um Sex mit Minderjährigen zu haben.

Will fragte ihn, was er täte, um sicherzustellen, dass er nicht gefasst würde, was nun mit der Verabschiedung von Bestimmungen wie dem Gesetz zum Schutz der Opfer sexueller Ausbeutung schwieriger geworden war. Alton warnte Will, dass er niemandem sagen solle, wohin er gehe, wenn er in Kambodscha sei; die Leute könnten sonst herausbekommen, dass er ein Sextourist sei.

„Wenn du Bekannte hast, die gebildet und belesen sind, dann könnten sie wissen, welchen Ruf dieser Ort hier hat. Und du solltest aufpassen, dass du damit nicht in Zusammenhang gebracht wirst", riet ihm Jerry. „Deshalb erzählst du ihnen lediglich, dass du nach Bangkok fliegst, und hierher kommst du dann ganz diskret. Und du versuchst, nicht aufzufallen. Das ist schon alles."

„Wie alt sind die Mädchen, die du bekommst?", fragte Will.

„Fünfzehn, sechzehn und älter. Vielleicht ist auch mal eine Vierzehnjährige dabei, wenn man das Alter nicht so genau sagen kann", sagte Jerry mit einem Grinsen. „Aber weißt du, ich lehne die ganz Kleinen auch nicht ab. Ich versuche da, niemanden vor den Kopf zu stoßen."

„Nimmst du mehr als eine?"

„Für fünfzig Dollar kriege ich drei Mädchen für die ganze Nacht", sagte er sachlich. Dann fügte er hinzu: „Ich denke, ich mache jetzt mal für heute Nacht was fest, also …", und er ging weiter.

Im Januar 2004 sollte Jerry sehr bedauern, dass er diese Unterhaltung geführt hatte. Seine mitgeschnittenen Äußerungen wurden vor Millionen Zuschauern landesweit von *Dateline NBC* ausgestrahlt.

Raten sie, wen wir zufällig trafen, während wir alle in Kambodscha waren und die Razzia vorbereiteten. Genau. Dr. Jerry Alton. Einer der Externen von IJM, der den Auftrag hatte, jede

Nacht nach Alton zu suchen, bemerkte ihn, als er gemütlich in einer Bar mit Namen *Martini's* saß, einem Lokal, in das Kunden gingen, um sich eine Prostituierte im Teenageralter zu suchen. Ein Glas, ein Tanz und dann mit einem fünfzehnjährigen Mädchen oder zwei oder drei zur Türe raus. So einfach war das.

Die Leute von *Dateline* ermittelten ein wenig für sich und fanden heraus, wo Dr. Alton arbeitete, während er in Guam war, und kamen dort auf seine Spur. Sie warteten im Parkhaus des Gebäudes auf ihn und sprachen ihn dann mit laufender Kamera an, als er das Gebäude betreten wollte. Der Reporter erzählte kurz, was er über Dr. Altons Eskapaden mit Minderjährigen in Kambodscha wusste. Nachdem er jegliches Fehlverhalten abgestritten hatte, zeigten sie ihm die Videoaufnahme, die Will ein knappes Jahr zuvor von ihm gemacht hatte, in der er zugab, dass er für fünfzig Dollar drei Mädchen für eine Nacht mitnahm.

Er weigerte sich, zu irgendeiner seiner Aussagen auf dem Band Stellung zu nehmen, „weil er vielleicht betrunken gewesen sein könnte oder ihm jemand heimlich eine Pille ins Glas getan haben könnte …"

Selbst der Reporter meinte, dass das lächerlich klänge. „Ist das ihre Entschuldigung?", fragt er.

„Ja", antwortete der Herr Doktor und ging weg.

Dr. Alton gab sorgfältige Erklärungen ab, dass er niemals mit der Absicht ins Ausland gereist sei, sexuelle Beziehungen zu Kindern zu haben. Er war der Meinung, dass er damit nicht unter ein Gesetz fallen würde, das sich lediglich gegen genau diesen Vorsatz wandte. Allerdings hatte Präsident Bush unlängst ein neues Gesetz unterzeichnet, das dieses Schlupfloch beseitigt hatte. Es besagte, dass jeder Amerikaner, der in sexuelle Aktivitäten mit Kindern verwickelt ist, sich auch im Ausland eines Verbrechens schuldig mache.

Wir sind der Überzeugung, dass die Medien eine äußerst wichtige Rolle spielen, wenn die Szene dieser Straftäter verändert werden soll, die weltweit Missbrauch, sexuelle Ausbeutung und Menschenhandel betreiben. Wenn die großen Fernsehsender wie *NBC* und andere die Geschichten der Opfer erzählen, die ansonsten keine Stimme und keine Verteidigung haben, wird die Öffentlichkeit das Problem bemerken und Schritte dagegen unternehmen. Gleichermaßen wichtig ist, dass die Berichte über verurteilte Täter andere aus dieser Szene aufschrecken und beeinflussen, damit sie ihr übles Tun beenden.

Nun, wir wären froh, wenn die Gesichter verurteilter Verbrecher auf den Titelseiten und zur Hauptsendezeit auf den Bildschirmen zu sehen wären, damit andere Straftäter dadurch das deutliche Signal erhalten würden, dass ihre Zeit abläuft. Es geht dabei nicht darum, gegen einen bestimmten Menschen einen Rachefeldzug zu führen, auch wenn seine Taten verwerflich sind und ihm die Strafverfolgung mit ganzer Strenge nachgehen muss. Wie ich bereits erwähnt habe, geschieht es zugunsten aller Opfer, wenn ein Straftäter der Justiz zugeführt wird. Und je weiter sich die Nachricht davon öffentlich verbreitet, umso größer ist die Abschreckung für die Täter der verschiedensten Arten krimineller Unterdrückung.

Grundsätzlich gilt: Wir wollen, dass sich die Täter so sehr fürchten wie die betroffenen Kinder. Und in diesem Fall könnte es wirken. Nach der Razzia im März 2003, den Urteilen im Oktober 2003 und Januar 2004 und dem Bericht von *Dateline*, der auch die geheimen Machenschaften von Dr. Jerry Alton in Kambodscha enthüllte, war Svay Pak nicht mehr dasselbe. So heißt es zumindest in Kreisen der Sextouristen.

„Bleib weg von SP", rät ein Infobrett im Internet, auf dem sich Pädophile darüber austauschen, wie man am besten, leichtesten und billigsten Kinder finden und missbrauchen kann.

„K11 (Kilo 11, eine andere Bezeichnung für Svay Pak) ist nun vorbei … Du hast ein 99%iges Risiko, geschnappt zu werden, wenn du aus dem falschen Grund hierherkommst", schrieb jemand. „DIE PARTY IST VORBEI. Es wird NIE WIEDER wie vorher sein."

Ich muss allerdings sofort hinzufügen, dass eine Razzia dem

Verbrechen kein Ende bereiten kann – zumindest nicht auf lange Sicht. Aber eine Reihe von solchen Resultaten, zusammen mit dieser Botschaft, die laut und klar an die Kreise der Straftäter ausgesandt wird, kann beginnen, die Festung des Feindes zu bedrängen. Deshalb ist unser Büro in Kambodscha so wichtig. Es ermöglicht uns, in unseren Anstrengungen, Opfer zu befreien und die Unterdrückten zu verteidigen, sehr wachsam zu bleiben.

Kapitel 51

Lang bezahlt

Uns war seit der ersten Reise nach Phnom Penh im Jahr 2000 bewusst, dass Svay Pak nicht der einzige Ort war, an dem Minderjährige in Bordellen missbraucht wurden. Als sich unsere Ermittler in die Straßen der Stadt hinauswagten und beiläufig die Fahrer der Motorradtaxis fragten, wo man denn „junge Freundinnen" finden könnte, wurde wiederholt der Name eines Etablissements genannt: *Café 9999*. Parallel zu unseren Ausflügen zu verdeckten Ermittlungen nach Svay Pak suchten wir also regelmäßig das *Café 9999* in Phnom Penh auf, um Beweismaterial zu sammeln und über die Vorgänge dort Buch zu führen.

Wir lernten die unverschämte Mamasan Lang kennen, eine mächtige Bordellbesitzerin mit vielen Kontakten, die über Jahre in Svay Pak tätig gewesen war, bis sie der Schutzgeldzahlungen überdrüssig wurde, die dort an ihre Freunde in der Polizei nötig waren. Sie verlegte ihre Aktivitäten nach Phnom Penh, wo es leichter war, im Gewühl der geschäftigen Stadt nicht aufzufallen.

Weil Lang eine große Zahl junger Mädchen in ihren Diensten im Bordell in Phnom Penh hatte, bezogen wir ihr Etablissement in unsere Pläne für eine Befreiungsaktion mit ein. Wir hatten ihrem Bordell das Kennwort „Whiskey" zugeordnet und gehofft, dass wir ihr am Tag der Razzia einen kleinen Überraschungsbesuch abstatten könnten, um sie festzunehmen und die fünfzehn oder mehr Mädchen zu befreien, die unter ihrer Kontrolle waren.

In den Vorbereitungen auf diesen Tag, als Robert Earle Material gegen die Bordellbetreiber in Svay Pak sammelte, stattete er auch Lang Besuche ab, und er nahm ein Band auf, das zeigte, wie die Bordellbesitzerin junge Mädchen zum Zweck der sexuellen Ausbeutung verkaufte. Unser Band von Langs Geschäft war etwas Besonderes wegen ihrer frivolen und sorglosen Hinweise auf die sexuellen Erfahrungen und Fähigkeiten der Mädchen. Sie führte ihre Mädchen wie Kleidungs- oder Möbelstücke vor, um den Ansprüchen und Vorlieben der Kunden möglichst genau zu entsprechen: Alter, Größe, Jungfräulichkeit, Erfahrungen, Art der angebotenen sexuellen Praxis, Hotel oder nicht ...

Als wir ihr Haus mit den Leuten von *Dateline* besuchten, lächelte Lang. Sie lachte und machte Scherze darüber, dass wir einem ihrer vierzehnjährigen Mädchen und dessen zehnjähriger Schwester die Jungfräulichkeit rauben würden. Sie war berüchtigt für ihre kaltschnäuzigen, kalkulierenden und gerissenen Geschäftstaktiken.

Nach der schwierigen Razzia in Svay Pak war es an jenem Tag zu spät, um nach Phnom Penh und zu Langs Bordell zu fahren. Außerdem waren wir ziemlich sicher, dass sie zu jenem Zeitpunkt bereits von der Razzia gehört haben würde, entweder durch ihre Geschäftspartner im Dorf oder durch Freunde bei der Polizei. Es war unwahrscheinlich, dass wir dort in jener Nacht auch nur ein einziges Mädchen antreffen würden; wir hielten es für besser, dass sich die Lage zunächst etwas abkühlen sollte, bevor wir uns speziell um Lang kümmern würden.

Wir waren wirklich sehr überrascht, als wir hörten, dass die kambodschanische Polizei am Standort Whiskey selbstständig am 8. April 2003 eine Razzia durchgeführt hatte. Sie verhafteten Mamasan Lang und ihren Sohn, der bei ihr als Zuhälter arbeitete. Wir wurden vom Gericht kontaktiert und gebeten, im Lang-Verfahren auszusagen.

Wir stimmten sofort zu. Als Sharon und Rebecca im Mai 2003 in Kambodscha waren, trafen sie sich mit dem zuständigen Ermittlungsrichter und übergaben Berichte und Videomaterial über die Verdächtige, weil sie wollten, dass das Gericht alles zur Verfügung habe, was nötig sei, um die Täterin zu verurteilen. Sharon und Rebecca legten ihre Termine so, dass sie am 15. Januar 2004 zur Verhandlung in Phnom Penh sein konnten.

Mit dem, was wir über Lang wussten, und angesichts des Ausgangs des ersten Verfahrens hatten wir ernstliche Bedenken im Blick auf unsere Sicherheit während des zweiten Verfahrens. Zum einen hatte Lang in Phnom Penh seit 1993 Bordelle betrieben, und sie verfügte daher über äußerst gute Kontakte, auch wenn wir erfahren hatten, dass sie während dieser Zeit eine kurze Spanne im Gefängnis verbracht hatte. Zudem waren wir während des ersten Verfahrens persönlich aufgetreten. Wir waren damit den Betroffenen bekannt, und in den Bordellkreisen hatte man etwas über das Vorgehen erfahren, wie wir Beweise sammelten. Viele der Straftäter waren noch immer auf freiem Fuß.

Deshalb hatten wir für diese Verhandlung eine ganze Reihe Mitarbeiter, die als Augen und Ohren in der Nähe des Gerichtsgebäudes tätig waren, sich in den Fluren und Hallen des zweistöckigen Gebäudes postierten und alles im Blick behielten. Jeder Mitarbeiter und jede Mitarbeiterin trug einen Funkempfänger im Ohr, nur für den Fall, dass etwas schiefgehen würde, und jedem war eine Aufgabe zugewiesen worden, um in einem Notfall die Sicherheit zu gewährleisten. Sicherheit begann schon damit, dass jeder aufmerksam war und noch vorsichtiger als sonst.

Was den Fall selbst anging, waren die Beweise, die wir gegen Lang auf Video hatten, wahrscheinlich die stärksten überhaupt – sie betrafen die Anzahl der kriminellen Taten, die sie bei verschiedensten Gelegenheiten begangen hatte, ihr eindeutiges Wissen und die Mittäterschaft bei Verbrechen. Wir hatten sogar Aussagen über Verbrechen, die sie auf Englisch gemacht hatte.

Die einzig mögliche Verwicklung drohte davon, dass wir keine Opfer bei der Hand hatten, falls der Richter wollte, dass sie vor Gericht erscheinen sollten. Nur ein Mädchen, das für Lang gearbeitet hatte, war befreit worden, doch leider war sie aus der Nachsorge weggelaufen. Falls uns der Richter also auffordern würde, Opfer als Zeugen beizubringen, würden wir dazu nicht in der Lage sein. Aber dieses Mal verlangte der Richter nicht danach.

Der Tag der Verhandlung kam, und das Interesse der Öffentlichkeit und der Medien war groß. Im Bestreben, deutlich zu machen, dass es sich um ein gerechtes und öffentliches Verfahren handelte, hatte das Gericht Leitungen vor das Gebäude auf die Straße verlegen lassen, sodass Passanten und alle interessierten Parteien den Verlauf an riesigen Konzertlautsprechern verfolgen konnten.

Erneut wurde Robert Earle als Zeuge in der Verhandlung aufgerufen. Als er in den Zeugenstand trat, drehte er sich um, um die gemeinsam Angeklagten, Mamasan Lang und ihren Sohn, anzusehen. In ihren Augen sah er Hass, Verachtung und Bosheit.

Roberts Aussage war ausgesprochen gut, über mehrere Stunden beantwortete er die Fragen der Anklage und wurde von der Verteidigung ins Kreuzverhör genommen. Er spielte dem Gericht die Videobänder mit den mehrmaligen gegen die Kinder gerichteten Delikten vor, hielt das Band immer wieder an, um durch den Übersetzer genau zu erklären, was vor sich ging.

Die einzige wirkliche Möglichkeit, die die Verteidigung hatte, bestand darin, die Glaubwürdigkeit von IJM und von Robert zu untergraben und uns als ungebetene, unerwünschte Eindringlinge aus dem Ausland darzustellen, die sich in innere Angelegenheiten Kambodschas einmischten, ohne dass sie selbst betroffen waren. „Wer gab Ihnen das Recht und die Autorität, hier aufzutreten und diese Klagen anzustrengen?", fragte der Verteidiger.

Robert antwortete ruhig und langsam, wobei er dem Übersetzer genügend Zeit gab. „Wir haben in diesen Fällen mit kambodschanischen Behörden zusammengearbeitet. Die Gesetze, die verletzt wurden, waren kambodschanische Gesetze. Außerdem gehört Kambodscha zu den Unterzeichnern der UN-Kinderrechtskonvention und sichert dadurch zu, Kinder vor solchen Übeln wie sexueller Ausbeutung zu schützen. Wir handeln schlicht gemäß dem ausdrücklichen Wunsch der kambodschanischen Regierung."

Das Verfahren verlief reibungslos ohne weitere Zwischenfälle, dann zog sich der Richter zur Urteilsfindung zurück und, so hofften wir, um die Strafe für die Beklagten festzusetzen.

* * *

Während dieser Unterbrechung trat Sharon mit einigen anderen unserer Mitarbeiter vor das Gebäude. Während sie die Fragen einer kleinen Gruppe von Reportern beantwortete, kam der Richter, der im ersten Verfahren die vier Straftäter verurteilt und bestraft hatte – und der zugleich der Ermittlungsrichter im Lang-Verfahren gewesen war – auf sie zu. Nachdem sie einander freundlich begrüßt hatten, fragte er, wie der Prozess verlaufe. Sharon berichtete kurz, und dann ging der Richter weiter ins Gebäude. Seine Bereitschaft, sich mit Sharon sogar in diesem kritischen Augenblick zu unterhalten, war für das Team eine Ermutigung, dass wir auch weiterhin in der Lage sein würden, Fälle vor Gericht zu bringen.

Es war ein großer Sieg für die Kinder Kambodschas und jene, die von Menschenhändlern ins Land gebracht wurden, als der Richter wieder erschien und den Schuldspruch für Mamasan Lang und ihren Sohn verkündete. Er verurteilte Lang für ihre Verbrechen zu zwanzig Jahren Gefängnis – und schuf damit einen Präzedenzfall, der die Kreise der Bordellmafia wie ein Erdbeben erschütterte. Langs Sohn erhielt fünf Jahre wegen seiner Rolle als Mittäter.

Und wir waren froh.

Als Reaktion auf das Urteil schrieb ich in einer E-Mail an alle Mitarbeiter:

> Der Gott der Gerechtigkeit hat uns in Kambodscha einen großen Triumph geschenkt, indem eine von Phnom Penhs berüchtigten Bordellbesitzerinnen wegen des brutalen Menschenhandels und der sexuellen Ausbeutung von Kindern zu zwanzig Jahren Gefängnis verurteilt wurde – gestützt auf Beweise durch Videomaterial und Zeugenaussagen unseres Ermittlers Robert Earle vor einem kambodschanischen Gericht. Ich beglückwünsche Sharon Cohn, die Leiterin des Mitarbeiterstabes für Kambodscha, die die juristische Auseinandersetzung vorbereitet und das Gericht im Vorfeld des Prozesses ins Bild gesetzt hat, und IJMs großartiges Team in Kambodscha. Auch der Sohn der Bordellbetreiberin wurde wegen Mittäterschaft bei den Verbrechen der sexuellen Ausbeutung und des Menschenhandels zu fünf Jahren Gefängnis verurteilt. Der Richter bestätigte öffentlich und ausdrücklich 1. die Legitimation der IJM-Ermittler und ihrer Operationen, 2. dass die Aussagen von minderjährigen Opfern während des Prozesses für eine Verurteilung verzichtbar sind und dass man 3. Minderjährige solchen Belastungen nicht aussetzen darf. Große Siege mit weitreichenden Konsequenzen …
>
> Sharon und Robert könnten von vielen anderen großen Wundern berichten (auch da Sharon heute den Vertrag für unser neues IJM-Büro unterzeichnet hat). Unserem treuen Gott gebührt die Ehre und mein Dank jedem, der bei IJM so hart daran gearbeitet hat, dass diese Angeklagten der Justiz zugeführt wurden und sie keinen weiteren Kindern mehr schaden können.

„Lasst also nicht nach in eurem Bemühen, Gutes zu tun.
Es kommt eine Zeit, in der ihr eine reiche Ernte einbringen
werdet. Gebt nur nicht vorher auf!"

(Galater 6,9)

Kapitel 52

Wo ist Gott?

Viele von uns treibt die Hässlichkeit von Missbrauch und Unterdrückung in unserer Welt ganz verständlich zur Frage: „Wo ist Gott angesichts all dieses Leides?" Selbst wenn es uns an einen Ort verschlagen hat, an dem man kaum nach Gott fragt, so haftet doch der widerlichen, grausamen Ausbeutung und der unverhüllt brutalen Gewalt von Menschen etwas an, das unsere Abneigung beinahe ungewollt auf eine höhere Ebene hebt, als dass es nur um Menschen geht. Es war der Schrei, der am lautesten in meinem eigenen Herzen erklang, während ich mich inmitten der Massengräber in Ruanda durch den Gestank, die Grässlichkeit und die Überbleibsel des Völkermordes kämpfte. Es war der Ruf, dessen Echo ich in den alten Worten des Psalmdichters hörte:

> Herr, warum bist du so weit weg?
> Warum lässt du uns im Dunkeln umherirren, wenn wir dich am nötigsten brauchen?
> Boshafte Menschen schrecken vor nichts zurück. Sie machen den Schwachen und Hilflosen das Leben zur Hölle. Lass sie in ihre eigene Falle laufen!
> „Was wir tun, interessiert Gott gar nicht", reden sie sich ein, „außerdem hat er ein schlechtes Gedächtnis!"
> Psalm 10,1.2.11

Aber mit der Zeit, nachdem ich das Leiden der Unschuldigen und die Zerschlagenheit der Schwachen überall auf der Welt gesehen habe, hat sich meine Frage geändert. Immer weniger frage ich: „Wo ist Gott?" und immer mehr: „Wo sind Gottes Leute?"

Es gibt noch immer schmerzliche Dinge, über die ich mit Gott streite, aber dabei geht es immer weniger um Fragen der Gerechtigkeit und mehr um Dinge wie Krebs, psychische Erkrankungen oder um Regen, der zu spät fällt oder zu stark ist. Nein, für mich sind die großen Tragödien von Missbrauch und Unterdrückung in dieser Welt derart deutlich von Menschen bewerkstelligte Katastrophen, dass es mir schwerfällt, Gott weiter zu beschuldigen. Nicht nur, weil es Männer und Frauen sind – und nicht etwa Gott –, die den Missbrauch begehen, sondern auch, weil Gott Männern und Frauen so deutlich die Macht gegeben hat, diesen Missbrauch zu beenden. Die kleinen Mädchen in Svay Pak litten nicht aufgrund unfassbarer und unerklärlicher Naturgewalten. Sie litten, weil Männer und Frauen mit Namen und Gesichtern sich entschlossen hatten, sie zu schlagen, zu vergewaltigen und zu terrorisieren. Sie litten, weil andere Männer und Frauen mit Namen und Gesichtern sich entschlossen hatten, denen Unterkunft und Schutz zu gewähren, die andere missbrauchten. Und schlussendlich litten sie, weil der Rest von uns, wir, das geschehen ließen.

Angesichts all der Macht und der Mittel, die Gott der Menschheit in die Hand gegeben hat, ist mir noch keine Ungerechtigkeit in der Menschheit begegnet, die die Menschheit nicht auch beenden könnte. Ich merke, wie ich mit einem Gott sympathisiere, der seinem Volk durch einen alten Propheten sagte: „Euer Gerede wird dem Herrn lästig. … ihr fragt: ‚Wo bleibt denn Gott? Warum greift er nicht ein und sorgt für Recht?‘" (Maleachi 2,17). In zunehmendem Maße bin ich mir ziemlich sicher, wo Gott sich so herumtreibt. Meine Glaubenstradition spricht von einem Vater im Himmel, der sich weigert, eine ungerechte Welt aus der Ferne zu lieben, und der bei uns wohnte, um ungerechtfertigte Verhaftung, boshafte Folter und die Hinrichtung auf sich nahm. Dieser Gott ist in dem zu finden, der „von Krankheit und Schmerzen gezeichnet war" (Jesaja 53,3). Je mehr ich ihn kennengelernt habe, umso schwerer fällt es mir, diesen Gott aufzufordern, mir zu erklären, wo er gewesen ist. Es ist in der Tat überraschend, dass die Opfer von Missbrauch im Allgemeinen auch nicht so sehr fragen: Wo war Gott? Sehr viel öfter höre ich, dass sie mich fragen: „Wo bist *du* gewesen?"

Und diese Frage ist mehr als fair. Die Opfer fühlen, glaube ich, intuitiv, dass Gott der Menschheit die Macht und die Fähigkeit gegeben hat, die Kräfte der Finsternis zu überwinden, die die Opfer unterdrücken, wenn sie sich nur entschließen wollte, davon Gebrauch zu machen. Selbst die Tyrannen und Peiniger unserer Welt wissen, dass sie niemals genug Macht oder Kraft haben, auch nur einem Bruchteil dessen zu widerstehen, was Menschen guten Willens mit Gottes Hilfe gegen sie aufbringen können. Und darin liegt der Schmerz in der Frage der Opfer, weil sie ahnen, dass ihr Leiden von grausamster Art ist – es ist unnötig. Der tiefste Schmerz entsteht nicht durch die Verletzung selbst, sondern aus dem Wissen, dass man von den einen so verachtet ist, dass sie dein Leiden wollen, und von den anderen so ungeliebt, dass sie dein Leiden nicht zur Hilfe bewegen kann. Aufgrund all meiner Reisen in die Welt der brutalen Ungerechtigkeit gibt es in der Tat nichts, wovon ich so leidenschaftlich überzeugt bin wie von der schlichten Wahrheit, dass es nicht so sein müsste. Und es gibt keine Wahrheit über unsere Welt, die ich eifriger gewillt bin, mitzuteilen – denn ich bin überzeugt, dass wir uns alle nach der Freude sehnen, die denjenigen erfasst, der sich entschließt, einzugreifen, der seinen persönlichen aktiven Platz im Kampf gegen das Böse findet und der die verändernde Kraft des Lebens entdeckt, die Gott uns sterblichen Menschen gegeben hat.

„Wo bist du?" Diese Frage hier am Ende ist nicht ein Appell an unser Pflichtgefühl, sondern eine Einladung – eine Einladung zu den Grundlagen menschlicher Freude, für die wir geschaffen wurden, eine Einladung zu einer Freude, die unser Schöpfer nicht für sich selbst reservieren wollte.

Ich werde erinnert an den Pastor, der sich mit einer Gruppe von Freunden traf, um mit ganzer Entschlossenheit für eine Frau in Haiti zu beten, die ganz dringend ein paar Hundert Dollar für ein lebensrettendes Medikament brauchte, das sie sich nicht leisten konnte. Die Gruppe betete zu Gott, dass er dieser Frau helfen und ihr Leben retten möge. Sie beteten und beteten, bis dem Pastor ein Gedanke kam. „Warum", so fragte er, „bitten wir Gott, wenn er uns in diesem Kreis mehr als genug Geld gegeben hat, ihr einfach einen Scheck zu schicken und etwas dagegen zu tun, dass sie stirbt?" Die Logik schien unwiderlegbar, und als sie darüber nachdachten, schien es ihnen auch weitaus befriedigender als lediglich Gebete zum Himmel zu schicken.

Aber sehr oft lässt unser Leben diese Freude und Befriedigung vermissen, weil wir darauf bestehen, dass Gott das Werk der Güte ohne uns tun solle. Wir fangen einen Schimmer der leidenschaftlichen Erleichterung und Schönheit ein, sich gegen das Böse zu wenden und das Gute zu tun, aber wir werden mutlos, bekommen Angst, in Gottes Werk einzugreifen oder ein großes Risiko einzugehen.

Ich erinnere mich daran, dass meine beiden Zwillingstöchter in einem Alter waren, in dem sie mich baten, reiten lernen zu dürfen. Sie waren bis in die Zehenspitzen begeistert von der Schönheit und Kraft eines Pferdes. Sie wollten beide die Möglichkeit, im Sattel zu sitzen, die Zügel in der Hand zu halten und loszureiten. Oh Mann, und wie sie gebettelt haben! „Bitte, Papa! Bitte lass uns reiten gehen! Bitte, Papa, bitte!" Das nahm kein Ende. Bei jedem Pferd, das sie irgendwo sahen, fingen sie wieder mit dem endlosen Gebettel an.

Da uns die Mittel fehlten, ihren Traum vom eigenen Pferd wahr werden zu lassen, unternahm ich große und kunstvolle Vorbereitungen, um schließlich doch noch ihre Verabredung mit dem Schicksal sicherzustellen. Wir bestimmten ein Wochenende und fuhren zehn Stunden, um großzügige Freunde unserer Familie zu besuchen, die bereit waren, ihre Pferde und Zimmer mit uns zu teilen. Wir borgten uns einige Stiefel und gruben zwei Reithelme aus. Wir wurden in endlose Diskussionen darüber verwickelt, wie es sein würde, wenn man die Pferde dann tatsächlich reiten würde. So gut ich konnte, beantwortete ich eine aufgeregte Frage nach der anderen, „wie es dann wirklich sein wird". Dann kam der magische Moment. Ich schwang mich auf ein herrliches Ross; alle waren geschniegelt, gestriegelt und bereit für das Rendezvous mit der Ehre, und ich signalisierte, dass ich bereit war für die Erste, die mitreiten und die Zügel in die Hand nehmen wollte. Beide Mädchen wandten sich plötzlich zu mir und sagten in perfektem Einklang: „Nein Papa, mach du das."

„Mach du das!?", rief ich aus. „Was meint ihr mit: ‚Mach du das!'?" Wir lachten.

Der einzige Grund für die Reise, die Vorkehrungen und die Gespräche war schließlich, dass *sie* es mit mir zusammen *machen* sollten. Ja sicher, *ich* konnte reiten; ich hatte schon früher Pferde geritten. Es ging aber ja bei unserer Vorbereitung darum, dass *sie zusammen mit mir* erfahren sollten, wie fröhlich und schön und toll Reiten ist. Als aber der Augenblick da war, verloren sie das Vertrauen, dass solch eine Sache tatsächlich auch ihnen galt. Aus der Nähe sahen die Pferde so riesig aus. Und im Vergleich dazu sah Papa so klein und weit weg aus – auch wenn er im Sattel saß. Die Furcht ergriff sie, und meine Mädchen fragten sich, ob Reiten denn wirklich solch ein Spaß sein würde. Und es konnte ja alles Mögliche schiefgehen. Sie wollten noch immer, dass diese tolle Sache geschehen sollte, aber es fiel ihnen dazu nur eins ein: „Mach du das, Papa."

Schließlich, nach viel Zureden, wurde die Erste zu mir in den Sattel gehoben, und wir drehten gemeinsam ein paar Runden. Sie stellten fest, dass solch eine berauschende Sache wie ein Ritt tatsächlich genau das Richtige für sie war – es war der Triumph über die Schwierigkeiten.

In gleicher Weise gab es diese Augenblicke, als wir den Ruf zum Guten vernahmen. Unser Herz war vom Leid anderer Menschen bewegt, und es zog uns dazu, in den Kampf um Rettung und Liebe und Gerechtigkeit zu ziehen. Es schwang in uns weniger das Pflichtgefühl mit, als viel mehr, dass es sich um eine Ehre, ein Geschenk an uns und um tiefe Zufriedenheit der Seele handelte. Und so hatte es unser Schöpfer für uns vorbereitet. Damit ist nicht gemeint, dass es bei der Hilfe für leidende Menschen darum geht, dass wir unsere Freude dabei finden. Das ist niemals der Fall. Es geht darum, dass es selbst in solch einer gefallenen Welt voller Schlechtigkeit und Schmerz eine Freude gibt, die man dadurch gewinnt, dass man mit unserem Herrn in den Sattel steigt, die Zügel ergreift und in die Schlacht reitet. Und das ist in der Tat der eigentliche Grund für unsere Lebensreise und für unser ganzes Sein. Wir sind geschaffen, um Gutes zu tun. Damit ergreifen wir die Zügel und tun, was Gott schon immer mit uns vorhatte.

Je näher wir aber dem Schlachtfeld kommen, umso dunkler werden die Wolken, umso länger die Schatten und umso größer die Herausforderungen. Wir zweifeln an der Freude und scheuen das Risiko. Weil wir aber wollen, dass das Gute getan wird, fragen wir: „Wo ist Gott?" Wir wenden uns vielleicht sogar an ihn und sagen: „Mach du das!"

Und voller Liebe wendet sich unser Vater uns zu und gibt uns ein Zeichen. „Komm. Ich heb dich in den Sattel. Wir werden gemeinsam reiten." Und wenn wir ihm vertrauen, dann sitzen wir mit ihm zusammen auf diesem erhöhten Platz und merken, wie er uns die rauen, dicken Zügel in die Hand gibt. Ein kühler frischer Wind beginnt, an uns vorbeizuziehen, während wir schneller werden und Kräfte sammeln – und schon sind wir auf dem Weg. Vor uns liegt ein Ritt voller Arbeit und Herrlichkeit – ein Kampf, der es wert ist, an der Seite unseres Herrn geführt zu werden. Ein Kampf, für den wir geschaffen wurden. Ein Kampf, der schließlich den Tag bringt, an dem „dann kein sterblicher Mensch mehr solche Schrecken verbreiten darf".

Was Sie tun können

Für uns in Deutschland sind Sklaverei und Ausbeutung, wie wir sie hier im Buch kennengelernt haben, weitgehend ein Fremdwort. Wir leben in einem Land, in dem die wesentlichen Strukturen effektiver Strafverfolgung vorhanden sind, ein Gerichtssystem, das auf Menschenrechtsverletzungen reagiert, und zahlreiche soziale Einrichtungen, die sich Betroffener annehmen. Wir müssen uns hierzulande keine Sorgen um unsere Grundversorgung machen. Zeitgleich leben wir mitten in einer Welt, die voll von massiver Armut, Ungerechtigkeit, Unterdrückung und Leiden ist. Heute gibt es geschätzt 27 Millionen Sklaven, das sind mehr als zur Zeit der Sklavenbefreiung unter Abraham Lincoln im Jahr 1863.

Der erste Schritt zum verantwortungsvollen Umgang mit den uns anvertrauten Gütern besteht darin zu erkennen, was Gott uns dadurch gegeben hat, dass er uns hierhin gestellt hat. Erinnern Sie sich an Mitchell, den NBC-Kameramann, der seine Kamera zur Seite legte, um während der Razzia in Svay Pak dabei zu helfen, zwei Mädchen zu retten? Er hatte die Berichte gehört, die Bedeutung der Situation verstanden und konnte nicht anders, als zu handeln. Damit rettete er zwei kleine Mädchen, beendete ihre schreckliche Ausbeutung und eröffnete ihnen eine Zukunft.

Wir bei International Justice Mission (IJM) haben die Hoffnung, dass Sie genauso betroffen sind von diesem Bericht über die Rettung von Kindern aus der finsteren Welt der Ungerechtigkeit. Es ist unser Gebet, dass Sie nicht nur die enormen Nöte sehen, sondern auch Ihre gewaltigen Möglichkeiten, miteinbezogen zu werden. Vielleicht haben Sie nie die Chance, wie Mitchell alles beiseitezulegen und buchstäblich jemanden in die Freiheit zu ziehen, aber andere Wege der Unterstützung sind nicht weniger wichtig.

Unsere Mitarbeiter in den 16 Einsatzbüros von IJM leisten

täglich unmittelbar an der Seite der Betroffenen professionelle Arbeit unter einem häufig sehr hohen Risiko. Sie würden sagen, dass sie gewöhnliche Menschen sind, die das tun, wozu Gott sie gerufen hat. Wir sind alle gewöhnliche Leute und wir brauchen mehr solcher Leute, die bereit sind, vorwärtszugehen und zu sagen: „Hier bin ich, Herr, sende mich!"

Ich nenne Ihnen einige Möglichkeiten, wie Sie den Einsatz für die Unterdrückten dieser Welt unterstützen können:

Beten Sie. Überall auf der Welt beten Menschen für die Arbeit von IJM. Als Gebetspartner haben sie sich verpflichtet, regelmäßig für die Opfer von Unterdrückung und für die Menschen, die ihnen zur Seite stehen, zu bitten. Auf unserer Internetseite können Sie sich als Gebetspartner anmelden und erhalten monatlich Gebetsanliegen aus der weltweiten Fallarbeit.

Im Ausland mitarbeiten. Falls Sie den Eindruck haben, Sie sollten sich auf beruflicher Ebene beteiligen, fangen Sie an, sich auf diese Arbeit vorzubereiten. Wir setzen oft freiwillige externe Mitarbeiter bei Ermittlungen ein, die dabei helfen, Informationen für Operationen vorzubereiten. Gelegentlich benötigen wir auch Anwälte, die ihre Hilfe bei Nachforschungen anbieten, einen Fall bearbeiten oder juristisches Belegmaterial beibringen. Andere Nichtregierungsorganisationen brauchen gut ausgebildete Sozialarbeiter und Berater, die die wichtige Arbeit der Nachsorge übernehmen. IJM hat ein vielfältiges Ausbildungs- und Praktikumsprogramm, das Menschen gut auf die verschiedenen Einsatzbereiche in der Menschenrechtsarbeit vorbereitet.

Spenden Sie. IJM Deutschland finanziert sich ausschließlich über Spenden. Die Einzelfallarbeit ist zeitaufwendig und verlangt Ausdauer und fachliches Können. Damit unsere Ermittler, Anwälte und Sozialarbeiter rund um die Uhr für Betroffene da sein können, sind wir dankbar für jede finanzielle Unterstützung.

Erzählen Sie anderen davon. Wir sehen uns als Fürsprecher und Verteidiger für Menschen in Unterdrückung und wollen ihnen eine Stimme geben. Machen Sie mit uns auf das weltweite Problem der Sklaverei aufmerksam und berichten Sie Ihren Freunden und Bekannten von unserer Arbeit! IJM bietet mehrmals im Jahr zweitägige „Botschafter-Schulungen" an, zu denen wir Menschen einladen, die uns ihre ehrenamtliche Mitarbeit anbieten.

Mehr über die Arbeit von International Justice Mission erfahren Sie auf unserer Internetseite: www.ijmde.org. Wir freuen uns, mit Ihnen in Kontakt zu kommen.

Dietmar Roller
Vorstandsvorsitzender International Justice Mission e. V.

Die Autoren

Gary A. Haugen ist Präsident der Menschenrechtsorganisation International Justice Mission (IJM). Nach seinem Jurastudium an der Harvard University und der University of Chicago arbeitete er zunächst in der Nationalen Versöhnungsinitiative in Südafrika; danach war er unter anderem im amerikanischen Justizministerium tätig. Von dort wurde er 1994 von den Vereinten Nationen zum UN-Chefermittler für den Völkermord in Ruanda ernannt. Seine Erfahrungen im Rahmen dieser Tätigkeit bewogen ihn 1994 dazu, IJM zu gründen. Gary Haugen lebt mit seiner Familie in der Nähe von Washington, D. C.

Gregg Hunter ist Kommunikationstrainer und Autor und hat die Marketingagentur Hunter Communications mitbegründet. Mit seiner Frau Penny und den zwei Söhnen lebt er in der Nähe von Washington, D. C.

Zur Arbeit von International Justice Mission (IJM)

International Justice Mission (IJM) wurde vor 16 Jahren in Washington, D. C. (USA), gegründet und ist heute mit mehr als 500 Mitarbeitern die größte internationale Nichtregierungsorganisation, die gegen schwerste Menschenrechtsverletzungen vorgeht – durch konkrete juristische Einzelfallhilfe für die Opfer und durch die Förderung struktureller Veränderung von Rechtssystemen. Anwälte, Ermittler und Sozialarbeiter arbeiten in zwölf Ländern in Asien, Afrika und Lateinamerika, um Betroffene zu befreien und in eine Nachsorge zu vermitteln. In enger Zusammenarbeit mit lokalen Behörden werden Täter strafrechtlich verfolgt, Polizisten geschult und lokale Rechtssysteme zugunsten der Menschen in Unterdrückung nachhaltig verbessert.

Das deutsche Partnerbüro von IJM wurde vor vier Jahren gegründet. Neben dem Aufbau politischer Kontakte in Deutschland und Europa ist es Ziel des Büros, die Öffentlichkeit in Deutschland über schwerste Menschenrechtsverletzungen zu informieren. Darüber hinaus wird die Arbeit in den Partnerländern finanziell über Spenden und Patenschaften unterstützt.

Kontakt International Justice Mission e. V.:
E-Mail: info@ijmde.org
Internet: www.ijmde.org, www.facebook.com/ijmde

Kambodscha

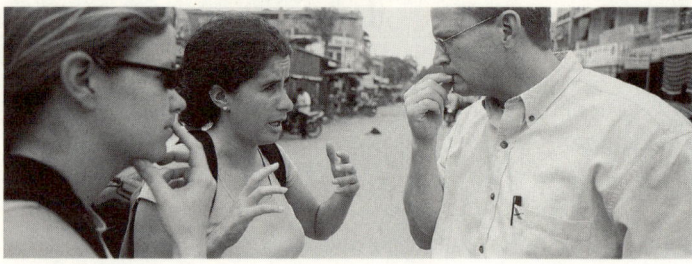

Karyn Withers (l.), Sharon Cohn und Gary Haugen bei einem improvisierten Treffen in einer Seitenstraße in Phnom Penh. Eine Vielzahl von Aufgaben muss gelöst werden, wenn die Rettungsaktion glücken soll.

Robert Earle, Leiter der verdeckten Ermittlungen, telefoniert mit einem Bordellbetreiber, der den Termin der angeblichen Sexparty festlegen will. Auf dem Bett: Teile seiner Verkleidung und Detailkarten der Straßen von Svay Pak.

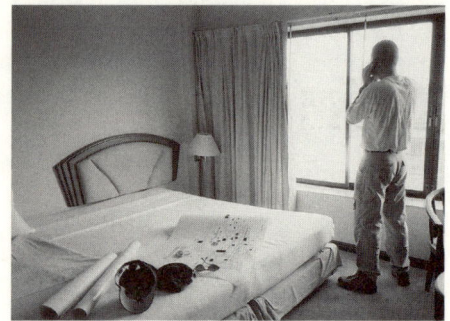

Mosier berichtet Haugen nach dem entscheidenden Treffen mit der Kambodschanischen Nationalpolizei (CNP). Es entschied über Fortgang oder Abbruch der geplanten Razzia in Svay Pak. Fünfzehn Minuten später wurde das Team informiert, dass es grünes Licht hatte.

Nach dem ersten Zugriff in Haus C durchkämmt die CNP Svay Pak auf der Suche nach weiteren Opfern und Tätern. Ein Polizist entfernt mit einem Bolzenschneider ein Schloss an der Vordertür eines Bordells.

Gegen Ende der Befreiung fahren Haugen und Haddock voraus zu Haus Bravo, um sicherzustellen, dass alles für die Ankunft der Opfer bereit ist. Hier hält Haugen kurz an, um sich per Handy mit anderen Mitarbeitern abzustimmen.

Befreite Opfer aus Svay Pak genießen draußen die ersten Stunden der Freiheit in der Sicherheit eines Hinterhofes am Standort Bravo.

Einige befreite Mädchen genießen lachend eine Limonade. Sharon Cohn und Robert Earle dokumentieren die Angaben über jedes Kind, um zu erschweren, dass eines von ihnen ins Bordell zurückgeschickt, angeklagt oder ausgewiesen wird.

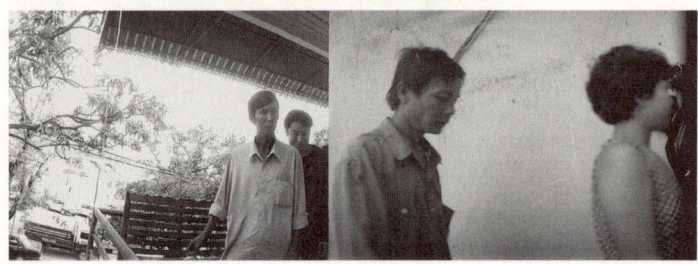

Verhaftete Täter werden in Phnom Penh vor Gericht geführt und zu Gefängnisstrafen verurteilt. Vier der Verdächtigen wurden schuldig gesprochen. Später wurden auch Mamasan Lang und ihr Sohn angeklagt.

Südostasien

In einem Rotlichtbezirk in Südasien. Frauen kommen auf die Straße, um Kunden zu treffen. Junge Opfer werden verborgen gehalten aus Furcht, dass sie weglaufen oder die Aufmerksamkeit der Polizei erwecken.

Südasien – Sklavenarbeit

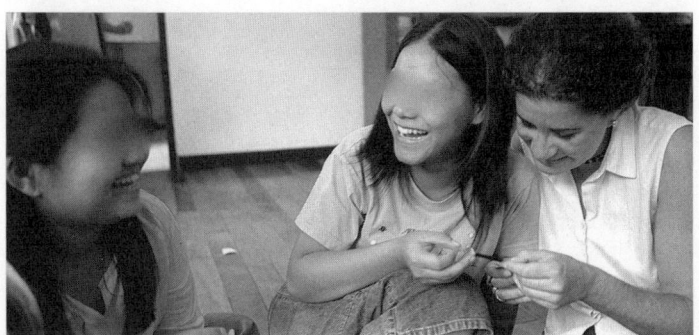

*In einer Ziegelbrennerei trägt ein kleiner Sklavenjunge gleichzeitig drei
schwere Ziegel, die zum Trocknen in die Sonne gelegt werden.*

*Südostasien. Sharon Cohn betrachtet mit befreiten Opfern sexueller Aus-
beutung in einer Nachsorgeeinrichtung ein Foto.*

Befreite Kindersklaven trinken mit Gary Haugen Tee. Viele dieser Kinder wurden gezwungen, zehn bis zwölf Stunden pro Tag Zigaretten zu drehen. Sie hatten lediglich eine kurze Pause für das Mittagessen.

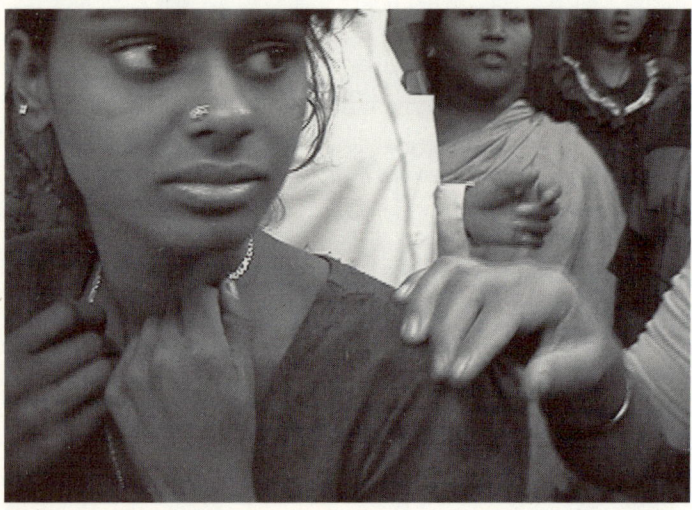

Südasien. Mit vierzehn floh Jyoti aus der Sklavenarbeit, wurde entführt und an ein Bordell verkauft. Das Foto hält den Moment fest, als sie aus dem Bordell hinaus in die Freiheit geht. Die Frau im Hintergrund ist die berüchtigte Bordellbetreiberin Mrudula. Später kam Jyoti im Rahmen einer Razzia zurück und half dabei, unter dem Fußboden versteckte Mädchen zu finden.